하나님은 살아계신다

하나님은 살아계신다

발행일	2013년 4월 30일

저 자   윤영교
발행인   윤상문
편 집   구경희
일러스트 서범창
디자인   박진경 표소영
발행처   킹덤북스

출판등록 제 2009-29호(2009년 10월 19일)
주 소   경기도 용인시 기흥구 동백동 백현마을 코아루 아파트 2204동 204호
문 의   대표전화   031-275-0196
         팩스   031-275-0296

ISBN   978-89-94157-65-8 (03230)

Copyright@2013 윤영교
· 이 책은 저작권법에 따라 보호받는 저작물이므로 무단전재와 복제를 금지하며.
· 이 책의 내용의 전부 또는 일부를 이용하려면 반드시 저작권자와 킹덤북스의 서면 동의를 받아야
  합니다.

※ 잘못된 책은 구입하신 곳에서 교환하여 드립니다.
※ 책 가격은 표지 뒷면에 있습니다.

킹덤북스
Kingdom Books

킹덤북스(Kingdom Books)는 문서사역을 통해 하나님의 나라를 확장하고,
한국 교회와 세계 교회를 섬기고자 설립된 출판사입니다.

25년 청소년 제자양육 고집해 온 시골목사 이야기

하나님은 살아계신다

윤영교

추천사

호랑이는 죽어서 가죽을 남기고 사람은 죽어서 이름을 남긴다고 했습니다. 여기서 이름이란 그 사람이 살아온 모든 삶을 함축한 의미일 것입니다. 이름을 남긴다는 것을 달리 표현하면 '삶의 간증'이라고 할 수 있습니다. 특히 우리 그리스도인들에게는 하나님께서 부르시는 그날까지 이 땅에서 하나님의 영광을 위하여 산 삶의 흔적일 수 있습니다.

하나님께서 하나님 나라를 위해 모세, 여호수아, 바울을 사용하셨던 것처럼 하나님의 특별한 은혜와 은총으로 윤영교 목사님을 부르신 하나님은 지금까지 영혼 구원을 위해 일하셨습니다. 이 간증집은 하나님 앞에 서서 하나님의 말씀대로 살려고 부단히 노력하는 한 사람의 삶을 보여줍니다. 예수님께서 주신 가장 큰 계명을 성실하게 이행한 분의 삶이 오롯이 담겨 있습니다. 예수님께서는 이렇게 말씀하셨습니다.

"네 마음을 다하고 목숨을 다하고 뜻을 다하고 힘을 다하여 주 너의 하나님을 사랑하라 하신 것이요. 둘째는 이것이니 네 이웃을 네 자신과 같이 사랑하라 하신 것이라. 이보다 더 큰 계명이 없느니라."(막 12:30-31)

이 책은 한마디로 누구보다 더 예수님을 사랑하여 그를 닮길 원하고 목숨을 바쳐 교회를 사랑하고 맡겨진 영혼을 누구보다 더 뜨겁게 사랑한 윤영교 목사의 진정어린 삶의 이야기라 할 수 있습니다. 이 책의 저자 윤영교 목사님은 학생 목회, 청년 목회를 시작으로 장년 목회까지 성공한 목회자입니다. 그는 항상 '이 순간에 하나님은 무엇을 기뻐하실까?', '하나님의 뜻이 무엇일까?'를 깊이 생각하면서 기도한 후 하나님께서 원하시는 것이라면 조금도 망설임 없이 헌신하는 하나님의 사람입니다.

윤 목사님은 예수님처럼 살면서 교회의 부흥을 위해, 성도들을 축복하면서 자신이 취할 것을 과감히 버리고 순전한 믿음으로 살아오신 분이십니다. 그래서 지금의 윤 목사님과 그가 사역하는 아름다운 교회가 그 증거로 남아 우리에게 신앙의 큰 도전을 주고 있습니다.

   이 책은 예비 목회의 길을 걷고 있는 신학생들에게는 희망을, 많은 신앙인들에게는 큰 은혜와 도전을, 그리고 목회자들에게는 다시 한 번 하나님 앞에서 어떻게 살아가야 하는지 반추하게 하는 책입니다. 또한 한 사람의 삶의 흔적을 통해 하나님을 경험하고 하나님을 뜨겁게 만날 수 있게 하는 책으로서, 전도의 사명을 새롭게 다짐하는 소중한 책으로서의 역할을 충실히 하리라 믿습니다. 앞으로 윤 목사님이 하나님께 더욱 더 존귀하고 합당하게 쓰임 받는 신실한 목회자가 되시기를 소망하며 기도합니다. 예수님을 누구보다 사랑한 사람, 당신은 가짜 목사가 아닌 진짜 목사입니다.

정읍성결교회 전병일 목사

프롤로그
조그만 시골교회 목사입니다

부족한 제가 '간증집'을 낸다는 것은 상상도 못했습니다. 평생 목회만 해 온 목사는 설교집 한 권쯤은 만들어야 한다는 생각은 늘 해 왔습니다. 신학박사는 논문집을, 목사는 설교집을 내야 하는 것이란 생각에서 말입니다. 그러나 목회도 신통치 않은 목사가 감히 설교집을 낸다는 것도 부끄러운 일일 뿐만 아니라 무엇보다 출판 비용이 부담이 돼 감히 실행을 못했습니다. 그러다 어느 날 용기를 내어 출판사에 전화를 했습니다.

"예, 킹덤북스입니다." "저는 시골 조그만 교회 목사입니다. 설교집 한 권 내려고 하는데요…." "아, 그러세요? 그런데 어떻게 우리 출판사를 아시고…?" "호서대 교수이신 김동주 목사님이 좋은 책을 킹덤북스에서 내셨기에… 좋은 출판사란 생각이 들어서…." "아, 예…, 김동주 교수님은 어떻게 아세요?" "네, 저의 제자입니다." "그러시군요! 설교집을 내시려고 그러시는군요?" "어떻게… 가능할까요?" "아주 훌륭한 제자를 두셨군요. 그런 제자들을 가르치셨던 이야기를 엮어 간증집을 하나 내시는 게 좋을 것 같은데요." "글쎄요… 그 방법도 괜찮긴 한데… 너무 오래된 일들이라 생각도 잘 안 나고 해서….” 전화를 끊고 그 자리에 서 있자니 갑자기 만감이 물밀듯 차올랐다.

'아! 그래 그거다!'

내겐 하나님을 만난 이야기가 한없이 많은데… 정말 많은데…. 그걸 기억해 써 보기로 마음먹었습니다. 그렇게 해서 정말 부끄러운 마음으로 저만의 이야기를 써 보기로 했습니다. 저의 이야기, 저의 간증을 쓰기 시작하면서 오직 제가 만난 우리 예수님 이야기만 써야겠다고 결심했습니다. 우여곡절 겪으며 고생하고 이뤄낸 저의 성공담이 아닌…. 원래 간증이란 잘못하면 예수님은 뒷전이고 순전히 자기 자랑에 빠지기 쉽다는 것을 누구보다 잘 압니다. 그렇기에 하나님 앞에서 죄와 허물뿐인 한낱 인간이 그런 허물을 쏙 빼버리고 '저는 이렇게 훌륭한 사람입니다' 하고 가면을 쓰고 독자들에게 다가가는 것 같아 죄송할 따름입니다. 혹시 이 책 어느 한 부분에라도 그런 흔적이 남아 있다면 망설이지 마시고 엄하게 꾸짖어 주십시오. 달게 받아들이겠습니다.

"하나님은 살아계십니다."

저는 이 책을 만들며 오직 이 한 가지만 가슴에 담았습니다. 여기에만 초점을 맞췄습니다. 제가 청소년기를 겪으면서 씨름한 주제가 바로 '정말 하나님은 존재하실까'였습니다. 지금도 저와 같은 고민을 하고 있을 많은 분들에게 그 해답을 주고 싶어서 펜을 들었습니다. 엘리야란 이름은 '여호와는 나의 하나님 혹은 나의 하나님 여호와'라는 뜻입니다. 그의 사명은 바알이나 아세라가 하나님이 아니라 '여호와만이 하나님!'임을 증명하는 것이었습니다. 그래서 저는 무신론이 활개를 치고 세상에 믿지 않는 영혼들의 교만이 하늘을 찌르는 이 마지막 때에 이 책을 통해서 외치고 싶었습니다. "하나님은 지금도 살아계십니다!"

탈고를 하고 보니 저의 혼신의 힘을 다해 집필한 이 책이 외롭게 방황하는 사람, 정말 하나님이 계실까 하고 고민하는 사람, 신학을 공부하면서도 두려워 방황하는 신학생, 목회를 하면서 어려운 환경에서 힘을 잃은 목사님, 그리고 건강을 잃고 병중에서 실의에 차 희망의 줄을 놓아버린 많은 분들에게 위로와 도움이 되지 않을까 감히 생각해 봅니다.

글을 쓰면서 이런 생각도 들었습니다. "하나님이 나를 살려주신 것은 혹시 이 책을 쓰라는 뜻이 아닌가?" "그리고 내가 그렇게 많이 아팠던 것도, 수없이 죽음의 고비를 넘겼던 것도 혹시 이 책을 쓰라고 하신 게 아닌가?" 하고 감히 생각했습니다.

나를 살려주셔서 이 글을 쓰게 하신 우리 하나님과 구주 예수님께 감사와 찬양과 영광을 돌립니다. 그리고 내 곁에서 늘 함께해준 내 아내와 아버지를 위해 자신의 몸 일부를 기꺼이 내준 둘째아들 현식이, 어려울 때 교회를 지켜준 큰아들 승식이에게 감사의 말을 표하고 싶습니다. 그리고 내 아픔을 당신들의 아픔보다 더 슬퍼했던 우리 부모님, 장인 장모님 처남들에게도 감사를 드립니다.

그리고 기도할 때마다 항상 저를 기억해 주시고 물질과 마음을 아낌없이 베풀어 주신 우리 제자교회 모든 성도님들, 기도와 격려로 힘을 주신 전주지방회의 목사님들, 김필수, 전병일, 원팔연, 김재곤 목사님 그리고 많은 성도님들께 깊은 감사를 드립니다. 마지막으로 이 책을 추천해 주신 고신대학교 이상규 부총장님, 호서대학교 김동주 교수님, 서울신학대학교 윤철원 교수님께 감사를 드립니다.

2013년 3월
저자 윤영교

목차

추천사 **전병일** • 4
프롤로그 **조그만 시골교회 목사입니다** • 7

**영교야
영교야**

스쳐 지나간 죽음의 그림자 ❖ 18
이 소자 중 하나라도 ❖ 22
내가 왜 이러지 ❖ 25
용기, 그리고 첫 전도 ❖ 30
여호와는 나의 목자시니 ❖ 32
아버지, 나의 아버지! ❖ 36
주일학교 맡아 주세요 ❖ 45
영교야, 영교야! ❖ 48
제가 사람을 바로 알도록 은사를 주소서 ❖ 56
신학교 가! ❖ 62
주께 대하듯 하라 ❖ 66
맨 처음 쫓은 귀신 ❖ 74
루시퍼를 봤다 ❖ 80
그의 신들메 ❖ 86
기묘자 예수님 (설교) ❖ 95
성령세례를 받아야 한다 (설교) ❖ 108
날 위해 무얼 주느냐 ❖ 120

잃었다 다시 찾은 양 ❖ 126
개꿈이야 ❖ 130
나 어때요? ❖ 133
사망의 음침한 골짜기 ❖ 138
마침내 신학교를 가다 ❖ 144
폐결핵이 걸리다 ❖ 147
네가 가면 나는? ❖ 150
전도하는 귀신 ❖ 156

목회 이야기

목회 이야기를 하려고 합니다 ❖ 160
목회는 실패의 연속 ❖ 168
교회를 사임하겠습니다 ❖ 171
한 번만 귀신들려 봤으면 ❖ 178
저 개들에게 들어가라 ❖ 183
그걸 헌금해서라도 ❖ 189

난 너보다 더 사랑한다 ❖ 194
당장 목회 그만 뒤! ❖ 198
목회 그만둘까 ❖ 205
신장을 바치겠습니다 ❖ 213
너에게 돈이 오천만 원 있느니라! ❖ 218
붕어빵 장사 ❖ 224
이전과 다툼 ❖ 229
미안하다, 성민아! ❖ 237
여호와의 불기둥 ❖ 242
술집 여자들 ❖ 247
햇볕 좀 주세요! ❖ 251
살고자 하면 죽고 ❖ 254
공중 나는 새도(참새 한 마리도) ❖ 264
여보! 찾았어! ❖ 269
어디서 비가 새나요 ❖ 277
내가 왜 갚아? 내 것도 아닌데… ❖ 280
참, 마음대로 안 되네 ❖ 286

추수꾼의 침투 ❈ 289
나를 어떻게 보고 사기를 쳐? ❈ 297
"야 너도 나하고 똑같네" ❈ 307

목사가 쓰러지고

쓰러진 목사 ❈ 316
숨 멈추고… 숨 쉬세요 ❈ 324
시술 대기실은 또 하나의 선교지 ❈ 330
너무 잘 먹어서 아픈 거야 ❈ 335
내가 바로 네 보험이니라 ❈ 338
그냥 보기만 할 게 ❈ 343
죽고 사는 것은 내가 결정한다 ❈ 349
섭섭하여 울 때에 ❈ 354
"아빠 미안해하지 마세요!" ❈ 359
네 치료가 급속하리라 ❈ 366
왜 목사님들이 간이식한 사람이 많나요? ❈ 370

세 번째 방법으로 역사하신 하나님 ❖ 376
하나님 사랑합니다 ❖ 382
난 친구가 없어 외롭단다 ❖ 389

여기까지 도우셨다

아빠 같은 목사님이 될 거야 ❖ 394
성지순례의 꿈 ❖ 399
얘들아! 다들 어디 있니? ❖ 402
못 다한 목회이야기 ❖ 407

에필로그 하나님은 살아계신다 • 414

영고야 영고야

스쳐 지나간 죽음의 그림자

"내가 사망의 음침한 골짜기로 다닐찌라도 해를 두려워하지 않을 것은 주께서 나와 함께 하심이라"(시 23:4)

태어난 지 1년도 채 안 돼 폐렴을 크게 앓고 있는 아기. 얼굴이 파랗게 변색된 그 아기는 손을 계속 흔들어대면서 살려고 발버둥을 쳤다. 아기의 어머니와 아버지는 그런 아기를 업고 읍내 병원으로 뛰어갔다.

의사 선생님은 "너무 늦었습니다. 그냥 돌아가세요!" 했으나 어머님은 "주사라도 한 대 맞혀 주세요!"라고 간청해 억지로 주사를 맞았다고 한다. 의사도 포기했지만 죽지 않고 살아났다고 한다. 그래서 그런지 어려서 홍역도 크게 앓았으며 몹시 약하게 자랐다고 한다.

의사도 포기했던 아이, 그래도 죽지 않고 살아난 아이, 홍역도 남보다 크게 앓았고 몹시 약하게 자라난 아이. 그 아이가 윤영교, 바로 나였다. 나는 전남 장흥군 관산읍 옥당리에서 태어났다. 아버지는 관산초등학교 교사였다. 내가 태어난 관산은 우리 어머니의 고향이셨다. 세 살쯤에 강진으로 이사 왔기에 난 관산을 잘 알지 못하지만 외가 동네라 몇 번 가 본 기억은 있다.

초등학교 1학년 때 형을 따라 이발하러 가는 길이었다. 중학교 1학년이었던 형은 친구들과 함께 강진 '시끄테'라 불리는 조그만 저수지로 놀러 갔고 나는 형을 따라갔다. 형과 형 친구들 네댓 명은 수문 가까이에서 공놀이를 하고 있었다. 나는 상류 쪽에서 발을 씻다가 그만 앞으로 고꾸라지면서 물에 빠졌다. 바로 정신을 잃고 하류로 떠내려가고 있었다. 그때 마침 수문 가까이서 형 친구들이 공을 가지고 놀다가 떠내려가는 공을 주우려고 달려왔다. 나는 형 친구의 발에 걸려서 극적으로 구조됐다. 몇 미터만 더 떠내려갔다면, 몇 초만 늦었다면, 공이 그쪽으로 오지 않았다면, 그리고 발에 걸리지 않았다면 그때 난 그대로 죽었을 것이다.

전도사 시절, 정읍시 소성면에서 목회하시는 어느 전도사님과 칠보에서 투망으로 고기를 잡고 있었다. 전날 큰비가 내려 빨라진 물살을 향해 투망을 던지면 피라미가 많이 잡혔다. 그런데 계속 피라미만 잡히자 좀 더 큰 고기에 욕심이 나서 건너편으로 건너가기로 했다. 어깨에 투망을 메고 왼손에 투망 줄을 감고, 오른손으로는 투망 자락을 잡고 건너갔다. 갑자기 발이 푹 꺼지면서 깊은 강물 속으로 몸이 빨려 들어갔다. 거센 물결은 투망을 쓸고 가면서 내 몸까지 와락 끌고 들어갔다. 투망을 벗어나려고 애를 쓰면 쓸수록 거센 물살은 점점 더 휘감아 끌고 갔다.

물속에서 번뜩 생각하기를 '아… 이대로 계속 끌려가면 죽을 텐데….' '죽는구나!' 하고 무작정 끌려가고 있는데 바로 내 앞에 돌무더기를 모아놓은 조그만 둔덕이 희뿌옇게 보였다. 그리고 그물과 내가 그 둔덕에 걸렸다. 그래서 물속 돌무더기를 딛고 일어날 수 있었다. 일어서면서 얼른 투망을 손목에서 빼버렸다. 정신을 차리고 뒤쪽을 돌아보았더니 저만큼 떨어진 곳에서 그 전도사가 나를 바라보고 있다.

"야! 의리 없는 사람아! 이렇게 죽게 되었는데 그 자리에 서 있기만 하면 어떡해?"

"그럼 어떻게 해! 나도 죽게 생겼는데…."

여전히 거세게 흐르는 강물을 바라보았다. 거칠고 성난 물살이 무엇이든 삼키려는 듯 몸을 크게 비틀며 빠르게 넘실대고 있었다.

강물 밖으로 나와 보니 그 둔덕 조금을 지나면 아예 강물은 바다같이 더 넓어지고 깊은 강물만 흐르고 있었다. 그날 그 앞에 자갈 더미를 쌓아 놓은 둔덕이 없었더라면 난 죽었을 것이다. 그 둔덕은 굴착기 기사가 무슨 생각으로 그랬는지는 모르지만 자갈을 한데 모아 놓은 것이다.

영교야 영교야

이 소자 중 하나라도

"또 누구든지 내 이름으로 이런 어린아이 하나를 영접하면 곧 나를 영접함이니"
(마 18:5)

내가 다섯 살이던 해에 어머니가 많이 아파서 장흥병원에 입원하셨다. 그때 강진읍교회에서 목사님과 교인 몇 분이 병원에 심방을 왔다. 어머니가 몇 번 강진읍교회를 다녔던 것이 계기가 된 것이다. 어린 나를 밖으로 내어 쫓고 안에서 어른들이 예배를 드렸다. 그때 난 안에서 들리는 찬송과 기도 소리를 듣기만 해도 얼마나 기뻐했는지 모른다. 목사님이 오신 것이 마치 하나님이 오신 것처럼, 하나님을 만난 것처럼 기뻤다.

그 후 몇 년 뒤, 내가 한 7, 8살쯤으로 기억된다. 그 강진읍교회 앞을 지나치는데 나보다 나이가 많은 그 동네 아이들이 나를 잡으려고 쫓아왔다. 나는 황급히 그 교회 안으로 도망갔다. 교회 안에 들어가 강대상 옆 조그만 방이 있기에 그곳으로 숨어들어 피했다. 얼마 지나지 않아 어머니 병원 심방을 오셨던 바로 그 목사님과 사모님이 들어오셨다. 사모님이 의심스러워하는 눈초리로 물었다.

"왜 여기 있니?"
"죄…송…합니다. 형들이 잡으려고 따라오기에 그만…."

그러자 목사님이 다그쳤다.

"너, 또 뭐 훔치러 왔니? 저번에도 네가 훔친 거지? 맞지? 그렇지?"

믿지 않으셨다. 하긴 그동안 사택에서 물건을 많이 잃었으니까 호통치는 것도 당연하겠지만….
집에 돌아와서도 한참동안 내 얼굴이 부끄러움에 뜨뜻했다. 그 일이 오랫동안 마음의 상처로 남아 있었다. 왜냐하면 그 목사님은 내가 하나님 같이 생각했던 목사님이셨는데, 바로 그분이 나를 도둑으로 취급했기 때문이다. 그리고 나는 그 후 오랫동안 교회를 다니지 못했다. 어릴 때 어른들에게 받은 그 상처와 그 아픔은 깊고 오래 갔다.

> "삼가 이 소자 중에 하나도 업신여기지 말라 너희에게 말하노니 저희 천사들이 하늘에서 하늘에 계신 내 아버지의 얼굴을 항상 뵈옵느니라."(마 18:10)

초등학교 입학한 지 4, 5년 뒤에 우리 안집에 새로 이사 오신 분을 따라 교회에 다시 나가기 시작했다. 이번에는 강진읍교회에서 100여 미터 떨어져 있는 강진제일교회를 다녔다. 그 교회는 교인이라고 해야 할머니 서너 분만 있는 미약한 교회였다. 초등학교 중학교 때는 어쩌다 한 번씩, 고등학교 때는 광주에서 학교를 다녔기에 한 달에 한 번 정도 고향에 내려 갈 때 한 번씩 나가는 정도였지만 아무튼 나는 그 작은 교회에서 청년 때까지 신앙생활을 했다. 학생도 청년도 없는 교회, 어른들이라고 할머니 서너 분 있는 교회에서 외롭게 신앙생활을 하게 되었다.

지금 생각해보면 사실 그 강진제일교회의 부흥은 하나님이 그 어린이를 들어서 하신 것이다. 그리고 이 일이 계기가 되어 난 성결교회 목사가 되었고, 내 두 아들까지도 성결교 교단의 서울신학대학교를 다니게 된 것이다. 그러므로 이 일을 통해 얻은 교훈은 어린아이 하나를 업신여기지 말라는 것이다. 어린이 한명을 놓치면 한 교회를 잃어버릴 것이고, 나아가 한 교단을 잃어버릴 것이고, 더 나아가 한 민족을 잃어버릴 수도 있다는 것이다.

내가 왜 이러지

"그때에 너희가 그 가운데서 행하여 이 세상 풍속을 좇고 공중의 권세 잡은 자를 따랐으니 곧 지금 불순종의 아들들 가운데서 역사하는 영이라" (엡 2:2)

중학교 졸업을 앞두고 송구영신예배에 참석했다. 광주에 있는 한 고등학교에 진학해서 좋은 대학에 합격하게 해 달라는 것이 그날 내 기도 제목이었다. 하지만 실제 형편은 그렇지 않았다. 상고를 졸업한 형이 "영교야 너 주판을 어려서부터 배웠잖아 그러니 상고로 진학하면 어떻겠니?"하고 제안하기에 난 상고로 진학하게 되었다. 그런데 과학이나 수학 등에 취미가 많았던 나는 상업 과목에는 취미가 없었다. 그러다 보니 학교생활에 적응하기가 매우 어려웠다. 거기에다 형이 광주 충장로에서 당구장을 차리고는 어머니에게 동생을 자기에게 맡겨주면 가정교사를 두고 가르치겠다면서 나를 데려 갔다. 그런데 막상 형에게 가 보니 가정교사는커녕 아예 공부를 할 수가 없었다.

매일 학교 끝나고 오면 새벽 한두 시까지 당구장에서 심부름을 해야 했다. 청소하고, 밥하고, 손님들 담배 사오고, 카운터 봐주고…. 주일날 교회에 가겠다고 하면 형은 항상 이렇게 이야기하며 말렸다

"야, 일요일에 손님이 제일 많은데 네가 교회 가버리면 장사는 어떻게 하냐?"

어린 나는 교회에 얼마나 가고 싶던지 옥상에 올라가 멀리 보이는 교회 십자가를 바라보면서 많이 울었다.

그 당구장도 형의 결혼과 함께 그만두고 혼자 하숙하며 공부에 전념할 기회를 얻었다. 하지만 그동안 못한 밀린 공부를 생각하면 힘이 빠지는 걸 간신히 참아나갔다. 독한 마음으로 독서실을 끊어 열심히 다니며 공부를 해보려고 했는데…. 책을 도둑맞지 않나, 자는데 누가 내 이불을 걷어가지 않나. 그 덕분에 공부는 공부대로 못하고 감기만 늘 달고 다니게 됐다.

지금 생각해 보면 그때 그 어려운 시절 때문에 나는 주님을 더 사모하게 됐고 기도도 더 많이 했던 것 같다. 만일 그때 내가 공부를 잘해 은행에 합격했거나 재수를 하지 않고도 대학에 당당히 합격했다면 과연 내가 하나님을 만났을까? 지금처럼 내가 목사가 됐을까? 생각해 보면 그 당시 내게 다가온 어려움은 바로 주님을 가까이 만나

게 하신, 지금의 나를 만드신 하나님의 은혜였다. 그래서 그 시절을 떠올릴 때면 감사의 기도를 드리지 않을 수 없다.

어느 날 저녁 하숙집 방에서 처음으로 성경을 1시간 읽고, 기도를 1시간 했다. 그리고 내일은 꼭 교회에 가야지 하고 잠이 들었다. 그날 밤 천장에서 시커먼 놈이 나를 향해 내려왔다. 말 그대로 그놈과 죽도록 싸웠다. 얼마나 힘을 쓰고 싸웠던지 일어나 살펴보니 두꺼운 이불이 온통 땀에 젖어 흥건할 정도였다.

'오늘 내가 왜 이러지…' 하고 정신을 차리려고 애를 쓰고 있는데 그놈이 다시 천장에서 나를 향해 내려왔다. '후반전인가?' 하는 생각이 들자마자 다시 시작된 싸움은 거의 새벽녘에야 끝났다. '오늘 밤 내가 왜 이러지?' 마음 속에 이런 생각이 들었.

'아! 그렇구나! 내가 오늘 성경도 보고 기도도 했더니 마귀가 속이 무척 상했나보구나!'

아직 기도를 잘하지 못해서… 주기도문만 열심히 외웠다. 그러다 잠이 들었다. 다음날 아침 친구가 놀러와 하루 종일 놀다보니 그만 교회에 간다는 생각을 깜빡 잊어버렸다. 다시 밤이 왔다. 그리고 다시 자려고 누우니 책상 위에 성경책이 보였다. 그리고 어젯밤 그 치열하고 힘들었던 생각이 떠올랐다.

'아, 오늘밤에 어떻게 자지? 큰일이다!'

놀라 일어나 시계를 보니 이미 밤 10시를 가리키고 있었다. 무작정 교회로 달려갔다. 마침 목사님이 교인들 배웅을 마치고 교회 문을 막 닫으려는 중이었다.

"목사님! 드릴 말씀이 있습니다."

지난 밤 겪은 일을 낱낱이 말씀드렸다.
"그건 마귀입니다. 제가 기도해 드릴 테니 걱정하지 마세요!"

목사님이 내 머리에 손을 얹고 기도해 주셨다.
"다음부턴 평안히 잠을 잘 수 있을 겁니다."
그것은 내가 예수 믿고 마귀를 처음 만난 사건이었다.

용기, 그리고 첫 전도

"너는 말씀을 전파하라 때를 얻든지 못 얻든지 항상 힘쓰라 범사에 오래 참음과 가르침으로 경책하며 경계하며 권하라" (딤후 4:2)

고 2학년쯤에 학생들 열 명 정도가 선배에게 부기 과외를 받고 있었다. 어느 날 과외를 받으러 갔더니 나 혼자뿐이었다. 그러고 보니 전날 오늘 수업이 없다고 했는데 나만 몰랐던 것이다. 그래서 용기를 내 선배께 예수님을 믿으라고 전도를 했다. 그날 선배의 고모 분도 같이 있었는데 두 분이 교회 공격을 정말 많이 했다.

'목사가 어쩌고… 교회는 돈이나 뜯어내려 하고… 교회는 만날 싸우고 갈라서고… 성경은 거짓이며 하나님은 안 계시고 인간은 진화되었다'고 하면서 두 사람이 신랄하게 공격했다.

그래도 나는 "하나님은 살아계십니다. 사람이 한 번 죽는 것은 정한 이치입니다. 그리고 죽은 후에는 반드시 심판이 있습니다. 인간은 영적인 존재입니다. 예수님은 우리 죄를 위해 십자가에 죽으셨고, 사망권세를 이기시고 부활하셔서 부활의 첫 열매가 되었습니다. 그러므로 우리는 그분을 믿고 우리도 부활의 영광에 참여해야 합니다. 부디 예수 믿으세요!"라며 그들이 무엇이라고 하든지 내 할 말을 다 했다. 끝까지 부정하는 그들과 헤어져 귀가하면서 참 마음이 답답했다. 나는 그들의 영혼을 위해 기도하는 방법 밖에 다른 도리가 없었다.

세월이 몇 년이나 훌쩍 지난 뒤 나는 고등학교를 졸업하고 강진제일교회에서 학생들을 지도하고 있었다. 어느 날 어떤 분이 성경책을 들고 정말 경건한 모습으로 우리 교회에 들어왔다. 자세히 보니 그 선배였다. 깜짝 놀라 다가갔더니 그 선배는 나를 보고 무척 반가워 어쩔 줄 몰라 했다. 이제는 거꾸로 선배가 성경을 펴 예수님 이야기를 하는 게 아닌가. 내 눈을 의심할 정도였다. 그의 성경 곳곳에는 줄이 처져 있었으며 깨알 같은 메모가 가득 보였다. 이제는 정말 왕 예수쟁이가 되어 있었다.

모르긴 해도 틀림없이 그분은 지금쯤 어디에선가 목사님이 되어 하나님의 말씀을 힘 있게 전하고 계시리라 짐작된다. 말씀을 전하기만 하면 언젠가는 열매를 맺는다는 교훈을 그때 깨달은 것이다.

하나님의 말씀은 살아 있고 운동력이 있기 때문이다(히 4:12).

영교야 영교야

여호와는 나의 목자시니

"여호와는 나의 목자시니 내가 부족함이 없으리로다" (시 23:1)

상고 졸업반 때 많은 광주상고 학생들이 은행 입사 시험을 치렀다. 절반은 합격하고 절반은 떨어졌다. 합격한 절반에게는 행복한 졸업식이었지만 떨어진 절반에게는 우울한 졸업식이었다. 나는 떨어진 절반에 포함돼 아무도 찾아오지 않은 졸업식을 우울하고 조용하게 보냈다. 그날 밤 홀로 하숙집에서 내 짧은 인생을 돌이켜 보았다.

시골교회에서 중3 졸업반 때 송구영신예배에서 제목으로 삼고 고등학교를 잘 마치고 대학에 들어가 꿈을 이루려던 기도는 물거품이 되는가 싶었다. 기도로, 믿음으로 고등학교를 시작했지만 재학 중 내내 성적은 떨어지고 최하위를 맴돌더니만 마지막 은행 입사시험에 떨어진 것이다. 그날 밤은 왜 그렇게 추운지 외롭고 눈물나고 슬펐다. 난 그날 밤 고민했다.

'왜 그렇게 기도하고 믿음으로 시작했는데 이렇게 패배자가 되었을까?'

난 밤새도록 시편 23편 1절을 암송하고 또 암송했다.
"여호와는 나의 목자시니 내게 부족함이 없으리로다."

이 구절만 밤새 천 번도 넘게 외우고 되뇌고 했다. 처음에는 정말 눈물나고 우울한 밤이었다. 그러나 하나님의 말씀은 신기한 힘이 있었다. 밤새 이 성경구절을 암송하면서 점점 믿음이 강해지는 느낌이 왔다. 그리고 확신이 찾아왔다. 앞으로 내 인생에는 결코 부족함이 없을 것이라는 확신….

그래서 다시 은행 입사시험에 도전하기로 마음먹었다. 그 후 1년 동안 열심히 공부했다. 하지만 막상 은행 시험을 보려고 하니 그때는 나이제한에 걸리고 말았다. 남들보다 1년 늦게 초등학교 1학년에 입학한 데다 또 1년 재수까지 했으니 원서를 낼만한 은행을 찾을 수가 없었다.

세 번째 도전, 어렴풋이 3수를 생각했다. 다시 은행이 아니라 이번에는 진로를 대학으로 돌렸다. '그래… 대학을 가야겠다!' 그리고 기도하다 하나님을 만난 것이다. 이제 목사가 되어 돌이켜 생각해 보니 그때 은행 시험에 떨어진 게 퍽 잘된 일인 것 같다. 만일 은행 시험에 합격했다면 방황과 괴로움도 없었을 것이고, 그게 없었다면 성전에 찾아가 하나님께 기도했을 리도 없었고, 하나님을 만났을 리도 없었을 것이다.

그 뿐인가!

착하고 예쁜 아내를 만났을 리도 없었고, 당연히 두 아들 승식이와 현식이가 이 세상에 태어났을 리도 없었으며 내가 목사가 되었을 리도 없었고, 정읍에 와서 제자교회 목회를 했을 리도 없었을 것이다. 그렇지 않았다면 지금쯤 어디에선가 술 한 잔 하면서 죄를 짓고 있지나 않았을까?

나는 지금도 힘들고 어려운 고난의 밤이 찾아오면 이제는 내 인생이 왜 이렇게 슬프고 힘들까 하고 고민하지 않는다. '다 하나님의 깊은 뜻이 있을 거야' 하고 생각한다. 그리고 그 힘들었던 옛날처럼 말씀을 반복해 되뇌인다.

"여호와는 나의 목자시니 내가 부족함이 없으리로다!"

영교야 영교야

아버지, 나의 아버지!

"하나님이 들의 성들을 멸하실 때 곧 롯의 거하는 성을 엎으실 때에 아브라함을 생각하사 롯을 그 엎으시는 중에서 내어 보내셨더라" (창 19:29)

나의 아버지는 초등학교 교사였다. 상고를 졸업한 뒤 나는 대학을 가겠다고 인생의 진로를 새롭게 결정하고 재수학원을 다니고 있었던 시절이었다. 그런데 학원에서 공부를 하고 있어도, 집에 와 있어도 계속해서 아버지가 돌아가실 것이라는 어떤 메시지가 내 마음속에 들어오고 있었다. 그 생각을 아무리 떨쳐 버리려고 해도 떨쳐버리지 못하고 있었다. '뭐야! 내가 불효자인가? 왜 아버지가 돌아가실 것이라는 생각을 하지?' 회개 기도도 드렸지만 그 생각은 내 마음에서 쉽게 떠나지 않았다. 그래서 그때마다 열심히 하나님께 기도했다.

"하나님! 제 아버지를 지켜주세요! 오래 오래 살게 해 주세요!"

자취방 벽에도, 성경책에도, 공부하는 책과 노트에도 수없이 써 놓고 볼 때마다 기도했다. 심지어 수학시간에는 그렇게 기도를 하고 무한대 표시(∞)까지 했다. 어느 날 명절이 되어 집에 와서 아침에 아버지와 마주 앉아 밥상을 받았다. 그때 내 눈에는 이상하게도 아버지의 얼굴이 세상 사람의 얼굴이 아니고 죽은 사람 얼굴로 보였다. 당시 아버지는 마흔여덟 정도로 비교적 젊을 때였다. 아무리 보고 또 봐도 아버지는 죽은 사람 얼굴이었다. 약간 검은 피부의 아버지는 당시 매우 건강한 편이셨다.

그런데 아버지께서 갑자기 간밤에 꾼 꿈 이야기를 하셨다. "내가 '돌아배기'를 가는데 돌아가신 아버님과 어르신들이 굴속에 앉아 있더라. 그런데 그 어르신들이 담뱃대를 딱딱 치면서 왜 벌써 왔냐고 하시더라." '돌아배기'라는 곳은 강진읍에서 칠량면 큰집이 있는 아버지 고향집 동백리 가는 길 도중 산기슭에 난 길이다. 이 길을 돌아서면 강진읍이 시야에서 사라진다. 그래서 다시 한 번 강진을 돌아본다 하여 돌아배기라고 불렀다 한다. 당시 그 돌아배기에는 공동묘지가 있었다. 그러자 어머니가 부엌에서 듣다가 "여보, 꿈은 반대라잖아요" 하셨다. 하지만 몹시 걱정된 표정이셨다.

아버지와 어머니는 그날 명절이라 큰집에 간다며 자전거를 끌고 집을 나섰다. 난 행여 아버지 운명과 함께 어머니까지 어떻게 될까봐 어머니에게 화를 버럭 내면서 소릴 지르며 말했다. "어머니 왜? 아버지 힘드신데 자전거를 타고 가려고 해요! 그냥 어머니는 버스타고 가세요." 그랬더니 어머니는 "영교야, 너 오늘 참 이상하다. 한번도 엄마한테 소리지르는 법이 없었는데…" 하시면서 먼저 골목길을

영교야 영교야

돌아 버스를 타러 걸어 나가셨다. 아버지가 돌아보시며 내게 당부하셨다.

"영교야, 오늘은 명절이라 엄마와 큰집에 좀 다녀오마. 너는 그냥 집에서 공부나 해라."

그러시고는 자전거를 끌고 나가시는 모습이 아버지의 마지막 모습은 아닐까 하는 생각이 문득 들었다. 당시 실업계 고등학교 영어 교과서에 나온 이야기가 하나가 떠올랐다. 억시노프란 사람은 사랑하는 아내와 아이들을 두고 사업차 먼 길을 떠난다. 떠나기 전 그는 아들들과 아내에게 키스를 한다. 그때 아내가 꿈 이야기를 한다.
"여보, 어젯밤 꿈에 당신의 머리가 흰 머리가 되어 있었어요!" 그러나 억시노프는 "꿈은 그냥 꿈일 뿐이지. 걱정하지 말아요. 잘 다녀오리다"라는 말만 남기고 길을 떠난다. 밤이 되자 여관에 들러 오는 길에 만난 두 명의 길동무와 한방에서 잠을 청한다. 다음날 아침 일찍 나와 마차를 타고 갈 길을 재촉하고 있는데 뒤에서 경찰이 급히 말을 몰아 쫓아온다.

"억시노프 씨 거기 서세요! 당신 방에서 살인사건이 일어났어요."
"예? 무슨 그런 일이…?"

그런데 이게 웬일인가. 억시노프의 짐을 조사하던 경찰은 피 묻은 칼을 찾아낸다. 누명을 쓴 억시노프는 시베리아 형무소로 끌려갔다. 그리고 세월이 많이 흘러 억시노프는 많이 늙어갔다. 어느 날 고

영교야 영교야

향에서 죄수 한 명이 시베리아 감옥에 투옥된다. 그 죄수가 말한다.

"난 너무 억울합니다. 사실 내가 젊었을 때 큰 죄를 지었는데 그때는 잡혀 와야 맞지만 지금은 억울해요."

고향에서 왔다기에 너무 반갑고 기뻐서 억시노프는 고향 이야기를 듣고 싶어 했다. 그 죄수는 억시노프 아내는 죽었고, 그의 아들은 장성해 멀리 떠났다고 했다. 그런데 이야기를 듣다 보니 그 죄수가 바로 자기와 함께 여관에서 잠을 잤던 그 사람이며 그가 살인을 한 뒤 칼을 억시노프의 봇짐에 넣은 사람이란 것을 알게 된다. 그 죄수는 말을 이어 간다.

"그때 당신도 죽이려 했는데 갑자기 밖에서 소리가 나 그냥 칼을 당신 짐에 넣은 거지."
"아…."
억시노프는 화가 나서 견딜 수가 없었다.

어느 날 그 죄수는 감옥을 탈출하려고 땅굴을 팠고 억시노프가 그것을 알게 되었다. 그 죄수는 억시노프에게 이렇게 말했다.

"만일 신고하면 너는 죽어!"
억시노프는 이렇게 대답한다.
"너는 이미 수십 년 전에 나를 죽였잖아."

얼마 후 탈출용 땅굴은 간수들에게 발견되었고, 탈출을 시도하는 죄수가 잡히는 날에는 잔인하게 사형을 당하기에 시베리아 형무소는 긴장감으로 술렁거렸고, 모든 죄수들은 눈보라가 몰아치는 운동장에 모이게 되었다.

간수들은 엄한 목소리로 물었다.
"누가 땅굴을 팠지?"
그 죄수는 두려운 눈빛으로 억시노프를 바라보았고 그리고 간수는 억시노프에게 물었다.
"누가 땅굴을 팠는지 모르십니까?"
"모, 모릅니다."

억시노프는 간수들이 매우 존경하는 죄수였다. 그리고 그날은 그렇게 끝났다. 그날 밤 그 죄수는 억시노프를 찾아왔다.
"억시노프! 나의 죄를 용서해 주게나!"
"뭘? 내가 어떻게 자네를…. 내가 용서한다 한들 잃어버린 나의 세월은 어디서 보상받겠나?"
"미안하이… 미안하이…. 내가 내일 아침 자네가 무죄란 걸 간수들에게 이야기하겠네!"
"이제 돌아간들 무슨 소용 있겠나."

그러나 다음날 간수들을 찾아간 그 죄수는 사실을 밝혔다. 오래전 살인사건의 진범은 자신이며 억시노프는 억울하게 누명을 쓰고 잡혀 온 선량한 사람이라고 실토한다. 간수들은 억시노프를 풀어주러 달려갔지만 억시노프는 이미 싸늘하게 죽어 있었다. 그 죄수는 소리쳐 운다.

"억시노프! 용서해 주게…."

"하나님은 알고 계십니다. 그러나 기다립니다(God knows but waits)"
이 이야기의 제목이다.

'아! 이 시간이 아버지와 이 세상에서 마지막 시간이 되겠구나!'
그래서 난 자전거 뒤를 잡고 만류했다.

"아버지, 오늘 자전거 타고 가지 마세요!"

"내가 항상 이 자전거를 타고 학교에 출퇴근하는데…. 왜? 왜 그러는데?"

아직은 믿음이 너무 연약하고 성령이 무엇인지도 잘 몰랐던 터라 '하나님이 자전거 타고 가지 말라고 하시니까요' 하고 담대히 말을 할 수 없었다. 또 그때 재수생이라 '자전거 두고 가면 네가 공부는 하지 않고 돌아다니려고 그러는 거 아니냐?'고 하실 것 같았다. 그래서 난 어쩔 수 없이 아버지 자전거를 놓아드렸다. 아버지가 자전거를 타고 큰집으로 가신 뒤 난 어찌나 불안하든지 방에 들어와 하나님께 간절히 기도했다.

"하나님 아버지! 우리 아버지를 제발 살려 주세요. 지켜 주세요!"
그러다 깜빡 잠이 들었다. 한참 후 전화벨 소리에 잠에서 깼다. 그런데 그 전화벨 소리를 들으며 무슨 전화라는 걸 난 이미 예견하고 있었다. '틀림없이 아버지가 병원에 있다고 전화 올 거야.' 아니나 다를까….

"윤탁현 선생님 댁이죠? 여기 병원인데요. 선생님이 자전거 타고 가다 넘어지셔서….”

난 속으로 스스로 이렇게 말했다. '넘어지기는…? 버스가 아버지를 뒤에서 받은 거지….'

수화기를 놓자마자 병원으로 달려갔다. 도착해 보니 아버지는 곧 숨이 넘어갈 것처럼 가쁜 숨을 몰아쉬고 있었다. 그리고 이렇게 말씀하신다.

"내가 죽는 것은 괜찮은데… 우리 애들하고 애들 엄마는 어떻게 산다냐?”

우리 아버지는 지금까지 단 한번도 우리를 안아 주신다거나 사랑한다고 말씀하신 적이 없었는데 그때 난 처음으로 우리 아버지가 우리를 얼마나 사랑하시는지, 비로소 알게 됐다. 그런데 내 마음속에는 기쁨이 가득하고 절로 웃음이 나왔다. 그것은 바로 한 달 전부터 아버지의 사고를 미리 아신 하나님께서 나에게 기도하게 하셨고, 오늘도 기도를 하였기에 아버지가 무사하실 거라는 확신이 왔기 때문이었다.

웃으려 밖에 나오니 어머니가 바삐 걸어오시면서 "영교야 아버지 어떠냐?” 하시면서 우셨다. 너무 기뻐 웃음을 참을 수 없는 나는 어머니에게 대답도 잘 못하고 밖으로 나가 하늘을 쳐다보고 감사하면서 기쁨의 웃음을 웃었다.

그리고 아버지를 앰뷸런스에 모시고 광주에 있는 큰 병원으로 가서 엑스레이 사진을 찍었다. 담당 의사가 사진을 한참 들여다보시더니 고개를 갸웃했다.

"허, 참 이상하네…. 어떻게 이렇게 다칠 수가 있을까?"

그리고 우리에게 엑스레이 사진을 보여주면서 신기한 것은 뼈에 금이 가도 중요한 부위는 모두 피해 갔다는 것이다. "그 중에 하나만 건드려도 죽거나 걸을 수 없는 장애인이 될 수 있는데… 참 신기하네"라고 했다. 사진에는 유리창에 돌을 던지면 사방으로 금이 가는 것처럼 뼈가 그렇게 금이 갔는데 그 금이 퍼지면서 중요한 부위는 피해 간 모습을 보여줬다.

그날 뒤따르던 버스가 아버지를 뒤에서 받았다. 아버지는 공중으로 붕 날아 눈이 많이 쌓인 논두렁에 떨어졌는데 이상하게도 머리는 다치지 않았다. 경찰 조사 결과 이 사고는 운전사의 졸음운전이 원인이었다. 아버지는 나중에 말씀하시기를 그날 버스가 뒤에서 마구 달려오는 소리를 듣고 최대한 갓길로 피했는데도 순식간에 버스가 덮치면서 정신을 잃었다고 하셨다.

지금 생각해 보면 그때 하나님을 사랑하고 있던 나의 믿음을 보시고 아버지를 살려주신 게 아닌가 하는 생각이 든다. 또 철저히 무신론자였던 아버지도 내가 이 간증을 하면서 하나님이 살아계심을 말씀드리자 더 이상 말을 못하셨다. 결국 이 사고가 나중에 아버지가 예수님을 믿게 되는 중요한 계기가 되지 않았나 생각된다.

주일학교 맡아 주세요

"지극히 작은 것에 충성된 자는 큰 것에도 충성되고 지극히 작은 것에 불의한 자는 큰 것에도 불의하니라" (눅 16:10)

재수할 때의 어느 주일, "주일학교 교사 좀 맡으시지요." 하고 윤청 집사님이 나에게 부탁을 했다. 몇 년 동안 교회학교를 하셨던 윤청 집사님이 다음 주에 서울로 이사를 가신다고 했다. 교회 안에 유일한 젊은 부부 집사였다. 떠나시기 전에 나를 만나 교회학교를 부탁하신 것이다.

"네…? 저 못 해요! 저는 아무것도 모르는데요!"
교인이래야 할머니들뿐이라서 나밖에 맡을 사람이 없다는 설명이다. 그러고는 어린이 교재, 상품, 통장을 다 인계하셨다.
"맡아서 할 사람이 없으니까… 윤 선생님이 하셔야 합니다."

어쩔 수 없었다. 내가 생각해봐도 아무도 없었다. 그렇게 떠밀려 나는 난생 처음 주일학교 교사가 됐다. 아직 어리다고 해야 할 젊은 청년이었지만 청년이라곤 나 하나뿐이었기에 교회학교 부장 겸 교사가 된 것이다. 교사가 성경을 잘 모르기에 설교는 하고 싶어도 할 수 없었다. 생각다 못해 첫 주에는 무장공비가 울산 삼척지구에 나타났는데 예비군과 군인들이 소탕한 이야기를, 두 번째 주일에는 도사 할아버지가 지팡이를 휙휙 돌리면서 도술을 부려 악당을 물리친 이야기를 해줬다. 아이들이 모두 재미있게 들어 주었다. 가끔 까르르 웃기도 하면서….

그때부터 아이들은 나만 보면 막 웃어댄다. 내가 아이들 앞에서 생전 처음 해본 설교였다. 다음 주일 아이들에게 주판을 가르쳐 줄 테니 친구들을 많이 데리고 오라고 광고를 했다. 그 다음 주부터 어린이가 모여들기 시작했다. 대여섯 명 겨우 모이던 아이들이 갑자기 서른 명이나 모여들었다. 그때만 해도 믿음이 없었기에 아이들이 갑자기 너무 많이 오자 겁이 났다. 그래서 주판을 가르치는 일을 그만두었다. 지금 생각하면 참 속 좁은 선생이었다.

차츰 선생인 내가 믿음이 들어가자 나름대로 열심히 교회학교를 이끌기 시작했다. 어린이 전도협회에서 교육도 받고, 교단에서 하는 교사강습회도 참석하고 여름성경학교까지 한 것이다. 목사님도 안계시고 어른신자들도 없는데 장흥제일교회 선생님들의 도움을 받아 성경학교를 한 것이다.

어린이 찬양 차트를 만들고,
성경학교 동화, 설교 교재들을 구입하고

성경학교 플래카드(placard)를 내어걸고,
교회 안에 그림도 풍선도 불어 걸어놓고
대대적으로 성경학교를 강진제일교회 역사상 처음으로 하게 된 것이다.
물론 모든 비용은 내 용돈으로 했다.
그렇게 서서히 난 믿음이 들어가기 시작했다.

누군가가 강진에 교회 건물만 지어놓고 도시로 이사 갔고 그나마 한 분 선생님마저 떠나면서 일을 할 사람이라곤 아무도 없게 됐다. 주인 없는 집에 손님이 주인 행세하고 호랑이가 없는 산에서는 토끼가 왕 노릇 한다고 했던가. 그렇게 시작된 교회 일이 지금의 목회로 이어지리라고는 당시에는 전혀 예상하지 못했다.

영교야 영교야

영교야, 영교야!

"여호와 하나님이 아담을 부르시며 그에게 이르시되 네가 어디 있느냐 가로되 내가
동산에서 하나님의 소리를 듣고 내가 벗었으므로 두려워하여 숨었나이다" (창 3:9-10)

"사람이 죽어서 천당 봤다, 지옥 봤다 하는 것도 다 잠시 뇌가 살아
있어서 꿈을 꾼 것이지, 어디가 천당 지옥이 있다냐?" 무신론자이셨
던 아버지께서 입버릇처럼 하시는 말씀이다.

우리 아버지는 내가 초등학교에 들어가기 전부터 학교에서 과학
과 관련된 책을 가져와서는 우주에 대하여, 우주인에 대하여 설명해
주셨다. 지구 자전과 공전, 은하계와 태양계도 가르쳐주셨다. 그 후
난 과학을 공부하면서 철저한 무신론을 공부했다. 그렇지만 내 마음
한쪽에는 늘 하나님이 계셨다. 아버지가 가르쳐주신 교육의 영향으

로 머리는 무신론이었지만 정신세계에는 믿음이 있었다. 그것이 바로 어릴 적 내 정신세계였다. 교회는 아주 어릴 적부터 가끔 다녔지만 믿지 않는 가정에서 신앙생활을 꾸준히 할 수는 없었다. 고등학교를 졸업한 뒤에는 가끔 교회에 나가서 기도하고 성경도 보고 혼자 철야기도를 했다. 교회에서는 항상 혼자였다. 그러나 교회에 가면 조용하고 아늑해서 그런지 왠지 마음이 평안했다. 어느 날은 기도하다 이런 생각이 들었다.

"하나님은 정말 계실까? 계신다면 한 번 보여 주세요!"

만일 정말로 하나님이 계신다면 출세와 성공을 위해 사는 것이 과연 잘한 일인가? 그런데 하나님이 안 계신다면 하나님을 위해 일생을 바치고 사는 것은 정말 미련한 일이 아닌가? 그날도 여전히 교회에서 혼자 기도하고 있었다. 그리고 새벽 2시쯤 잠시 교회 바닥에 몸을 뉘었다. 나 같은 죄인이 성전에서 잠을 자는 것이 하나님 앞에 정말 송구스러웠다. 그래서 그날은 잠이 들지 않고 있는데 큰 음성이 들려왔다.

"영교야…!"

어찌나 거룩하고 큰 음성이었던지 교회 문지방이 흔들리는 것 같고 벼락같은 소리였다. 나는 지은 죄가 너무 많아서 하나님을 뵐 수 없었다. 바다의 모래보다 더 많아서 회개조차 할 수 없다는 것을 알았다. 차라리 바다의 모래는 셀 수 있다 해도 내 죄는 셀 수도 없다.

영교야 영교야

막상 하나님 앞에 서니 영원히 회개를 해도 다 할 수 없을 만큼 내 죄가 많았다. 그런데 또 한 번 음성이 들렸다.

"영교야…!"

만일 하나님을 보게 된다면 내 두 눈의 동공이 썩어버리든지 내 영혼이 놀라서 육체에서 떨어져 지옥불로 휙 떨어져 버릴 것 같다는 두려움이 생겼다. 그래서 숨도 못 쉬고 하나님을 보지도 못했다. 하나님은 태양보다도 더 밝을 것 같았다. 그래서 두 손으로 눈을 가리고 머리를 다리 사이에 숨기고 떨리는 마음으로 이렇게 기도했다.

"하나님! 다음에 죄 없을 때 오세요! 지금은 뵐 수 없습니다. 죄가 너무 많아서…."

그리고 날이 밝자 집으로 도망치듯 뛰어갔다. 하나님이 얼마나 무서웠으면 집에 도착하자마자 이불을 뒤집어쓰고 덜덜 떨었다. 이 일을 어떻게 하나…. 목사님께 가서 "하나님이 나를 부르셨습니다"라고 하면 바로 "너 미쳤니?" 하실 것 같고, 아버지께 말씀드리면 "저 애가 요즈음 교회 열심히 나가더니만 돌아버렸나…" 하실 것 같았다. 누가 내 말을 믿어 줄까. 난 그때 깨달은 게 있다. 생각보다 더 많은 사람들이 하나님의 실존을 모르고 있다는 것을….

아침부터 비가 오기 시작하더니 어느새 굵은 장대비로 변하며 엄청나게 쏟아져 내렸다. '맞다… 교회…' 생각할 겨를도 없이 교회를 향해 빗속을 내달렸다. 이미 신작로에 홍수처럼 고인 물에 신발을

영교야 영교야

철벅이며 뛰었다. 교회 문을 열고 들어가 본당 문을 열고, 본당을 지나 내가 기도하며 잠을 잤던 강대상 옆에 조그만 방문을 열어젖혔다. 천장에서 쉴 새 없이 빗물이 빨랫줄처럼 흘러 내려 방바닥에서 세 갈래로 갈라져 한 줄기는 성경책으로 또 한줄기는 영어책으로 그리고 또 한줄기는 이불로 달려가고 있었다. 그런데 바로 그 빗물이 내게 이렇게 말하는 것 같았다.

"영교… 너! 하나님이 화나셨어!"

빗물은 유리창을 때리면서 계속해서 나에게 이렇게 말하는 것 같았다.
"영교야, 성경을 봐라. 하나님이 불러서 대답하지 않는 사람은 세상에 너밖에 없다."

난 홀로 성전 바닥에 꿇어 앉아 하나님이 너무 두려워 덜덜 떨면서 회개기도를 했다. 목소리까지 떨렸다. 그리고 다짐했다.
"하나님, 제가 앞으로 이 강진교회 부흥을 위해 2년 동안 헌신하겠습니다."

그 일이 있고 난 후 바로 강진제일교회 학생회를 시작했다. 그리고 2년이 지나기까지 아무에게도 고백하지 못했다. 하나님이 너무 무서웠기 때문에…. 막 시작한 학생회 부흥을 위해 사력을 다했다. 그때부터 난 열심히 성경을 읽고, 이해가 잘 안 되면 주석을 보기도 했다. 또 성경공부 교재를 구입해 성경공부도 시작했다. 하루 종일 교회 뒷좌석에 홀로 앉아 성경을 읽는 날이 많아졌다. 그러면서 두려운 마음으로, 정말 죄송하고 부끄러운 마음으로 교회 일을 해 나갔다.

그러나 학생회를 조직해 열심히 사역하고 있던 어느 날 입영명령서가 나왔다. 어린 학생들을 두고 입대를 해야 했다. 머리를 빡빡 밀고 광주에서 기차 타고 논산훈련소에 도착했다. 마침 그때 발에 피부병이 생겨 긁다 보니 상처가 났다. 군의관이 물었다

"이게 뭐야?"
"예, 피부병입니다. 밤에 나도 모르게 가려워 긁습니다."
"집에 가고 싶은가?"
"네, 그렇습니다."
"알았다. 악성피부병으로 판정한다. 고향으로 돌아가!"

일단 고향으로 다시 돌아왔다. 그 후 얼마 안 돼 광주 병무청에 다시 가서 검사를 받았다. 방위병 근무로 결정이 났다. 당분간 교회 일을 계속하다 방위소집훈련을 마치고 강진에 배치됐다. 집에서 출퇴근할 수도 있고 교회와 가까운 예비군 중대본부에 근무하게 된 덕분에 교회 일도 계속 할 수 있게 됐다. 광주훈련소에서는 담당 상사가 '광주 사단본부에서 근무하게 해 주겠다', '대학도 다니면서 야간에만 근무하게 해 주겠다', '1년 만에 방위소집이 끝나도록 도와주겠다'며 호의를 베풀었다. 아마도 대학 휴학, 주판 5단, 부기 2급, 타자 2급이라는 자격 때문이었을 것이다. 그러나 강진에 두고 온 어린 학생들을 버리고 그렇게 할 수 없다는 생각이 들었다. 정중히 거절하

고 강진 근무를 선택했다.

예비군 중대본부에 배치된 지 한 달 만에 선임들이 다 제대를 하고 왕고참이 되었다. 그건 후배 방위병들을 전도하는 데 아주 훌륭한 수단이었다. 그때쯤 내 인생에 큰 영향을 끼친 매우 중요한 인물을 만났다. 바로 박유근 목사님이 강진교회에 부임하셨다. 비록 1년이라는 매우 짧은 기간 계셨지만 박 목사님은 나에게 많은 것을 가르쳐 주신 분이다. 성경 주석을 비롯해 여러 가지 책도 빌려주셨으며 헬라어도 가르쳐 주셨다. 무엇보다 감사한 일은 성령을 받도록 도와주신 것이다.

박 목사님은 부임하신 첫날 첫 설교가 자신이 사역하는 1년 동안 교회가 전혀 부흥이 안 되면 하나님의 뜻으로 알고 이 교회를 사임하겠다고 선언하셨다. 정말 교회가 부흥이 안 되자 52주 만에 교회를 떠나셨다. 목사님이 부임하시기 전부터 학생회를 시작했으므로 부임하셨을 때는 학생들이 이미 많이 부흥해 있었다. 나는 그때까지도 학생회 설교는 감히 하지 못 했다. 그러던 어느 날 목사님이 나에게 학생회 설교를 하라고 하셨다.

"윤 선생님, 이번 주부터 학생회 설교는 선생님이 하시지요."
"목사님, 저는 너무 어리고, 또 성경도 잘 몰라서 학생회 설교는 할 수 없습니다."
"아뇨, 충분히 하실 수 있어요."

자격이 부족함을 알지만 그야말로 순종하는 마음으로 학생회 예배 설교를 맡아 하기 시작했다. 그때 내 나이는 22살이었다. 짧은 기간에 깊이 정이 든 목사님이 떠나신다고 광고를 하신 날 나와 어린 학생들은 얼마나 많이 울었는지 모른다. 살아오면서 그렇게 주체할 수 없이 서럽게 울어본 것은 그때가 처음이었다. 그리고 목사님께 부탁했다.

"목사님, 가시기 전에 세례라도 베풀어 주십시오!"
"그렇게 하지요."

나는 그날 학생들과 함께 세례를 받았다. 지금까지 교회가 너무 작고 성도의 신앙이 어리다 보니 세례 받을 사람이 없어 오랫동안 세례식이 이루어지지 않았다.

영교야 영교야

제가 사람을 바로 알도록 은사를 주소서

"엘리야가 엘리사에게 이르되 나를 네게서 데려감을 당하기 전에 내가 네게 어떻게 할지를 구하라 엘리사가 이르되 당신의 성령이 하시는 역사가 갑절이나 내게 있게 하소서 하는지라" (왕하 2:9)

교회가 부흥이 되어 학생들이 150명 정도 되는데 교사는 나 혼자뿐이었다. 매주 10명 이상이 새로 등록했다. 한 번 와 보고 다시 오지 않는 학생도 참 많았다. 길을 가다보면 가끔 전혀 모르는 학생이 나를 보고 절을 하면 정말 미안한 생각이 들었다. 그래서 어느 날 하나님 앞에 무릎 꿇고 이렇게 기도했다.

"하나님! 제가 학생들을 알고 싶습니다."

"제가 사람을 알도록 은사를 주십시오!"

어느 여름 날 강진읍교회에서 기장교회 여름성경학교 교사연합교육이 있었다. 교단은 다르지만 등록도 하지 않고 참석해 은혜를 받고 있었다. 교사 토론모임 시간에 끼어 앉아 그들의 대화를 듣고 있었다. 그런데 갑자기 사람들의 마음에 '하트' 모양이 보였다. 그 하트 모양에는 각기 다른 색깔이 있었다. 예수님을 많이 사랑하는 사람은 '빨갛고 밝은 색', 예수님을 적게 사랑하는 사람은 '노란색', 그리고 그 사랑이 다 식어버린 사람은 '검은색' 등 사람들마다 각각 다른 색이 보였다. 깜짝 놀라 고개를 흔들며 아무리 안 보려고 해도 자꾸 보였다.

교사가 예수님을 많이 사랑한 척 말을 해도 거짓이라고 그 색이 말해 주는가 하면 아무 말 않고 가만히 있어도 정말 어린이를 사랑하고 있다는 것을 말해주는 붉고 깨끗하고 맑은 색이 보이기도 했다. 전에 그런 일이 없었기에 너무 당황스럽고 놀라운 일이었다. 그리고 집에 왔는데 믿지 않는 사람들 마음에는 뱀이 또아리를 틀고 숫자 6 모양을 하고 있는 형상이 보였다. 어머니와 이야기하고 있는데 어머니 가슴에 6자 모양으로 앉아 있는 뱀 형상이 보였다. 어머니뿐만 아니라 아버지에게도, 누나와 동생에게도 보였다. 얼마나 당혹스럽고 놀랍던지 감당하기 힘들었다. 그래서 교회에 가서 다시 기도를 드렸다.

"하나님! 제가 감당하기 어렵습니다. 이런 형상이 보이지 않았으면 좋겠습니다."

영교야 영교야

그렇게 기도하고 나니 정말 그 다음날 아침에는 아무리 보려고 해도 보이지 않았다. 하트 모양도 뱀의 모양 6자도 더 이상 보이지 않았다. 그리고 그런 모양은 그 후 지금까지 아무리 보려고 해도 단 한번도 보이질 않았다. 그래서 그런지 나는 어떤 어려운 일이 생기면 하나님 앞에 나아가 기도한다. 기도하면 앞으로 일어날 일들을 알게 되는 신기한 은사가 생겼다. 물론 하나님이 말씀하시지 않으면 전혀 모르는 것이다.

그러나 정말 그 일을 내가 꼭 알아야 할 필요가 있는 일, 하나님의 교회를 위해서 어떤 선택을 해야 할 때라든지 내가 꼭 알아야만 할 일들, 내 인생에 매우 중요한 일이 있어서 기도하다 보면 하나님이 가끔은 세밀하게 가르쳐 주셨다. 그래서 성전을 건축할 때도 하나님이 세밀하게 말씀해 주셨기에 조금도 염려하지 않고 할 수 있었다. 그리고 그 신령한 은사는 내가 열심히 기도생활을 하고 있을 때는 더 능력 있게 다가오지만, 내가 게을러 기도생활을 못하고 있거나 내 마음이 세상으로 쏠리게 되면 다시 어두워지게 되었다.

물론 내가 모든 것을 다 아는 것은 전혀 아니다. 다만 하나님이 분명하게 보여주시는 것만 알뿐이다. 나 역시 미련한 사람이기에 내일 무슨 일이 일어날지도 모르고, 오늘 당장 무슨 일이 있을지도 잘 모르는 어리석은 사람일 뿐이다. 그 이후로도 이상한 일이 가끔 있었다. 강진교회에서 학생들을 가르치고 있을 때 끼니를 거르는 적이 참 많았다. 집에 가도 되지만 가면 또 쉽게 올 수가 없기에 하루 종일 있다 보면 한두 끼 굶는 것은 보통일이 되어버렸다. 어려운 교회라 목회자 없이 텅 빈 사택에서 혼자 있을 때가 많았다. 어느 날은 사택 방안에서 문을 닫고 기도하고 있는데 고 집사님이 라면 두 개를

영교야 영교야

들고 대문 밖 저 멀리서 걸어오고 계시는 모습이 보였다. 그래서 내가 보았더니 정말 고 집사님이 저만큼 거리에서 오고 계셨다.

"영교 선생, 배고프지? 혼자 교회 지키느라 고생이 많아!"

뒷짐 지고 오시는데 무언가 감추고 오셨다. 그 뒷짐 진 손이 궁금했다. '정말 라면일까?'

"집사님, 안녕하세요!"

고 집사님은 쓰윽 손을 내밀어 라면 두 봉지를 내미셨다. 하나님은 내가 배고픈 줄 아시고 집사님을 감동시켜서 라면 두 봉지를 들고 오게 하셨다.

한 번은 집에서 누워 자고 있는데 어머니가 방에 들어오셨다.

"가위가 어디 있데!"

장롱에 달려 있는 조그만 서랍을 열어보셨다. 그 장롱에는 조그만 서랍이 위에서부터 아래로 세 개가 있었다. 어머니는 그 서랍 문을 다 열어보시더니 "가위 어디 있데…" 하시면서 다른 방으로 찾으러 다시 나가셨다.

그런데 누워 자고 있는 내 눈에 가위가 그 제일 아래 서랍에 있는 것이 보였다.

"어머니, 그 제일 아래 서랍에 있어요!"

"없던데?"

바닥에 배를 깔고 엎드려 얼굴을 방바닥에 묻히고 말했다.

"아니요, 있어요. 다시 보세요."

"없는데….”

"어머니 거기 있잖아요!"

다른 사람은 이해하기 힘들겠지만 누워 자면서도 가위가 어디에 있는지 다 보였다.
"어! 여기 있네…. 어떻게 알았냐?"
어떻게 내가 알았는지 나도 알 수 없을 만큼 나 역시도 이상하지만 아무튼 어머니가 "가위 어디 있데?" 하시는 순간 내 눈에 가위가 보였을 뿐이다.

누워 자다가 생각해보니 나도 너무나 놀랐다. 그래서 어머니가 가위를 찾아 나가신 뒤 그 장롱서랍 세 번째 칸을 열어보았다. 잡동사니 물건들이 가득 들어있었다. 정말 그 속에서 눈 좋은 나라도 가위를 찾기 어렵겠다는 생각이 들었다.

신학교 가!

"말씀하시되 나를 따라 오너라 내가 너희로 사람을 낚는 어부가 되게 하리라" 하시니
(마 4:19)

박유근 목사님이 떠나시기 며칠 전 어느 날 나를 부르시더니 이렇게 말씀하셨다. "윤 선생! 윤 선생은 목사가 되어야 해!" 물론 그 당시 교회에서는 교회 봉사를 잘하는 신실한 청년들 중에 목사 되겠다고 서원 기도하는 바람이 유행처럼 번질 때였다.

　가끔 성전에 와 기도를 한참동안 하면 나도 모르게 신학을 하고 목사가 되겠노라는 서원기도가 나오려고 했다. 그때마다 난 기도를 멈추고 일어나 집으로 오곤 했다.

　어느 날은 목사님이 교회 마당에 감나무를 몇 그루 잘라 학생들

에게 배구 운동을 할 수 있도록 해 주자고 하면서 나와 함께 오래된 고목나무를 톱질을 했다. 나무는 너무 단단하여 톱질로 도저히 잘려지지를 않았다. 결국 절반도 못 자르고 그날은 그만 두었다.

그 다음날 교회에 오니 사모님이 "윤 선생! 어제 목사님이 윤 선생과 톱질하느라 몸살감기에 걸리셨어!"라고 하셨다. 그런데 목사님이 또 톱질을 하려고 나오셔서 콜록 거리시면서 톱을 찾고 계셨다.

아! 감나무 아래 접이식 의자를 펴고 앉아있는 나는 갑자기 그 의자가 너무 편안하게 느껴졌다.
"목사 안 되겠다고 서원기도를 하지 않기를 얼마나 잘했던가!"
속으로 이런 생각까지 들었다.
"야! 난 하나님도 이겨버렸다."
그런데 오늘 목사님이 바로 그 감나무 아래에 있는 접이식 의자에 나를 앉혀놓고
"윤 선생은 목사가 되어야 해요 어서 아멘하세요!" 하신다.
하지만 나는 속으로 '목사님이 아무리 그래 보세요. 내가 아멘을 하는가' 하고 다짐했다.
"윤 선생, 목사가 되어야 해. 아멘 하세요!"
"……."
"아멘… 빨리 아멘해요!"
"……."
"아멘! 아멘 해요, 빨리…."
자꾸만 재촉하시자, 내 마음과는 전혀 상관없이 그냥 입 끝 부분

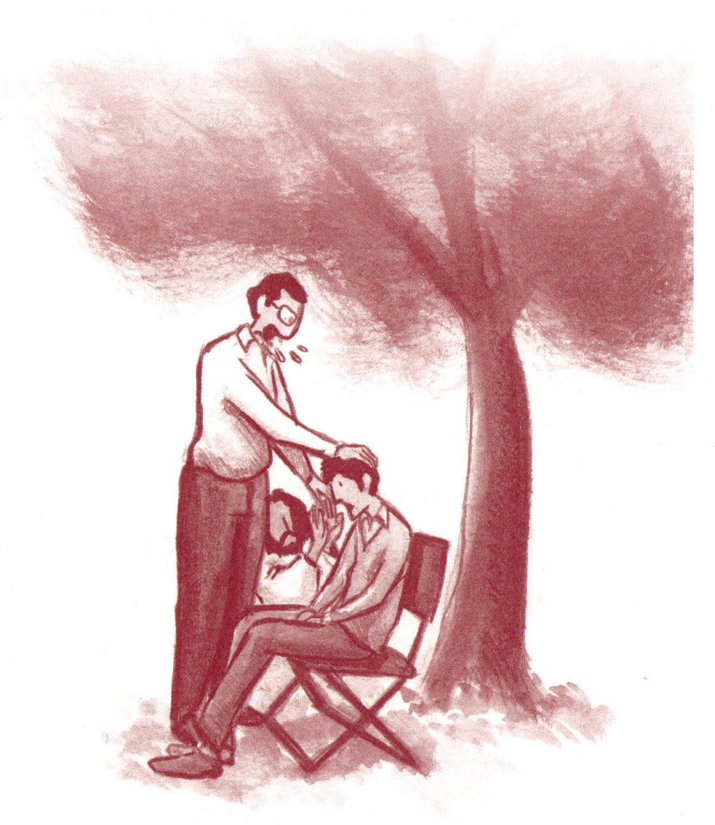

64_65　하나님은 살아계신다

에서만 즉 내 입술의 10%만 대답을 했다.

"아멘…."

아! 그것이 내가 목사가 되겠다고 서원한 기도였다.

그 다음날 일어나 보니 내 눈에 비친 세상은 모두 달리 보였다. 신기하게도 기쁨이 충만했다. 얼마나 기쁘던지 온 세상이 나를 중심으로 돌고 있는 것 같은 착각이 들 정도였다. 심지어 앞에서 달려오는 트럭을 정면으로 받아도 트럭이 깨어지면 깨어졌지 난 끄떡없을 것 같은 생각이 들었다. 그리고 교회에 와 보니 교회 건물이 새로워 보였다.

왜? 교회는 건물이 저렇게 생겼을까?
왜? 교회문은 저렇게 생겼을까?
왜 목사님은 저렇게 걸으실까?

그때부터 나의 모든 생각이 새로워지면서 하나님의 미션이 시작된 것이다.

주께 대하듯 하라

"무슨 일을 하든지 마음을 다하여 주께 하듯 하고 사람에게 하듯 하지 말라"
(골 3:23)

하나님께 강진교회 부흥을 위해 2년간 봉사하겠다고 서원한 후 강진제일교회는 청년도 없지만 학생들도 한 명도 없었는데 어느 날 교회에 가보니 학생 두 명이 나와 있었다. 중학교 3학년인 현실이와 병천이를 만났다. 병천이는 학생회장, 현실이는 부회장으로 임명을 하고 내일부터 학생회를 하자고 했다. 병천이는 지금 안산에서 목회를 하고 있다. 나는 교회에서 매일 영어 수학을 가르쳤고 월말고사 전에는 학교 시험공부를 도왔다. 월말고사 기간에는 예상문제를 과목마다 100개 이상을 직접 출제해 시험을 치르고 틀린 문제는 이해할 때까지 다시 가르쳤다. 월말고사를 보고난 후 학생들 성적이 과목마다 거의 만점이 나올 정도로 좋아지자 소문이 나서 갑자기 학생들이 불어나더니 150명까지 몰려 왔다.

그렇게 몰려 온 학생들이 성경도 배우려고 하고 예배도 참석하게 되면서 믿음이 생기기 시작했다. 금요일마다 철야기도를 드리기 시작하면서 전도에도 열심을 냈다. 문제는 학생들은 많은데 이끌어 줄 어른도 없고 함께 아이들을 지도해 줄 교사도 없었다. 교사를 확보하려고 친구와 선배를 찾아 도움을 청했다. 그렇게 전도되어 나오게 된 청년은 5, 6명쯤 되었다.

학생회 열풍은 꺼질 줄 몰랐다. 어떤 학급은 3분의 2 정도가 우리 교회에 나왔다. 실장, 줄반장들이 다 교회에 나오게 되자 점심시간에 교실에서 대표 식사기도를 드리고 밥을 먹을 정도였다. 그러자 어쩔 수 없이 학생들 관리 차원에서 담임교사가 교회에 나오기도 했다. 청년회 10명 정도, 학생회 200명 정도, 주일학교 50명 정도까지는 부흥이 되었는데 문제는 어른 교인이었다. 그런데 아무리 장년을 전도해 보려고 애를 써도 쉽지 않았다. 혹 한두 분 나오시다가도 어른이 없으니 그냥 가 버리셨다.

어느새 방위소집 기간이 다 끝나고 하나님과 약속한 2년의 세월이 되어 가는데 장년부는 아직도 노인들만 세 분뿐이었다. 도중에 담임목사님도 교회생활이 어렵게 되자 떠나셨다. 내가 주일 저녁예배와 삼일 저녁예배까지 인도해야 할 처지가 되었다. 사실 방위를 받고 있으면서 조선대에 복학하는 것보다 서울에 있는 명문대에 진학하기 위하여 나름대로 열심히 공부하고 있었다. 그런데 도저히 교회 일 때문에 공부를 할 수가 없었다. 공부냐, 아님 교회 일이냐 둘

중 하나를 선택해야 하는 상황까지 왔다. 기도하는 중에 결심을 했다. 공부를 포기하기로 마음을 정했다. 하나님이 내 장래를 축복해 주시겠지 하는 막연한 믿음만으로 공부를 포기할 때 사실 엄청 힘들었지만 내가 없으면 아무도 어린 학생들을 돌볼 사람이 없었기에 어쩔 수가 없었다.

강진농고를 다니다 머리가 아파 휴학하고 있는 경남이를 불러 책을 다 주면서 공부하는 방법을 가르쳐 주기로 하고 그날 나는 명문대 진학의 꿈을 접었다. 인생의 목표를 세우고 가다가 하나님 때문에 내 꿈을 포기한 것은 아마도 이때가 처음이었을 것이다. 경남이는 연세대학교 행정학과에 합격했다. 난 결국 조선대에 복학하게 되었고….

이제 곧 대학에 복학을 해야 하는데 이 어린 생명들을 지도해 줄 목회자나 어른은 없고 청년들이야 몇 사람 있기는 하지만 믿음이 부족하고, 그렇다고 내가 언제까지나 강진교회에 있을 수도 없고…. 고민이 깊어 가고 있었다. 교회를 지키고 싶다고 해서 20대 초반의 한창 나이에 부모님께 대학 안 다니고 교회 지키겠다고 하면 어느 부모가 좋아할까. 이 문제를 놓고 하나님께 간절히 기도하며 하나님의 판단을 기다렸다.

그러던 어느 날 한 분이 교회 앞에 서서 교회를 바라보고 있었다. 교회에는 날마다 서너 명 정도 찾아와 쌀 달라, 돈 달라고 성가신 사람이 있었기에 그 사람도 그런 분이 아닌가 짐작됐다. 학생들과 상담하면서 지켜보고만 있었다. 성령께서 마음속에 말씀을 주셨다.

'모든 사람을 주께 대하듯 하라.' 그러자 난 자리에서 일어나 뛰어가 그분에게 다가가서 정중히 인사를 드렸다.

"여긴 어떻게 오셨습니까?" 나를 위 아래로 훑어보던 그분이 말을 걸어 왔다. 그리고 물었다.

"이 교회에 목사님 계시나요?"
"아닙니다."
"그럼, 전도사님은?"
"안 계십니다."
"그럼, 장로님은?"
"안 계시는데요."
"그래? 그럼, 남자 집사님은?"
"아니요, 없는데요."
"그럼, 예배는 어떻게 드리지요?"
"주일 낮 예배는 장흥제일교회에서 장로님이나 사모님이 오셔서 말씀을 전해주시고요, 다른 예배는 교인들과 함께 제가 성경보고 같이 기도합니다."
"그래요?"

그분이 안으로 들어가시더니 기도를 하셨다. 난 속으로 '아, 예수 믿는 분이구나!' 하고 안심했다.

"실은… 우리가 오늘 교회를 어디로 정할지 투표해요."
"투표라면…."
"우리가 다니던 교회에 큰 시험이 왔지요. 그래서 우리는 교회를 떠나 한 1년 정도 같이 기도를 드리고 있어요. 오늘 강진반석교회나 강진읍교회 둘 중에 한 곳을 정해서 가기로 했습니다."

"그럼 우리 교회로 오세요! 우리 교회는 어른은 없고 아이들과 저만 있습니다."

"그래요! 그런데 내가 결정하는 것이 아니라서…. 그런데 참 이상하게 아직까지 강진에 이런 교회가 있는 줄 전혀 몰랐네…."

"우리는 30명 정도 되는데 오늘 저녁에 투표할 때 이 교회 이야기는 해볼게요."

그분을 배웅한 뒤 장흥제일교회 치리목사님께 전화를 드렸다.

"목사님! 저는 강진교회 청년인데요. 오늘 교회에서 이런 일이 생겨서 전화를 드립니다. 지금 우리 교회를 위해서 특별히 기도 좀 부탁드립니다."

"예, 알았어요. 기도할게요."

그리고 전화번호부를 뒤져서 우리 교회를 건축하고 광주로 이사 가셨지만 목사님이 계실 때는 사례비 일부도 보내주신 김규득 집사님(나중에 권사님이 되셨다)께 전화를 드렸다. "집사님! 저는 강진교회 청년입니다. 교회에서 오늘 이런 일이 생겨서 전화를 드립니다. 집사님은 저를 잘 모르시겠지만 저는 이 교회에서 주일학교 때부터 자랐습니다. 지금 우리교회를 위해 기도 좀 부탁드립니다."

그때 마침 친구가 교회에 왔다. 별로 믿음도 없는 친구가…. 그러나 지금은 목사가 됐다. 이 친구가 대낮에 길에서 "영교야 막걸리 한 잔 할래?" 하면서 술에 취해 비틀거렸던 그 친구를 전도해서 요즈음 교회에 나오기 시작했다. 내가 항상 교회에 있는 줄 아니까 오늘도 나를 만나러 찾아왔다. 그 친구 이름은 김성신이었다. 자기 엄마가 옛날에 교회를 조금 나갔는데 그때 아들 이름을 '성신'이라고 지었다 한다.

"야! 성신아, 지금 우리 교회에 중요한 기회가 왔단다. 기도 좀 같이하자."

나는 열심히 기도를 하였고, 친구는 기도를 하다가 힘들어 앉아 있었다.

밤 10시쯤 남자 한 분과 여자 다섯 분이 교회에 들어오시는데 그들의 얼굴에서 광채가 났다.

"우리는 이 교회에 오기로 결정했습니다."
"그래요? 감사합니다."
"이건 주님이 결정하신 겁니다. 우린 이 교회가 있는 줄도 몰랐습니다."

다음날 장흥교회 목사님을 모셔서 이분들과 만나게 했고 그 다음 주부터 이분들이 오셔서 같이 예배를 드리기 시작했다. 그리고 김학용 담임목사님을 모셨고, 교회는 급속도로 부흥을 해서 어느덧 200명이 넘는 장년신자가 되었고, 교회에 성도가 가득 차 예배를 드렸다. 그렇게 부흥한 주일 예배시간에 내 마음이 얼마나 기뻤던지…. 그리고 조선대학교 복학을 위해 조용히 광주로 올라가 자취방에서 공부계획을 세우려고 달력을 보았다. 놀라운 것은 내가 하나님께 서원한 대로 하루도 틀리지 않는 정확한 2년 동안을 하나님이 강진교회에서 봉사하게 하신 것이다.

처음 만났던 그분, 동주 아버지 김용삼씨는 후에 강진교회 장로님이 되셨다. 처음 학생회를 출범시키면서 나와 손을 잡았던 김병천 학생회장도 목사가 됐고 내가 아는 10명 이상의 강진교회 출신 제자들이 목사가 되었다.

맨 처음 쫓은 귀신

"우리의 씨름은 혈과 육에 대한 것이 아니요 정사와 권세와 이 어두움의 세상 주관자들과 하늘에 있는 악의 영들에게 대함이라" (엡 6:12)

학생회장 병천이가 급하게 달려 왔다.

"선생님 큰일 났어요 정옥이가 이상해요!"

깊고 캄캄한 여름밤 기도원 평상 위에 중3 여학생 정옥이가 자기 목을 잡고 누워 몸을 비틀고 있었다. 스물한두 살쯤 되었을 때 학생들을 데리고 강진 만덕산 기도원에서 열린 수련회에 참석했다. 한창 더운 여름날 만덕산으로 가는 길은 힘들고 어려웠다. 기도원은 너무 높은 산에 있었고 가는 길은 차로 갈 수 있는 곳이 아니고 걸어가야만 했다. 그 높은 곳에 쌀을 이고, 짐을 들고 가면서 학생들은 땀을 뻘뻘 흘렸다. 만덕산 기도원 가는 길은 가파를 뿐만 아니라 바위가 많아 오르기가 어려운 길이었다. 가서 보니 우리 교회 학생들 80여명, 침례교회 학생들 30여명, 그리고 어떤 장로교회 전도사님이 데리고 온 학생들 10여명이 좁은 기도원의 한쪽 건물 안에 같이 쓰게 됐다. 어쩔 수 없이 각 교회 프로그램은 없는 걸로 하고 세 교회가 모여서 연합수련회를 하게 되었다. 우리교회와 침례교회는 교사가 동행했지만 장로교회는 40여세 되신 전도사님이 직접 인솔하고 왔기에 모든 말씀은 그분이 전하게 되었다.

정옥이는 평상에 누워 괴로워하고 있고 옆에 앉아 계시던 그 전도사님은 "괜찮습니다. 날씨가 덥고 피곤해서 그런 거니 조금 있으면 좋아질 것입니다" 하신다. 그 전도사님은 책임자도 아니고 우리 교회 학생들은 내 책임인데…. 별의별 생각이 다 들었다. '저러다 잘못되어 이 만덕산 험한 바위산을 돌아다니면 이 일을 어떡하나' 걱정이 이만저만 아니었다. 그런데 갑자기 내 가슴속에서 강력한 힘이 나를 그 정옥이에게 끌어갔다. 난 순식간에 정옥이에게 뛰어가 정옥이 손을 잡았다. 내가 뛰어갔다기보다는 어떤 강력한 힘이 나를 그 자리에 던져 놓았다는 표현이 옳을 것이다. 정옥이에게 다가가자 정옥이는 짐승 같은 눈으로 나를 노려보면서 소리쳤다.

"안 놔!"

그 눈빛은 내가 세상에 태어나 아직까지 보지 못한 가장 무서운 눈빛이었다. 마치 사람을 물려는 미친개 눈 같았다. 그러자 내 안에 충만한 심령이 가라앉아 가는 것 같은 기분을 느꼈다. 그리고 정옥이가 손에 힘을 주려고 했다. 당시 백정옥 학생은 중학교 3학년이었다. 우리 교회 권사님 딸인데 애가 피부도 하얗고 예쁜 아이였다. 예배가 시작되면 항상 맨 나중에 들어와 제일 뒤에 앉아서 다른 사람 뒤에 숨어 앉아 예배를 드렸다. 내가 말씀을 전하면 가끔 힐끔 쳐다 보는 것 외에는 그렇게 가만히 있던 학생이었다. 그리고 예배가 끝난 후 내가 문 앞으로 뛰어가 학생들과 인사하려 하면 제일 먼저 도망가 버렸다. 교회 문 앞에 나가 보면 벌써 멀리 바깥 철문을 지나가고 있었다.

"정옥아, 잘 가!"

대답도 않고, 뒤도 돌아보지 않고 도망가듯 사라진다. 그래서 정옥이 하고는 말을 한 번 제대로 못 붙여봤다. 그런 정옥이가 이번에 수련회를 따라 온 거다. 아마 권사님이 가라고 해서 마지못해 온 것 같았다. 나중에 학생들에게 물어보니 장로교회에서 온 전도사님이 너무 답답하게 말씀을 전하고 기도도 별로 시키지 않고 끝내 버리자 우리 교회 학생 임원들이 우리끼리라도 열심히 기도하자며 따로 모여 기도했다고 한다. 그런데 임원도 아닌 정옥이가 옆에 앉아 같이 기도하게 되었고 그러다 갑자기 쓰러졌다. 그렇게 수줍음이 많던 정옥이가 감히 선생님을 향하여 반말을 했다.

영교야 영교야

"안 놔!" 힘을 쓰며 손으로 나를 밀어내려고 했다.

그때 내 가슴속에서 아까 나를 정옥이에게 끌고 왔던 분, 그분이 말씀하셨다.

"너와 나의 싸움은 혈과 육의 싸움이 아니고 영과 영의 싸움인데 왜 손에 힘을 주느냐?" 하셨다. 그러자 정옥이의 손에 힘이 빠졌다. 그러자 내게 환상이 보였다. 저 아래 지옥이 보였다. 난 하늘에서 내려 온 줄을 하나 잡고 있었다. 그 줄은 예수님의 십자가였다. 내 속에 계신 분이 다시 말씀하셨다.

"이 십자가를 놓으면 정옥이만 죽는 것이 아니라 너도 죽는다."
그래서 난 그 십자가에 못 박혀 죽으신 예수님 이름을 붙잡고 온전히 의지하고 소리쳐 방언으로 기도했다.
"오 코 레스마 카…. 나사렛 예수!"
정옥이가 픽 쓰러졌다가 잠시 후에 다시 일어났다. 방에 가서 잠을 자라고 했다.

다음날 아침 정옥이가 나를 보더니 인사를 했다.
"선생님, 선생님!"
"……."
어제 일이 기억나지 않는지 혀를 날름거리면서 내 앞에서 까불어 댔다.
"선생님, 나 예쁘죠?"
"……."

정옥이가 변해도 너무 변해서, 이상하다 못해 어이가 없었다. 수련회를 마치고 집에 와서 곰곰이 생각해 보았다. 정옥이에게 귀신이 들어간 건 아마도 기도원에 가기 오래전이었을 것이라는 생각이 들었다. 그런데 정옥이 어머니인 권사님도, 교사인 나도 그 사실을 모르고 있었다는 것이다. 나는 그렇다 치고 정옥이 어머니는 권사님으로 기도생활을 열심히 하시는 분이기에 더욱 이해하기가 어려웠다.

솔직히 그때까지 나는 단 한번도 귀신을 쫓아내 본 적도 없었을 뿐만 아니라 그런 말조차 들어 본 적도, 본 적도 없었다. 성경에 예수님이 귀신을 쫓아내신 사건은 읽어봤지만 그건 예수님이나 제자들에게만 국한된 것이지 나에게도 그런 일이 일어날 줄은 정말 몰랐다. 아무튼 그 후부터 귀신들린 사람을 여러 번 만났고 그때마다 예수님 이름을 의지하여 고쳐 주기도 했다.

"나사렛 예수의 이름으로 명하노니, 그에게서 나오라!"

루시퍼를 봤다

"너 아침의 아들 계명성이여 어찌 그리 하늘에서 떨어졌으며 너 열국을 엎은 자여 어찌 그리 땅에 찍혔는고"(사 14:12)

내 나이 22세쯤 여름, 교회에서 설교 준비를 하고 있었다. 요한복음에서 "빛 되신 예수"를 제목으로 뽑았다. 나는 20대 초반부터 학생회 설교를 비롯해 교회학교 설교를 하기 시작했다. 할머니만 서너 분 다니는 가난한 교회이다 보니 목회자를 모시지 못해 어쩔 수 없이 내가 예배를 인도하게 된 것이다. 그날도 평상시처럼 교회 건물 들어오는 입구 조그만 방 안에서 책상 앞에 앉아 설교 준비를 하는데 갑자기 제비 한 마리가 휙 날아가는 것처럼 음란하고 더러운 생각이 휙 지나갔다. 그리고 졸음이 왔다. 잠에 취해 견딜 수 없어 강대상 쪽으로 걸어갔다. 잠에 얼마나 취했던지 비틀거리면서 간신히 걸어갔다. 그리고 거기에 쓰러져 자려는데 몸이 붕 뜨는 것 같더니 어디론가 엄청난 속도로 빨려갔다. 우주의 별들 사이 같기도 하고, 깊은 지하철 터널 같기도 했는데… 빛보다 수만 배 빠른 속도로 어디론가 빨려갔다. 주변이 캄캄했으며 별빛 같은 것이 만화처럼 빛줄기가 되어 보이며 엄청나게-아무튼 상상할 수 없는-속도로 어디론가 날아갔다.

 이러다 미치면 큰일이지 하는 생각이 나 일어났다. 일어나 보니 우리 강진교회가 아니었다. 주위를 둘러보니 엄청나게 큰 건물 안에 내가 서 있었다. 기둥은 수십 개가 보이는데 그 기둥 하나의 크기가 두세 명이 둘러서서 손을 뻗어야 할 만큼 컸다. 높이는 한없이 높아 천장이 보이지 않았다. 벽은 대리석인데 주변은 캄캄하고 침침했다. 정말 그 건물은 수천 년이 된 것 같았다. 지금 내가 이상한 곳으로 왔구나! 큰일 났네! '누구든지 주의 이름을 부르면 구원을 얻으리라 했으니 이곳이 성전이라면…' 하고 강대상 쪽을 바라보는데…. 더럽고 어두운 퀴퀴한 불빛이 천장에서 비쳤다. 마치 비가 오는 여름밤에 오래된 형광등 불빛이 꺼졌다 켜졌다 하는 것 같이 음침한 불빛이 비쳤다. 거기 한가운데-교회 같으면 강대상 십자가 세워진 곳-에 꿈틀거리는 큰 검은 구름덩어리가 있었다. 그 구름은 화산이 폭발하면 일어나는 구름처럼 시커멓게 꿈틀꿈틀 살아 있었다. 그 구름 알갱이 하나하나가 자세히 보였다.

 '저게 뭐지?' 하고 있는데 강한 힘이 내 뺨을 내리쳤다. 나는 바닥 한쪽으로 나뒹굴며 떨어졌다. '아! 큰일 났다' 하고 기도를 드렸다.

"주여! 살려 주소서…!"

나는 마귀와 대치 상태에 있었던 것이다.

마귀는 나를 미치게 하든지, 아니면 자기 앞에 무릎을 꿇게 하든지 할 작정이었나 보다. 난 또 기도를 드렸다.

"주여! 나를 살려 주소서…!"

그러자 사도행전 3장에 나면서 앉은뱅이를 고쳐주기 위하여 베드로와 요한이 '은과 금은 내게 없지만 나사렛 예수 이름으로 명하노니 일어나 걸으라' 란 말씀과 함께 그 사건이 주마등처럼 생각났다. 특히 그 중에서 '나사렛 예수'란 말씀이…. 그래서 오른손을 들고 검지로 그 시커먼 구름덩어리를 가리키며 크게 "나사렛 예수" 하고 소리를 질렀다. 잠시 후 머리가 얼마나 아픈지 일어나 보니 우리 교회였다.

'이게 웬일인가?' 하고 밖에 나가 쭈그리고 앉아 아직도 아픈 머리를 양손으로 잡고 있는데 교회 앞집에 살고 있는 조금 모자라는 7살짜리 아이가 교회 안으로 들어갔다. 그 아이는 날마다 교회에 오는 아이다. 교회가 자기 마당이나 마찬가지인 모양이다.

나는 아직도 머리를 움켜잡고 감나무 아래 앉아 이게 무슨 일인가? 생각하고 있었다. 감나무에 감이 아직은 떫지만 그래도 먹을 만하게 붉게 익어 가고 있었다. 우리 교회는 본래 감나무 밭에 교회를 세워서인지 그때 감나무가 참 많았다.

'저 녀석이 지금 들어가면 안 되는데… 지금 들어가면 내 성경책을 찢든지 설교 원고에 낙서를 하든지 하겠는데….' 그러면서도 머리

영교야 영교야

가 너무 아파 앉아 있었다. 여러 가지 생각을 하고 있었다. 조금 있으니 그 꼬마가 소리 지르며 뛰어 나왔다.

"귀… 귀… 귀신!" 내가 뛰어가 잡고 물었다. "무슨 일이야?" 잔뜩 겁에 질려 있는 모습으로 눈을 동그랗게 뜨고 말했다. 안에 귀… 귀… 귀신 있어!"

꼬마가 내 손을 뿌리치고 자기 집으로 도망갔다. 그래서 교회에 들어가 방마다 문을 열어봤다. 여기저기를 둘러봤다. 그놈 실체를 다시 보고 싶었다. 그런데 아무것도 없었다. 그 이후 그 꼬마는 다시는 교회에 나타나지 않았다. 설교 원고에 낙서하는 일도 그날 한 게 마지막이었다.

지금도 기억에 생생한 사건이었다. 꿈도 아니며 환상도 아니고 실제였다. 그건 현실이었다. 가끔 그 일을 떠올리면 정신이 번쩍 들고 긴장하게 된다. 은혜 받은 것은 쉽게 잊어버리고 많은 체험도 쉽게 잊어버린다. 그런데 이것만은 너무 무시무시한 일이라 오랫동안 간증도 못했다. 차마 할 수 없었다. 이제 펜을 들어 감히 말씀드린다. 나는 마귀대장 루시퍼를 봤다. 그놈은 시커먼 구름덩어리처럼 꿈틀꿈틀 살아 있었다. 난 마귀에게 강력한 힘으로 뺨을 맞고 쓰러졌던 것이다.

"난 마귀에게 뺨까지 맞은 자이다."는 생각이 들었다.

성경을 보면 하나님의 보좌에도 구름이 있다. 그리고 성막 가까이에 구름 기둥이 있었고 성전 안에 구름이 가득했다. 마귀도 바로 구름덩어리 모습이었다. 시커먼 구름이었다. 가끔 텔레비전에서 화산 폭발 장면을 내보내는데 화산이 폭발할 때 나오는 그 구름 같았다. 그리고 비행기 폭파 테러로 화재가 난 미국의 쌍둥이 빌딩에 피어오르는 검은 구름과도 같다. 나는 가끔 여름에 노을 진 저녁 하늘에 피어오른 신비한 뭉게구름을 보면서 '천국은 얼마나 아름다울까?' 하고 생각하곤 한다. 그러나 하늘에서 검은 구름이 몰려오면 그 마귀 루시퍼의 구름덩어리가 생각난다.

그의 신들메

"요한이 모든 사람에게 대답하여 가로되 나는 물로 너희에게 세례를 주거니와 나보다 능력이 많으신 이가 오시나니 나는 그 신들메를 풀기도 감당치 못하겠노라"(눅 3:16)

대학에 복학하고 광주로 올라가서는 조그만 개척교회(전광교회 지금의 한빛교회)에 가서 봉사했다. 청년도 한두 명, 학생도 한두 명인 교회였다. 그곳에서도 열심히 전도해 청년이 30명 이상이 모였고 학생도 50여명 모이는 교회로 부흥됐다. 청년들과 성가대도 새로 조직하여 30여명이 서서 찬양했다. 난 교회학교 부장뿐만 아니라 학생회, 청년회 부장까지 맡아서 봉사했다. 그리고 교회 회계까지 맡았다. 주일은 아예 점심 먹을 시간조차 없었다. 교회 앞 길 건너 조그만 슈퍼에 뛰어가 재빨리 초코파이 두 개, 요구르트 한 개를 입에 털어넣고 억지로 꿀꺽 삼켰다. 맛을 음미할 시간도 없었다. 그것이 식사였다. 또 청년들을 전도해 교회학교 교사와 학생회 교사로 훈련시키기도 하면서 열심히 지도했다. 밤이면 청년들이나 학생들을 자취방으로 불러 하나님 말씀, 예수님 이야기를 들려주었다. 함께 밥 먹고 잠자면서 은혜의 시간을 나누는 날이 많았다. 그들의 소식이 오랫동안 끊어졌지만 아마 지금 어디선가 신앙생활을 잘 하리라 믿는다. 그들이 많이 그립다.

방학이 되면 고향에 짬을 내 내려가면 학생들을 지도하고 청년들을 지도했다. 수련회를 인도하고, 성경학교도 진행했다. 밤마다 철야기도를 하면서 같이 성령 충만하기 위해 힘썼다. 그러나 주말과 주일은 광주 교회에서 또 열심히 청년, 학생, 어린이들을 전도하고 지도했다. 또 성경학교, 수련회, 기도회, 제자 양육을 했다.

청년 때 광주 개척교회에서 봉사하던 시기에는 성경을 많이 읽고 밤에는 주로 성전에서 자곤 했다.

그러던 어느 날 잠을 자기 위해 성전 안에서 불을 끄고 성전 뒤쪽 장의자에 누우려는데 천장에서 시커먼 녀석이 내려와 나에게 그물을 휙 뿌렸다. 난 그 그물에 걸려서 꼼짝할 수 없게 되었는데 그 그물은 하나님의 말씀으로 엮어진 그물이었다. 12가지나 더 되는 하나님의 말씀이었다.

오래전의 일이라 지금 그 말씀들이 다 생각나지 않지만 마귀가 그물로 뿌린 그 말씀들을 생각나는 대로 적어본다.

예수님은 성령으로 났다(마 1:18) ▶ 너도 성령으로 거듭났다(요 3:3)

예수님은 평범한 사람으로 났다(사 53:2) ▶ 네가 평범하다고 낙심말라(삼상 2:7-8)

예수님은 하나님의 아들이시다(마 3:17) ▶ 너도 하나님을 아버지로 부른다(롬 8:15, 요 1:12)

예수님은 아버지 안에, 아버지는 그 안에 계신(요 10:38)다고 했는데 ▶ 너도 예수 안에, 예수가 네 안에 계신다(요 15: 5)

예수님은 영원하신 분이시다(계 1:17) ▶ 너도 영생을 얻었다(요 3:16)

예수님은 부활하셨다(요 11:25) ▶ 너도 부활한다(요 11:25)

예수님은 하나님의 영광의 본체시다(히 1:3) ▶ 너도 영광의 형체로 변하리라(빌 3:21)

예수님은 하나님이시다(계 1:8) ▶ 사람을 신이라 했으니 너도 신이다(요 1:34)

예수님은 많은 이적을 행하셨다(요 21:25) ▶ 예수님은 나보다 더 큰 일을 하리라 했다(요 14:12)

예수님은 죄가 하나도 없으신 분이시다(히 4:15) ▶ 너도 이제 그 피로 죄가 하나도 없다(롬 8:33-34)

예수님은 하나님 우편에 앉아 계신다(벧전 3:2) ▶ 너도 그 보좌에 함께 앉아 왕 노릇 할 수도 있다(계 20:4)

나는 정말 마귀가 던진 그 말씀의 그물에 걸려든 것이다. 그러자 일어나 강대상 쪽을 보고 있는데 목회자도 아닌 녀석이 감히 그 강대상에 올라가고 싶어졌다. 그리고 그 위에서 이렇게 외치고 싶었다. 견딜 수 없을 만큼 그렇게 소리 지르고 싶었다.

"내가 하나님이다! 내가 예수다!"

큰일 났다. 이 마귀의 그물에서 벗어나야 하는데 그때 난 기도를 드렸다.

"하나님! 저를 살려주세요!"

그러자 하늘에서 가느다란, 매우 가느다란 빛의 밧줄 하나가 내려왔다. 그 밧줄은 세례 요한의 말이었다. 사람들이 "당신이 메시야냐? 네가 그리스도냐?" 그렇게 묻자 세례 요한은 "난 그의 신들메 풀기도 감당할 수 없다"(막 1:7) 하고 대답했다.

그 빛의 밧줄을 잡는다 해도 벗어날 가망은 없어 보였다. 마귀가 던진 말씀은 너무 단단하고 두껍고 질겨 보였고 많았다. 그 빛줄기의 말씀은 너무 약해 보였고 오직 한 가닥뿐이었다. 그러나 난 그 말씀을 꼭 붙잡고 이렇게 말했다.

"난 예수님의 신들메 풀기도 감당할 수 없다!"

하나님은 살아계신다

몇 번이고 되뇌었다. 그러자 그 시커먼 놈이 그물을 거두고 천장 위로 올라가 버렸다. 그 이후 한번도 그런 무서운 생각이 들지 않았다. 내가 어찌 하나님이며, 그리스도요, 예수겠는가?

인생은 벌레요 구더기인 인생이라 했는데(욥 25:6), 인생은 벌레 한 마리에게도 죽는 것인데(행 12:23), 키를 한 자라도 자라게 할 수 없고(마 6:27), 머리카락 하나라도 희고 검게 할 수 없는 것(마 5:36)이 인생이지 않은가? 내일 일은커녕 한 치 앞도 알 수 없는 장님 같은 것이 인생인데 말이다.

앞으로 우리가 천국에 들려 올라가 우리 몸이 하늘의 천사같이 변하고, 주와 함께 혹 왕 노릇한다고 할지라도 우리는 겸손해야 할 것이다. 난 보잘것없는 인생이다. 나의 나 된 것은 오직 하나님의 은혜이다. 내가 생명을 얻고 구원을 얻고 영생을 얻고 천국에서 영원히 살아도 그건 예수님께 붙어 있을 때만 가능한 것이다.

"천년이 차매 사탄이 그 옥에서 놓여 나와서 땅의 사방 백성 곧 곡과 마곡을 미혹하고 모아 싸움을 붙이리니 그 수가 바다 모래 같으리라."(계 20:7-8)

천국에 있을 때에도 우리는 예수님께 붙어 있어야 한다. 물론 지금 예수님 믿고 구원 받은 사람은 두 번째 사망과 심판에 이르는 일은 없을 것이라고 약속하고 있다. 하지만 알아야 한다. 그곳에서도 '겸손해야 살아남을 것'이다. 그 겸손은 오직 예수님만이 하나님 아들이시요, 그리스도시요, 곧 하나님이라는 신앙고백일 것이다. 그리고 그때는 예수님을 내 목숨보다 사랑하는 교인들만 살아남을 것이다. 마귀는 너무 간교하고 무서운 존재다. 지금 생각해 보면 내가 살아날 수 있었던 것은 '오직 겸손한 마음' 때문이었을 것이다.

이 간증은 참으로 부끄러운 간증이다. 말하고 싶지 않은 일이다. 그러나 많은 그리스도인들이 알아야겠기에 간증을 한다. 마귀와 싸워 이겨서 마귀의 종이 되지 말아야겠기에 이 간증을 한다. 그리고 왜 내가 예수다 하는 이단 교주들이 나타나는지 그 이유를 알아야겠기에 감히 이 부끄러운 간증을 한다. 오늘날도 많은 사람이 내가 그리스도 예수라고 말한다. 그들은 이단의 괴수가 되어 많은 사람을 미혹하고 있다. 그들이 그렇게 된 것은 그냥 된 것이 아니다. 인간의 육적인 것으로 적그리스도가 되는 것이 아니다. 이것은 영적인 것이다.

항상 겸손하자. 영적으로 겸손하자. 내가 조금이라도 교만했더라면 어떻게 되었을까? 얼마나 끔찍한 일인지 모른다. 영성의 가장 중요한 것은 겸손이다. 그 겸손이란 오직 예수님을 높이는 것을 말한다. 예수님이 서야 할 자리에 내가 서는 것이 교만인 것이다.

예를 들어, 목사가 목회를 하면서 교회가 크게 부흥되면, 사람들이 이렇게 묻는다. "목사님! 어떻게 교회가 이렇게 부흥하고, 목사님 목회가 크게 승리했습니까?" 그럼 목사의 가장 겸손한 대답은 이런 것이다.

"오직 기도밖에 없지요!"

그러나 그렇게 대답해도 안 된다. 자기가 기도 열심히 해서 부흥했다는 꼴이 되기 때문이다.

영교야 영교야

"오직 우리 예수님이 하셨습니다. 전 기도도 잘 할 줄 모릅니다."
"난 아무것도 아닙니다. 오직 예수님이 하신 일입니다."

그래야 한다. 그런데 예수님이 하셨다고 해야 할 자리에 자기가 떡 서 있는 것, 마치 자기가 겸손해서 자기가 열심히 많아서 자기가 설교를 잘해서 부흥한 것처럼 말하는 것, 그것은 영적 교만이다. 지금도 가끔 난 그 말씀, 빛으로 내려온 구원의 밧줄 말씀을 되뇌고 있다.

"난 그의 신들메 풀기도 감당할 수 없노라!"
"난 그의 신들메 풀기도 감당할 수 없노라!"
"예수님! 나는 땅의 티끌 같고 먼지 같은 존재일 뿐입니다. 내가 만일 교만하여져서 자기가 잘났다고 하고 예수님을 대신하려 한다면 가차 없이 나를 땅바닥에 던져버려 주십시오! 그래서 '아! 나는 보잘것없는 사람입니다' 하고 고백하게 하소서!"

혹 목회가 크게 성공하면 교만해질까 봐 겁이 난다. 그래서 전 항상 이렇게 기도했다.

"성공한 교만한 목사보다는 겸손한 보잘것없는 무명의 목사가 저는 훨씬 좋습니다. 아멘!"

〈설교〉

기묘자 예수님

"이는 한 아기가 우리에게 났고 한 아들을 우리에게 주신 바 되었는데 그 어깨에는 정사를 메었고 그 이름은 기묘자라, 모사라, 전능하신 하나님이라, 영존하시는 아버지라, 평강의 왕이라 할 것임이라 그 정사와 평강의 더함이 무궁하며 또 다윗의 왕좌와 그의 나라에 군림하여 그 나라를 굳게 세우고 지금 이후로 영원히 정의와 공의로 그것을 보존하실 것이라 만군의 여호와의 열심이 이를 이루시리라" (사 9:6-7)

'기묘'란 말은 히브리어 원어로 '페레'(אלפ)이며 불가사의하고 경이롭고 너무 어려운 일이란 의미가 있습니다.

"마노아가 또 여호와의 사자에게 말하되 당신의 이름이 무엇이니이까 당신의 말

영교야 영교야

씀이 이루어질 때에 우리가 당신을 존귀히 여기리이다 하니 여호와의 사자가 그에게 이르되 어찌하여 내 이름을 묻느냐 내 이름은 기묘자라 하니라" (삿 13:17-18)

삼손의 아버지 마노아는 여호와의 사자를 만납니다. 당신의 이름이 무엇입니까? 하고 묻자 "내 이름은 기묘니라" 하고 대답을 합니다. 마노아는 사사기 13장 22절에서 그 아내에게 우리가 하나님을 보았으니 반드시 죽으리로다 하고 말을 합니다. 삼손의 아버지 마노아는 성육신 이전의 예수님을 뵌 것입니다. 왜입니까? 그 분의 이름이 "기묘"이기 때문입니다. 예수님은 "기묘자"이십니다.

"하나님은 크고 측량할 수 없는 일을 행하시며 기이한 일을 셀 수 없이 행하시나니" (욥 5:9)

"전능자를 우리가 측량할 수 없나니" (욥 37:23)

"여호와 나의 하나님이여 주의 행하신 기적이 많고 우리를 향하신 주의 생각도 많도소이다 내가 들어 말하고자 하나 주의 앞에 베풀 수도 없고 그 수를 셀 수도 없나이다" (시 40:5)

"여호와여 주의 행사가 어찌 그리 크신지요 주의 생각이 심히 깊으시니이다" (시 92:5)

"지극히 높으신 하나님이 내게 행하신 이적과 기사를 내가 알게 하기를 즐겨하노라 크도다 그 이적이여, 능하도다 그 기사여, 그 나라는 영원한 나라요 그 권병은 대대에 이르리로다" (단 4:2-3)

"깊도다 하나님의 지혜와 지식의 부요함이여, 그의 판단은 측량치 못할 것이며 그의 길은 찾지 못할 것이로다" (롬 11:33)

우리 인생이 세상에서 하는 모든 그 지혜도 기묘하신 하나님이 주셨습니다.

"너희는 귀를 기울여 내 목소리를 들으라 자세히 내 말을 들으라 파종하려고 가는 자가 어찌 끊이지 않고 갈기만 하겠느냐 그 땅을 개간하며 고르게만 하겠느냐 지면을 이미 평평히 하였으면 소회향을 뿌리며 대회향을 뿌리며 소맥을 줄줄이 심으며 대맥을 정한 곳에 심으며 귀리를 그 가에 심지 않겠느냐 이는 그의 하나님이 그에게 적당한 방법으로 보이사 가르치셨음이며 소회향은 도리깨로 떨지 아니하며 대회향에는 수레 바퀴를 굴리지 아니하고 소회향은 작대기로 떨고 대회향은 막대기로 떨며 곡식은 부수는가, 아니라 늘 떨기만 하지 아니하고 그것에 수레 바퀴를 굴리고 그것을 말굽으로 밟게 할지라도 부수지는 아니하나니 이도 만군의 여호와께로서 난 것이라 그의 모략은 기묘하며 지혜는 광대하니라" (사 28:23-29)

영교야 영교야

이 말씀은 옛날 성경시대에 농사짓는 모습을 보면서 이사야 선지자가 하나님의 지혜를 말씀하신 것입니다. 요즈음 같으면, 자동차를 만들고, 컴퓨터를 만들고, 항공모함을 만들고, 초음속 제트기를 만들어 내는 그 인간을 만드신 분이 하나님이시라는 것입니다. 하나님이 그 지혜를 그 지식을 우리에게 가르쳐 주셨다는 것입니다.

- 벌이 집을 짓는 것을 보면 참 놀랍고 지혜롭습니다.
- 거미가 해 질 때쯤에 거미집을 치는 것을 보면 참 놀라운 기술자의 모습입니다.

똥구에서 거미줄을 뽑아 …. 이것이 진화된 것입니까? 여러분이 노력한다고 똥구에서 줄이 나오겠습니까?

저 조그만 벌레가 어떻게 저런 기술을 습득했을까? 어떻게 저런 놀라운 기술을 가졌을까? 하나님이 가르치셨다는 것입니다. 이는 그의 하나님이 그에게 적당한 방법으로 보이사 가르치셨음이며(26절), 이도 만군의 여호와께로서 난 것이라(29절)

- 어제는 우리 집 거실에 파리 한 마리가 들어왔습니다. 그 조그만 녀석이 먹는 것도 정말 조금 먹을 텐데 …. 그냥 온 종일 거실을 날아다닙니다. 안방에서 거실로 … 윙 …. 소리내면서 날아다닙니다. 우리 안 사람이 그 파리를 잡으려고 애를 썼습니다만 워낙 비행솜씨가 좋아서 눈앞에서 스텔스 전투기처럼 사라져버립니다. 저까지 나섰지만 결국 못 잡았습니다. 어찌나 영리하든지…. 자기를 공격한다는 것을 눈치 챈 것입니다. 그 조그만 녀석이 무슨 에너지가 그렇게 많아서….

똥물 한 모금이면 몇 시간이고 에너지를 만들어내어 날개 짓을 하며 날아다닙니다. 인간의 과학이 아무리 발달해도 이런 놀라운 비행기를 결코 만들 수가 없습니다.

요즈음 나노기술이라고 하는데 하나님이 그 조그만 녀석 속에 "간, 쓸개, 위, 장, 심장, 허파, .. 눈, 입, 귀, 발, 날개...."를 다 넣어주셨습니다.

이 녀석이 얼마나 대단한 녀석인지, 어디서 누가 똥을 싸면 신속하게 날아옵니다. 천장에 거꾸로 앉습니다. 날개의 소재는 정말 가볍고 질긴 최첨단 소재입니다. 잡으려고 접근하면 그 잘 발달된 눈이 사방을 다 보고 벌써 알고 어디론가 순식간에 사라져버립니다.

그런데 파리뿐이겠습니까? 더 조그만 벌레 하루살이... 깨알보다 더 작은 것이 주방에 항상 날아옵니다. 얼마나 작든지 촘촘한 방충망 사이 틈을 통과해 들어옵니다. 그 놈도 눈, 입, 귀, 간, 쓸개, 위, 장, 생식기... 다 있습니다. 눈에 보이지 않는 더 작은 세균은 또 얼마나 정밀합니까?

 하나님의 기술, 지식, 솜씨는 감히 측량할 수가 없는 것입니다. 그러므로 그 이름이 "기묘"인 것입니다.

"주께서 내 장부를 지으시며 나의 모태에서 나를 조직하셨나이다 내가 주께 감사하옴은 나를 지으심이 신묘막측하심이라 주의 행사가 기이함을 내 영혼이 잘 아나이다" (시 139:13-14)

- 신묘막측은 기본형이 히브리어로 '야레'(ירא)입니다.
  이는 '두려워하다'; '경외하다'; '겁나다'; '무섭다'의 뜻이 있습니다.
  우주사진을 보니 신비하고 무섭다는 생각이 들었습니다.

영교야 영교야

- 저 무한한 공간에 수많은 은하들… 캄캄한 곳…. 내가 만일 로켓을 타고 저 우주를 날아간다고 하면… 얼마나 두려울까!…
- 시편 기자는 자신을 지으신 하나님의 솜씨가 심히 놀랍다고 여호와를 경외한다는 것입니다.

"네가 하나님의 오묘를 어찌 능히 측량하며 전능자를 어찌 능히 온전히 알겠느냐 하늘보다 높으시니 네가 어찌 하겠으며 음부보다 깊으시니 네가 어찌 알겠느냐 그 도량은 땅보다 크고 바다보다 넓으니라" (욥 11:7-9)

예수님의 제자들은 예수님을 보고 놀랐습니다.
"저가 뉘기에 바람과 물을 명하매 순종하는고 하더라" (눅 8:25)
예수님이 재림하신 날 구원 받는 모든 성도들은 그를 보고 또 놀랍니다.

"그날에 강림하사 그의 성도들에게서 영광을 얻으시고 모든 믿는 자에게서 기이히 여김을 얻으시리라 (우리의 증거가 너희에게 믿어졌음이라)" (살후 1:10)

1. 예수님은 하나님의 '기묘'이십니다. 어떤 면에서 기묘이십니까?

하나님의 아들 곧 하나님이 육신을 입고 이 땅에 어린 아이로 오셨다는 것은 도저히 이해 할 수 없는 기묘한 일입니다.

태초에 말씀이 계셨고, 이 말씀은 하나님이십니다. 이 말씀이 육

신을 입고 오셨으니 "아버지의 독생자의 영광이요 은혜와 진리가 충만하더라"(요 1:14)

"크도다 경건의 비밀이여, 그렇지 않다 하는 이 없도다 그는 육신으로 나타난 바 되시고 영으로 의롭다 하심을 입으시고 천사들에게 보이시고 만국에서 전파되시고 세상에서 믿은 바 되시고 영광 가운데서 올리우셨음이니라"(딤전 3:16)

이 사건은 도저히 우리가 이해할 수 없는 측량할 수 없는 일이라는 것입니다.

▶ 간증- 저는 하나님을 한번 보고 싶었습니다. 그래서 백일 작정 철야기도를 드렸습니다. "하나님 한번만 보여 주세요"

바람소리만 나도 우리 하나님인가 하고 쳐다보았습니다.

버스를 타고 가면서 차 창가를 보며 우리 하나님이 혹 저기 계신가 하고 쳐다보다가 남모를 눈물을 흘렸습니다.

추운 겨울날 산꼭대기 바위틈에 쪼그리고 앉아 기도했습니다. 그러다 잠이 들었습니다. 바람 소리에 깨어 혹 저 바람소리 속에 주님이 계신가 하고 쳐다보고 구름을 보고 울었습니다.

그리고 시 42편 다윗의 시가 생각났습니다. '헬몬 산과 미살 산과 요단강가에서' 주를 생각하고 보고 싶어 눈물을 흘리는 다윗의 마음과 똑같았습니다.

100일이 지나도 하나님을 볼 수 없었습니다. 많이 실망하고 일주일이 지났습니다.

어느 날 밤에 갑자기 어느 분이 문을 두드립니다.

벽과 문이 벌겋게 비칩니다.

마치 연탄불을 갈기 위해 연탄집게를 그 구멍에 넣고 빼면 빨갛게 달아 오른 것처럼 달아올라 있었습니다.

나는 너무 놀라 문을 열 수가 없었습니다.

그러자 예수님이 방안에 서 계십니다.

그 얼굴에 광채가 햇빛보다 더 밝고, 그 흰 옷은 눈보다 더 휩니다.

그 머리털은 희고 밝아 말로 설명할 수 없습니다.

태양도 흑점이 있는데 흠도 어두운 곳도 찾아볼 수 없었습니다.

그 거룩한 눈빛은 하늘을 응시하는데 너무나 거룩하여 아직까지 본 적이 없는 눈빛이었습니다.

예수님의 얼굴은 화가들이 그린 것보다 잘 생기지 않았습니다. 화가들은 상당히 여성적으로 그렸습니다. 예수님의 모습은 약간 광대뼈도 나와 있었습니다.

"그는 주 앞에서 자라나기를 연한 순 같고 마른 땅에서 나온 줄기 같아서 고운 모양도 없고 풍채도 없은즉 우리의 보기에 흠모할 만한 아름다운 것이 없도다"
(사 53:2)

그러나 너무나 거룩했습니다.

그리고 가슴에 어린 양 한 마리를 안고 서 계셨습니다.

난 그 분을 보자마자 온 몸이 사시나무 떨듯이 떨면서 몸이 썩어지는 것 같이 되면서 방바닥으로 한 없이 꺼져갔습니다.

숨도 끊어지고 죽어 가는데 그 손을 내 머리에 얹고 "두려워하지 말라" 하십니다. 그러자 갑자기 두려움이 사라졌습니다.

그리고 "평안하라" 하시자 평안이 강물처럼 몰려왔습니다. 힘을 내서 눈을 들어 내 앞에 서 계신 예수님을 봤습니다.

얼마나 겸손하신지 아! 얼마나 겸손하신지…. 지구상에 어떤 사람도 그렇게 겸손할 수 없었습니다. 나는 아직까지 그렇게 겸손하신 분은 결코 본적이 없으며 또 볼 수도 없습니다.

그런데 도저히 이해가 되지 않는 것이 있었습니다. 왜? 하나님이 사람일까?

예수님은 나에게 말씀하십니다.

"영교야 그동안 네가 기도한 것 다 들었느니라. 그대로 다 이루어주마"

그러자 예수님 보는 것만으로 모든 것이 필요 없어졌습니다.

"아닙니다. 안 이루어줘도 됩니다." 그러자 예수님 다시 말씀하십니다.

"아니다 그대로 다 이루어주마"

……………………………………(생략)

이상하다 도대체 무슨 일인가? 해서 성경을 펴 보았습니다. 그때 내 나이 25살쯤 되었기에 아직 성경지식이 없었습니다. 그런데 계시록 1장과 다니엘서를 보니 내가 본 모습과 똑같았습니다.

두려워하지 말라 평안하라는 말씀도 똑같았습니다. 안수하신 것도 똑같았습니다.

힘이 없어지고 죽게 되자 안수하여 주심으로 다시 살아 난 것도 똑같았습니다. 요한계시록 1장 12-17절과 다니엘 10장 4-10절을 비교해 봅니다.

계시록에 요한이 본 예수님	다니엘이 본 예수님
발에 끌리는 옷 가슴에 금띠 그의 머리와 털의 희기가 흰 양털 같고 눈 같으며 그의 눈은 불꽃 같고 그 얼굴은 해가 힘있게 비치는 것 같더라 그의 발은 풀무불에 단련한 빛난 주석 같고 그의 음성은 많은 물 소리와 같으며 내가 볼 때에 그의 발 앞에 엎드러져 죽은 자 같이 되매 그가 오른손을 내게 얹고 이르시되 두려워하지말라	세마포 옷을 입었고 허리에는 우바스 정금 띠를 띠었고 그 눈은 횃불 같고 그 얼굴은 번갯빛 같고 그 몸은 황옥 같고 그 팔과 발은 빛난 놋과 같고 그 말소리는 무리의 소리와 같더라 내 몸에 힘이 빠졌고 나의 아름다운 빛이 변하여 썩은 듯하였고 나의 힘이 다 없어졌으나 단 10:10 한 손이 있어 나를 어루만지기로 내가 떨더니 그가 내 무릎과 손바닥이 땅에 닿게 일으키고 단 10:18-19 또 사람의 모양 같은 것 하나가 나를 만지며 나로 강건케 하여 가로되 은총을 크게 받은 사람이여 두려워하지 말라 평안하라 강건하라 강건하라 그가 이같이 내게 말하매 내가 곧 힘이 나서 가로되 내 주께서 나로 힘이 나게 하셨사오니 말씀하옵소서

비교할수록 똑같다는 것입니다. 그리고 보고되어진 상황도 똑같습니다. 손을 얹고 말씀하시기를 두려워하지 말라는 것도 똑같다는 것입니다.

그래서 전 깨달았습니다. 이 땅에 육신을 입고 오신 예수님은 십자가에 죽으시고 부활하셔서 밧모섬에서 예수님의 제자 요한에게 보이셨는데 사실 그 분은 오래전에 다니엘에게도 똑같이 등장하셨다는 것입니다.

그리고 나에게도 똑같이 찾아 오셨고 똑같이 말씀해 주셨다는 것입니다.

아! 이 얼마나 놀라운 은혜인가!

그러니 예수님이 마리아를 통해 탄생하신 것이 아니라 이미 계신 하나님이 육신을 잠시 빌려 입고 이 땅에 오신 것입니다. 그래서 그 분 예수님은 처음이요 나중입니다. 본래부터 계신 하나님이십니다.

저는 이 사건을 통해서 내가 본 그 예수님은 분명히 성경에 기록된 그 예수님이라는 것을 알았습니다. 나는 하나님을 보았습니다. 그 얼굴을 보았습니다. 그리고 지금도 그 모습과 그 음성이 내 심령에 생생합니다. 그런데 지금도 생각나는 것은 예수님을 보고 내 마음에 "왜? 하나님이 사람일까?" 하는 기이한 생각입니다.

그러므로 그 이름은 "기묘"이십니다.

그리고 그때 내가 힘이 나서 그 겸손하시고 거룩하신 예수님의 모습을 뵐 때 내 가슴에 어떤 자석이 있어서 영원히 내가 사랑하는 그 예수님께 영원히 끌려가고 있었습니다. 이것은 글로 표현할 수 없습니다.

(설교중략)

설교는 여기까지입니다. 난 심각하게 아파서 죽을 고비를 여러 번 넘겼습니다. 피를 토하고 쓰러지고, 간은 망가질 대로 망가져 복수가 턱 밑까지 차오르고 온 몸은 가렵고, 이빨은 다 흔들거리고, 몸

영교야 영교야

은 살이 다 빠져 뼈만 남았습니다. 그럴 때마다 예수님께서 나에게 찾아와 안수해 주신 일을 생각했습니다.

"그래, 나는 은총을 크게 받은 사람(단 10:11), 나는 하나님 목전에 은총을 입었고 하나님이 이름으로도 나를 아는데(출 33:17).... 이만큼 하나님께 은혜를 입었으면 됐지!" 하고 오히려 감사를 했습니다.

그때 주님이 나에게 하신 약속이 있었습니다.

"영교야 네가 한 기도 다 들었다. 그대로 다 이루어 주마"

"아니다 그대로 다 이루어주마"

그때 혼자 성전에서 100일 동안 십자가 바라보면서 철야기도를 드리면서 세 가지 제목을 가지고 기도했습니다.

하나는, 목사가 되어 목회를 하겠다는 것이다.

둘은, 훌륭한 사모를 만나게 해달라는 것이다.

우리 안 사람은 내가 봐도 참 훌륭한 사모입니다. 난 내 안 사람을 존경합니다.

교인들도 그동안 시험 들어 교회를 떠날 땐 "목사님이 어쩌구 저쩌구"는 해도, 아직까지 사모님에 대한 비방은 한번도 들은 적이 없습니다. 장모님의 철저한 신앙교육과 인성교육, 그리고 장인어른 목사님이 내 안 사람과 언니와 두 아들들을 정말 훌륭한 크리스천으로 자라도록 교육을 잘했다는 생각이 듭니다.

그래서 그런지 내 두 아들도 정말 내가 봐도 훌륭한 아들들입니다. 세상에 더 없이 착하고, 예수님 뜨겁게 사랑하고, 진실한 아들들로 잘 자라 준 것입니다.

그런데 세 번째 기도제목 그것은 아직도 안 이루어졌습니다.

그것은 감히 여기서 밝힐 수가 없어 쓰지 못함을 안타깝게 생각합니다.

예수님이 하신 약속인데 아직도 안 이루어졌으니 아직은 죽을 때가 아니라는 것을 알았습니다.

히브리서 6장 17-19절 말씀을 쉽게 표현하면 하나님이 약속하신 말씀에 대하여 우리 하나님은 결코 거짓말을 못하시니 그것이 우리에게 큰 소망이 된다는 것입니다. 그것은 우리에게 영혼의 닻 같아서 튼튼하고 견고합니다. 이것은 또한 우리에게 큰 안위가 됩니다.

"난 안 죽어! 왜냐하면 우리 주님이 찾아와 나와 한 약속이 있거든"

"그건 꿈도 아니었고, 그건 환상도 아니었고, 그건 진실이었으니까!"

"왜? 너무 성경과 똑같고, 그리고 주님을 바라볼 때에 내 가슴에 자석이 있어서 영원히 예수님께 끌려가고 있었기 때문이야!"

"이건 사실이야! 예수님이 거짓말 할 수는 없는 거잖아! 그러니 내가 어떻게 죽을 수 있겠어!" 하고 내 마음속에 다짐하곤 했습니다.

영교야 영교야

〈설교〉
성령세례를 받아야 한다

"알렉산드리아에서 난 아볼로라 하는 유대인이 에베소에 이르니 이 사람은 학문이 많고 성경에 능한 자라 그가 일찍 주의 도를 배워 열심으로 예수에 관한 것을 자세히 말하며 가르치나 요한의 세례만 알 따름이라 그가 회당에서 담대히 말하기를 시작하거늘 브리스길라와 아굴라가 듣고 데려다가 하나님의 도를 더 자세히 풀어 이르더라 아볼로가 아가야로 건너가고자 하니 형제들이 저를 장려하며 제자들에게 편지하여 영접하라 하였더니 저가 가매 은혜로 말미암아 믿은 자들에게 많은 유익을 주니 이는 성경으로써 예수는 그리스도라고 증거하여 공중 앞에서 유력하게 유대인의 말을 이김일러라 아볼로가 고린도에 있을 때에 바울이 윗 지방으로 다녀 에베소에 와서 어떤 제자들을 만나 가로되 너희가 믿을 때에 성령을 받았느냐 가로되 아니라 우리는 성령이 있음도 듣지 못하였노라 바울이 가로되 그러면 너희가 무슨 세례를 받았느냐 대답하되 요한의 세례로라 바울이 가로되 요한이 회개의 세례를 베풀며 백성에게 말하되 내 뒤에 오시는 이를 믿으라 하였으니 이는 곧 예수라 하거늘 저희가 듣고 주 예수의 이름으로 세례를 받으니 바울이 그들에게 안수하매 성령이 그들에게 임하시므로 방언도 하고 예언도 하니 모두 열 두 사람쯤 되니라"(행 18:24-19:7)

오랜만에 시골집에서 광주 교회에 가면 제자 된 학생들과 함께 나의 자취방에서 같이 이야기를 하면서 잠을 자곤 했습니다. 그런데 그날은 엄청 추운 날이었습니다. 내 자취방은 산등성이를 깎아 집을 짓고, 세를 준 것입니다. 그래서 한쪽은 아예 땅입니다. 유리창을 낼 데가 없어 천장을 뚫고 거기에 슬레이트 구조같이 생긴 압축 비닐을 올려 놨는데 그 사이 사이에서 찬바람이 들어왔습니다. 밤이 깊어지자 광삼이와 재석이에게 호빵 좀 사올래? 하고 돈 천원을 주었습니다(천원에 당시는 호빵이 열 개였습니다).

같이 앉아 있던 형주가
"집사님 뒷골이 아프네요!"
"나도 그런다."
"저희 외삼촌이 한약방을 하시는데 뒷골이 땡기면 죽으려고 그런다는데"
"우리 죽으려나?"
조금 있으려니 광삼이와 재석이가 들어오는데 나를 보고
"집사님 여기가 집사님 집 맞아요?" 한다.
"빨리 들어오렴"
왜? 이러지? 생각해 보니 천장에서 계속 찬바람이 들어오고 있어서 그러지 않나? 하고 천장을 풀로 발라 달력을 찢어 막았습니다.

그러면서 "우리 혹 오늘밤에 죽을 수도 있겠다. 그러니 죽을 때 죽더라도 기도하고 죽자" 하고 같이 열심히 기도드리기를 시작했습니다. 그런데 갈수록 우리 셋은 정신이 혼미해져 갔습니다. 부엌 연탄불 위에 올려놓은 유자차가 끓는 소리가 나 그거라도 마셔야겠다 싶어 부엌으로 가 유자차를 마시려는데 숟가락이 손에서 떨어져 나가고 몸은 뒤로 넘어갑니다.

아! 그 짧은 순간 어려서부터 알았던 수많은 사람들의 얼굴과 그들과 함께 있었던 그 많은 이야기들이 순식간에 다 생각나고 지나갑니다. 그런데 얼마 전에 사귄 아가씨(지금 내 마누라)에게 미안한 마음이 생겼습니다. 둘은 결혼하기로 약속한 사이였습니다. 그리고 부모님에게 미안한 마음이 생겼습니다. 그리고 서랍에 둔 돈 몇 만원이 생각났습니다.

이제 숟가락은 손에서 떨어져 나가고 내 몸뚱이는 뒤로 젖혀져 쓰러져가고 내 영혼은 이 세상을 막 떠나려고 하는데 … 하나님께 서원한 것이 생각났습니다. 목사가 되어 열심히 주의 일을 하겠다고 하나님께 다짐했던 약속입니다.

"하나님이 너 왜? 벌써 왔냐?"

하면 할 말이 없을 것 같았습니다. 그래서 뒤로 넘어지는 순간에 "하나님! 지금 갈 때가 아닙니다." 하고 기도를 드렸습니다.

그런데 안에서 문이 열리고 재석이가

"집사님 들어오세요!" 하고 부릅니다. 이미 재석이도 입에 거품을 물고 눈이 초점을 잃었습니다. 안에서 밖에 있는 내가 많이 걱정되었나 봅니다.

"그래"

하고 기어 들어가 우리 네 사람은 기도를 열심히 드리기 시작했습니다.

아 그날 밤 우리 자취방은 오순절 마가의 다락방이 되었습니다. 아이들이 방언으로 기도하기 시작했습니다. 그리고 심지어 방언으로 찬송도 부릅니다. 또 형주는 예언을 합니다. 그때 부른 찬송이 "내 주여 뜻대로 행하시옵소서" 모두 방언으로 찬양을 하는 것입니다.

그날 아침에 우리는 일어나자 얼마나 기쁨이 충만했는지 모릅니다. 머리는 아프고 약간 어지러웠지만 형주 광삼 재석이는 그 얼굴에 기쁨의 웃음이 넘쳤습니다.

광삼이는 그 이후 목사님이 되어서 지금은 무주교회에서 목회를 하고 있습니다. 그리고 형주가 얼마 전에 찾아 왔습니다. 어느 날 전화가 와 받아보니

"혹시 윤영교 목사님 아니십니까?" – "네 맞는데요"

"혹시 저 기억하시려는지요? 저 형주인데요" – "아! 형주, 내가 왜 몰라 우리 형주를"

그리고 며칠 후 형주는 어려운 걸음을 해 찾아 왔습니다.

거의 30년 만에 찾아온 제자였습니다. 내가 정읍에서 목회한 줄 어떻게 알고 물어물어 찾아 왔던 것입니다.

지금은 기업컨설팅 회사를 운영하고 있고, 전북대학교에 강의를 한 후 식사를 하라는 것을 사양하고 찾아 온 것입니다. 아내는 치과 의사를 하고 있다고 하였습니다.

그러면서 하는 말이, "사실 목사님 그때 목사님을 안 만났으면 난 지금 이 세상에 없었을 것입니다. 그때 그 어린 학생 때 전 고민이 많았습니다. 그래서 자살을 생각 하던 터에 김동주(동주는 지금 호서대학교 교수님) 친구의 전도를 받고 교회에 나갔습니다."

(설교중략)

112_113   하나님은 살아계신다

첫째, 본문에 아볼로는 성경에 능한 자였습니다. 어려서부터 성경을 배웠습니다. 그의 설교는 지적, 성경적, 학문적, 논리적으로 설교해서 많은 사람들이 은혜를 받았습니다. 그러나 그의 교회 신자는 고작 12명뿐입니다(행 19:7).

문제는 그들이 요한의 세례만 알았다는 것입니다. 세례는 크게 물세례와 불세례로 구분합니다. 물세례는 예수님을 믿을 때 주는 세례요, 불세례는 믿는 자들에게 주시는 하나님의 성령의 세례인 것입니다.

오늘날도 성령 받지 못한 신자, 성령 받지 못한 목사님들이 있을 수 있습니다.

아무리 지적이고, 성경적이고, 학문적이고 논리적으로 말씀을 잘 전해도 성령이 없으면 그 말씀은 사람을 살리지를 못합니다. 듣고 참 잘한다고 사람들이 박수를 칠 수는 있어도 회개하고 은혜 받고 심령을 변화시키지는 못하는 것입니다.

▶ 간증-제가 청년시절 때 저희 교회 목사님이 "윤 선생님은 참 진실하고 좋은데, 성령을 몰라" 하셨습니다. 그러더니 어느 날 저에게 성령을 받으라고 곧 안수해 주셨는데 그때 저는 성령을 처음으로 받았습니다. 아 그때의 감격이란! 이 세상에서 그렇게 기쁜 적은 없었습니다. 방언도 하고 환상도 보고 예언도 했습니다. 그리고 그 이후 전 홀리맨(holy man)이 된 것입니다.

둘째, 사도행전 2장 1-4절의 성령세례를 받은 모습을 보니 오순절 날에 다 같이 한 곳에 모여 120여 명이 전혀 기도에 힘쓸 때 성령이 임했다고 합니다.

– 무엇을 했을까요? – "오로지" 기도했다는 것입니다.

"...마음을 같이하여 전혀 기도에 힘쓰니라 모인 무리의 수가 한 일백 이십 명이나 되더라"(행 1:14-15)

'전혀 ~ 힘쓰니라'는 원어로 '프로스카르테로운테스'(προσκαρτεροῦντες)로서 그 의미는 '인내하다, 끈질기게 성실하다'입니다. 더 자세히 설명하면 아래와 같습니다.

1) 고집하다, 집착하다, 몰두하다, 계속하다
2) 변함없이 상냥하다, 끊임없이 돌보다
3) 한 장소에서 내내 계속하다
4) 희미해지지 않고 계속하다
5) 용기를 보여주다
6) 변함없이 준비하다, 계속해서 기다리다 등입니다.

영어로는 'continually'의 의미로 사도행전 1장 14절은 아래와 같이 번역되었습니다.

NIV They all joined together constantly in prayer,
그들은 함께 모여 지속적으로 계속해서 끈질기게 한없이 기도했습니다.

RSV These all with one accord continued stedfastly in prayer,
이들 모두는 함께 끈질기게 계속해서 한가지로 기도했습니다.

오직 성령 달라고 고집하고, 집착하고, 몰두하고, 계속해서, 변함없이, 끊임없이, 오로지 한 장소에서 내내(즉, 교회를 떠나지 아니하고), 약해지지 아니하고 오히려 더욱 강하여져서, 용기를 가지고, 성령 받을 것을 믿고, 끈질기게 한없이 기도를 드렸다는 것입니다.

즉, 돈 달라, 떡 달라고 기도한 것이 아니라 오로지 "성령"을 주세요. 예수님이 약속하신 "성령"을 주세요... 하고 기도했습니다.
오로지입니다. 기도를 드리다보면 참 할 말이 많이 있습니다.
사업, 자녀, 건강, 기타 등등 할 말이 많이 있습니다. 그러나 그들은 오로지 "성령" "성령" "성-령" 충만케 하셔서 우리를 다스려주세요! 하고 기도했습니다.

왜냐하면 예수님이 마지막 유언으로 승천하신 날 마지막 제자들에게 이렇게 말씀하셨기 때문입니다.

"사도와 같이 모이사 저희에게 분부하여 가라사대 예루살렘을 떠나지 말고 내게 들은 바 아버지의 약속하신 것을 기다리라 요한은 물로 세례를 베풀었으나 너희는 몇 날이 못 되어 성령으로 세례를 받으리라 하셨느니라" (행 1:4-5)

"오직 성령이 너희에게 임하시면 너희가 권능을 받고 예루살렘과 온 유대와 사마리아와 땅 끝까지 이르러 내 증인이 되리라 하시니라" (행 1:8)

예수님은 성령을 받으라고 수없이 말씀하셨습니다.

영교야 영교야

"아버지께 구하겠으니 그가 또 다른 보혜사를 너희에게 주사 영원토록 너희와 함께 있게 하시리니 저는 진리의 영이라 세상은 능히 저를 받지 못하나니 이는 저를 보지도 못하고 알지도 못함이라 그러나 너희는 저를 아나니 저는 너희와 함께 거하심이요 또 너희 속에 계시겠음이라" (요 14:16-17)

마태복음 3장 11절에서 세례 요한은 "나는 너희로 회개케 하기 위하여 물로 세례를 주거니와 내 뒤에 오시는 이는 나보다 능력이 많으시니 나는 그의 신을 들기도 감당치 못하겠노라 그는 성령과 불로 너희에게 세례를 주실 것이요"라고 말하였습니다.

예수님은 부활하신 후에 제자들을 찾아와 저희를 향하여 숨을 내쉬며 가라사대 성령을 받으라 하셨습니다(요 20:22). 이는 창세기에 생기를 불어 넣으신 바로 그 하나님 모습임을 알 수 있습니다.

성령이 오시는 길은 첫째, 아버지께서 보내시고, 둘째는 예수님을 통해서 오시는 것입니다.

신학적인 용어로는 "필리오케"라고 합니다.

그러므로 절간에서 기도 많이 한다고 성령이 임하시는 것이 아닙니다. 나이트클럽에서 가수들의 노래에 열광하다가 성령이 임하시는 것도 아닙니다. 성령이 오시는 길은 하나님 아버지께서 예수님을 통해서만 보내주시는 것입니다.

▶ 악한 마귀도 교회에서 성령이 임하는 것을 따라합니다.

그래서 정말 청소년들이 유명가수들 노래쇼에서 열광하다가 '방언'을 하기도 합니다.

또 기도 많이 하는 귀신숭배자들도 방언을 하기도 합니다. 그러나 그것은 엄격히 "귀신"의 역사입니다.

▶ 내가 방언으로 기도하기를 좋아하는데 어느 날 사람들이 귀신방언도 있다고 해서 방언기도를 한 달이 넘도록 그쳤습니다. 하루는 잠을 깊이 자는데 갑자기 내 입이 벌어지더니만 방언을 말합니다. 내 의사와는 아무 상관없이 어떤 강한 힘이 내 입을 잡고 방언으로 기도하게 합니다. 그때 난 뇌 속으로 생각을 했습니다. 아! 낮에 하는 방언기도가 하나님이 주신 것이니 믿음으로 열심히 하라는 뜻이구나! 하고 생각하고 있는데 오른손에 뜨거운 불이 임합니다. 그 불은 수천볼트 전기처럼 임합니다. 그리고 손바닥으로부터 그 뜨거움이 가슴까지 팍팍 쳐 밀어 옵니다. 손이 공중에 솟아 이리 저리 휘젓고 내 입에서는 방언으로 기도를 합니다. 그 후부터 전 의심하지 않고 내 입에서 방언기도가 나오면 방언으로 기도를 드립니다. 사람들이 있을 땐 들리지 않게 조용히… 나 혼자 있을 땐 소리내어 방언기도를 드립니다.

예수님은 승천하신 날 마지막 제자들에게 이렇게 말씀하셨습니다.

"… 예루살렘을 떠나지 말고 내게 들은 바 아버지의 약속하신 것을 기다리라 요한은 물로 세례를 베풀었으나 너희는 몇 날이 못 되어 성령으로 세례를 받으리라 하셨느니라… 오직 성령이 너희에게 임하시면 너희가 권능을 받고 예루살렘과 온 유대와 사마리아와 땅 끝까지 이르러 내 증인이 되리라 하시니라" (행1:4-5, 8)

영교야 영교야

내 믿음을 지키기 위해서도 성령은 받아야 합니다.

예수님의 복음을 전파하기 위해서도 성령은 받아야 합니다.

권능 있는 성도가 되어 마귀의 권세를 깨뜨리기 위해서도 성령을 받아야 합니다.

그러므로 성령세례는 받아도 되고 안 받아도 되는 것이 아닙니다. 이것은 예수님의 유언이요, 지상명령이요, 약속이요, 축복이요, 은혜입니다.

누구든지 받습니다.

차별이 없이 받습니다.

간절히 기도해야 받습니다. 사모해야 합니다. 회개할 때 받습니다. 주의 말씀을 듣고 믿음으로 화합하고 겸손한 마음, 상한 심령, 은혜를 간절히 사모할 때 성령이 임하시는 것입니다. 성령이 없으면 마치 기름 빠진 자동차요, 불 꺼진 난로요, 물 없는 오아시스요, 살았다고 하나 정녕 죽은 신앙인 것입니다.

한 1분 기도한다고 받는 것이 아닙니다.

한 10분 기도한다고 받는 것이 아닙니다.

한 시간이고 두 시간이고 아예 세상일을 뒤로하고, 오로지 성령 받기를 사모하고, 오늘도 내일도 기도해야 합니다. 소리 내어 간절히 용감하게 지속적으로 끈질기게 한없이 포기하지 않고 쉬지 않고 기도할 때 기다리던 "성령"이 오시는 것입니다. 예수님은 몇 날이 못되어라고 말씀하셨습니다. 오늘날 우리도 성령 충만을 간구해야 합니다. 며칠이고 열심히 하면 다 받게 된다는 것입니다.

예수님은 구하라 주실 것이요 찾으라 찾을 것이요 문을 두드리라 열릴 것이니라 하시면서 너희 중에 누가 아버지에게 떡을 달라하면 돌을 주겠느냐 생선을 달라하면 뱀을 주겠느냐 너희 천부께서 구하는 자에게 "성령"을 주시지 않겠느냐 하시면서 은근히 "성령"을 구하라고 말씀하십니다.

성령을 받아야 권능 있는 믿음의 생활을 하게 됩니다. 성령을 받아야 마귀도 이기고, 기도의 권능도 생기고, 복음도 담대히 전하고, 하나님의 말씀도 믿어지고, 은혜가 되고, 하나님이 기뻐하시는 신앙이 되는 것입니다.

오늘 예배시간에는 주일 낮 예배니 어쩔 수 없이 간단히 짧게... 기도하지만 성전에 와서 열심히 기도하시기 바랍니다.

다같이 통성으로 기도합시다.

날 위해 무얼 주느냐

"예수께서 가라사대 네 마음을 다하고 목숨을 다하고 뜻을 다하여 주 너의 하나님을 사랑하라 하셨으니"(마 22:37)

대학 2학년 쯤 되었을 때 어느 날 교회에서 기도하다 몸 안에 있었는지 몸 밖에 있었는지 알 수는 없었으나 내가 큰 방안에 있는 것을 발견했는데 그 방은 마치 굴 입구처럼 생겼었다. 난 굴 아래 지옥을 들여다보고 있었다. 지옥의 하늘은 어둡고 붉었다. 그리고 낭떠러지 아래 멀리 지옥에서는 사람들의 비명이 희미하게 들려왔다.

"으아-악---- 으아----"

나는 지옥문 앞 굴 입구 낭떠러지에 서 있었다. 여기서 아래로 떨어지면 다시 올 수 없다. 지옥 불에 떨어지기 싫어서 손을 벽에 댔다. 그 벽은 바위였으며 만져 보니 반들반들했다. 아마도 수많은 사람이 지옥에 떨어지기 싫어서 이곳을 짚고 버텼나 보다.

"아! 아담 이후로 수많은 사람이 이곳을 짚었구나. 그런데 나도 이제 짚는구나!"

'누구든지 주의 이름을 부르면 구원을 얻는다'고 했기에 주님의 이름을 부르려고 뒤를 돌아봤다. 거기엔 흰 옷 입은 두 사람이 뒤에서 내 죄의 목록을 적은 큰 두루마리 두 개를 돌돌 말아 캐비넷에 넣고 있었다. 그 캐비넷 안에는 다른 두루마기가 여러 개 더 있었다. 나는 이미 심판을 받은 것이다.

"아! 이제 여기 지옥에 들어가면 어떡하나…!"

그리고 난 흰 옷 입은 사람에게 이끌려 어떤 방에 들어갔다. 거기에는 큰 동그라미가 그려져 있었으며 마치 선풍기의 덮개 살처럼 그래프가 그려져 있었다. 그 그래프엔 세계 역사가 빽빽이 적혀 있었다. 맨 아래 "예수님, 말구유 오심"이라고 적혀 있었다. 그리고 시계 방향으로 빙 돌아가면서 역사가 기록되어 있었다. 십자군 전쟁, 동서 교회분열, 종교개혁, 그리고 제1차 세계대전, 아메리카 발견, 제2차 세계대전, 르네상스, 교회부흥운동, 산업혁명, 한국전쟁 등이 빽빽이 기록되어 있었다.

그런데 세계 역사 그래프가 다 차면 마지막 역사는 "예수님, 말구유 오심"과 다시 만나게 된다. 그럼 그래프가 다 차고 다시 예수님

오신다는 뜻이다. 그 그래프에서 남은 공간은 선풍기의 날개 살 하나 둘 정도의 공간만 남아 있었다. 나는 그 그래프를 보면서 "이제 30-40년밖에 남지 않았네?" 하고 생각했다.

그리고 다시 흰 옷 입은 사람에게 이끌려 나왔다. 예수님이 내 앞에 서 계시고 난 그 앞에 무릎을 꿇고 앉아 있었다. 예수님이 나에게 이렇게 말씀하셨다.

"나는 널 위해 몸 버려 피 흘려 모든 것을 주었다. 넌 날 위해 무엇을 주었느냐?"

난 그때 아직 신학교도 안 갔는데 내가 목사가 되어 목회를 평생 다 잘 마무리하고 예수님 앞에 무릎 꿇고 앉아 있는 것으로 보였다. 그 자리에서 나는 평생 예수님을 얼마나 열심히 믿었는지, 그리고 목회를 얼마나 열심히 잘 했는지를 자랑하려고 입을 열려고 하는데 또 마음속에서 다른 그래프가 보였다. 이번엔 막대그래프였다. 그 그래프에는 막대가 4-5개 서 있었는데 내가 봉사하고 섬겼던 교회를 상징했다. 내가 잘한 일이 10 정도 올라갔다면 나쁜 일, 죄 지은 일은 붉은색 막대로 15-20이 올라가 있었다. 그래프마다 그랬다. 할 말이 없어서 나는 입을 다물 수밖에 없었다.

깨어 보니 교회에서 무릎 꿇고 기도하는 중이었다. 나는 그 이후로 얼마나 마음이 급했는지 모른다.

'아! 예수님이 곧 오시겠구나!'

그래서 당시 조선대를 다니다가 서울신학대를 찾아가 이상훈 학장님을 만나 편입하겠다고 한 것이다. 두 번이나 찾아갔는데도 대답

영교야 영교야

은 같았다. 일반대학을 마치고 신학대학원으로 오라는 것이었다. 당시 일반대학을 다니는 시간도 아까웠으며 신학교를 다니는 시간조차도 아까웠다. 늘 마음이 급했다.

'이러다 예수님 오시면 어떡하나….'

더욱이 미국에 유학 가서 공부하다 예수님이 오셔버리면 주님의 일 한 번 제대로 못 해보고 주님을 맞아야 할 텐데… 얼마나 억울하겠나. 그것도 모르고 어머니는 몇 번이고 말씀하셨다.

"미국에 유학가거라! 돈은 내가 다 대 주마."

"어머니! 그러다 예수님 오셔요! 그러니 그런 말씀 마세요!"

급하다 못해 항상 불안했다. '예수님 곧 오시면 어떻게 할까?' 그리고 아내가 안 보이면 '나만 놔두고 휴거되었나' 하는 생각에 가슴이 철렁하기도 했다. 신학교 다닐 때 다른 친구들은 유학을 꿈꾸며 열심히 공부했다. 하지만 난 한번도 유학 생각을 못 했다. 예수님이 금방 오실 줄 알고….

그래서 난 신학대학원을 졸업하자마자 목회전선에 뛰어들었다. 결코 쉽지 않은 목회였다…. 급한 마음에 교회를 빨리 부흥시키고 싶어도 교회의 부흥은 너무나 더뎌 아직도 약하고…. 무려 25년이나 지났는데도… 지금도… 예수님께 죄송할 뿐이다.

"여호와여 잉태한 여인이 산기가 임박하여 구로하며 부르짖음 같이 우리가 주의 앞에 이러하니이다. 우리가 잉태하고 고통하였을지라도 낳은 것은 바람 같아서 땅에 구원을 베풀지 못하였고 세계의 거민을 생산치 못하였나이다. 주의 죽은 자들은 살아나고 우리의 시체들은 일어나리이다 티끌에 거하는 자들아 너희는 깨어 노래하라 주의 이슬은 빛난 이슬이니 땅이 죽은 자를 내어 놓으리로다."
(사 26:17-19)

지금도 가끔 예수님이 나에게 하셨던 말씀이 생각난다.
"난 널 위해 몸 버려 피 흘려 모든 것을 주었다. 넌 날 위해 무엇을 주었느냐?"
그렇게 마음에 물으실 때 대답할 말이 없었다. 그저 이 말밖에….
"죄인 오라 하실 때에 날 부르소서!"
그리고 그 글씨가 아직도 생생하다
"예수 그리스도 말구유오심"

잃었다 다시 찾은 양

"너희 중에 어느 사람이 양 일백 마리가 있는데 그 중에 하나를 잃으면 아흔 아홉 마리를 들에 두고 그 잃은 것을 찾도록 찾아 다니지 아니하느냐" (눅 15:4)

어느 날 학생회장이 걱정스러운 얼굴로 내게 말문을 열었다.
"선생님, 저에게 형이 있는데요."
"3년 전 고3 때 졸업을 한 달 정도 남겨놓고 행방불명 됐어요."
"그래 찾았어? 돌아왔어?"
"지금 그 형이 어제 집에 왔어요."
"그래? 어때?"
"이상한 말로 횡설수설하는데 골치가 아파요. 선생님이 형을 좀 만나주심 안 돼요?"

다음날 회장을 따라 심방을 갔다. 그는 장흥고등학교를 다니면서 장흥제일교회를 열심히 다녔다고 한다. 그러다가 목사가 되겠다고 서원까지 했던, 믿음이 신실한 학생이었다. 집안이 가난해 도저히 대학에 진학할 수도 없고 해서 기도하려고 기도원에 갔다는 것이다.

거기서 어느 목사란 분을 만나 신앙상담을 받았다고 한다. 그 목사란 분은 이단이었고 어린 학생에게 신앙훈련도 시켜주고 신학교도 보내주겠다며 함께 가자고 권했다. 신학교 보내주겠다는 말에 솔깃해서 따라나섰다고 한다. 그 후 그 이단 교회에서 3년 동안 낮에는 주유소에서 일하고 밤에는 그들의 교리를 공부했다는 것이다. 이단의 교주가 자신이 예수님이라는 말에 속아서 열심히 충성을 다했단다. 그가 3년 만에 집에 돌아온 것은 동생이 이제 고3이 되어 신학교에 간다는 말을 듣고 전도하러 온 것이다.

그는 동생에게 "너는 부모 친척 집을 떠나야 한다. 믿음의 선진들도 다 광야에서 훈련을 받았던 것처럼 너도 나와 함께 가서 훈련을 받아야 한다."고 했다는 것이다.

그래서 나는 그를 목사님께 데려가서 상담을 받게 하면서 이단에서 탈출하도록 최선의 노력을 기울였다. 다행히 이단에서 탈출을 시켰지만 앞으로가 문제였다. 나는 대학 때문에 광주로 가야 하는데, 그러면 그를 신앙적으로 돌봐줄 사람이 없었다. 다른 방도가 없었다. 그래서 나는 어쩔 수 없이 광주에서 하숙집을 얻어 짐을 풀고 개학 준비를 마쳤다. 학생회장 형의 소식을 들어 보니 집에서 그냥 놀고 있다고 했다. 주말에 집에 내려가 그를 만나 이야기를 들어보았다. 그는 꼭 신학교에 가고 싶고, 목사가 되어 목회를 하고 싶다고 했다. 공부를 하기 위해 학원을 다니고 싶어도 강진에는 진학학원이 없고, 광주에 가게 되면 지낼 만한 집이 없어서 이러지도 저러지도 못하고 그냥 있다는 것이다.
"그럼, 광주로 올라와라."고 했다.

우리 부모님께 자취를 해야겠다고 말씀드리고 방을 하나 얻었다. 그리고 그 형을 불러 올렸다. 그런데 광주에서 학원을 다녀야 할 그 친구가 작업복을 입고 나서는 것이다.
"왜? 학원에 안 가니?"
"돈이 없어요! 주경야독하려고요."
"너, 오랫동안 공부를 안 해서 기초도 형편없는데…."

이 친구를 신학교에 보내려면 어떻게든 공부를 시켜야 하고 그러려면 학원에 보내는 수밖에 없었다. 우리 부모님께 연락했다. 학원에 좀 다녀야 하는데 학원비 좀 보내 달라고 부탁했다. 그리고 학원에 가 사정을 말씀드리고 그날 아침 바로 대입종합반에 등록을 시켰다. 그리고 영어가 부족한 사람들에게 매우 유리하도록 제2 외국어를 영어 대신에 선택할 수 있는 새로운 제도가 생겼다는 말을 듣고 또 중국어를 배우도록 하여 중국어 반에 등록시켰다. 그리고 시험 볼 때까지 함께하며 보살폈다. 내 노력이 헛되지 않았나 보다. 결국 그는 해냈다. 그의 꿈만 같았던 서울신학대학에 당당히 합격했다.
여름방학 때 군산에서 가까운 섬에 있는 교회에 여름성경학교를 도와주러 그 친구가 배를 탔다. 이단 훈련을 함께 받았던 한 청년을 같은 배에서 만났다고 한다. 알고 보니 어떤 교회에 전도사로 부임해 가는 길이라는 것이다. 깜짝 놀란 이 친구는 같은 배에 타고 있는 그 교회 장로님께 말씀드렸다. 다행히 그 교회는 이단 전도사를 사전에 막아 위기를 피할 수 있었다. 그 전도사가 교회에 부임했다면 그 교회는 어떻게 됐을까. 안 봐도 불을 보듯 뻔하다. 그는 서울신학대학을 졸업하고 성결교단의 정식 선교사로 파송됐다. 그때 배운 중국어 덕분에 끝내 중국 선교사의 꿈을 꽃피우게 된 것이다. "선교사!" 그는 우리 교단 정식선교사로 중국에 가 거의 30년째 선교사역을 감당하고 있는 베테랑급 선교사다. 하나님께 감사할 뿐이다.

개꿈이야

"꿈이 많으면 헛된 것이 많고 말이 많아도 그러하니 오직 너는 하나님을 경외할지니라"
(전 5:7)

학생회장 형은 이단에 몸을 맡기고 있을 때 주로 교회 안에는 별로 좋지 못한 사람들만 있다고 교육을 받았다 한다. 목사님들도 잘못되어 있고 장로, 집사님들도 다 잘못되어 있다고 배웠단다. 그러다 나 같은 사람이 있다는 것을 보고 놀랐다고 했다. 그렇게 놀라는 것으로 끝나지 않고 어느 날은 나를 보고 자기 누나를 어떻게 생각하느냐고 물어 왔다. 자취방에서 같이 저녁을 먹고 그런 질문을 하기에 그냥 생각 없이 대답했다.

"글쎄, 난 아직 결혼이나 여자 문제는 생각해 보지 않았는데…."

하고 조용히 거절했다.

　사실 그때는 공부에 엄청 관심이 있었고 하나님의 일에 몰두하다 보니 이성문제는 생각할 겨를이 없었다. 대학교 안에도 교회 안에도 여학생이 많았고 젊은 여성이 많았다. 그렇지만 지금은 아직 여자를 사귈 때가 아니라고 생각했다. 그는 설거지하면서 혼잣말로 중얼거렸다.

　"아! 내가 잘못 봤어."
　이 말을 여러 번 반복하더니 숨을 푹푹 몰아쉬었다. 실망하는 모습을 보였다.
　설거지가 끝나고 책을 보다가 그에게 꿈 이야기를 들려줬다.
　"며칠 전에 꿈을 꿨는데 어떤 여자랑 결혼을 했어."
　"그래서요?"
　"우리 교회 목사님이 주례를 서시고, 모든 성도들이 양 옆에서 박수를 치고 있는데 내가 드레스 입은 여자와 결혼식을 하는 거야!"
　"그래서요?"
　"으응! 그런데 그 여자가 누군지 궁금하더라고. 그래서 누구지… 하고 봤는데!"
　"누구였어요?"
　"너희 누나였어!"
　"……"
　"아니 형님, 그럴 수가! 그럼 진즉 말씀해야죠!"
　"아니야. 그냥 개꿈이야!"

영교야 영교야

"개꿈이라니요! 윤 선생님 이건 개꿈이 아닙니다. 영몽입니다. 하나님이 계시하신 것이란 말이지요. 당장 누나 올라오라고 해야겠어요!"

"아니야! 지금 나는 공부할 때지 여자 사귈 때가 아니야!"

"아니에요, 형! 만일 가만 있으면 하나님의 뜻을 거절하는 거예요!"

그리고 그는 자기 누나에게 전화를 했다. 그런 뒤 어느 날 그 누나가 자취방에 오게 됐다. 그리고 우리는 서로 사귀게 됐다. 사귄 지 한 달 정도쯤에 나는 부모님께 여자 친구가 생겼다고 말씀드렸다. 아버지는 노발대발하셨다. 아버지가 극구 반대하신다고 여자 친구에게 전했다. 그 여자 친구, 그의 누나는 결국 나를 떠났다. 후에 다른 남자와 결혼해 미국으로 떠났다고 들었다.

그런 일이 있고부터 정말 이제부터 이성문제를 좀 심각하게 생각해야겠다고 마음먹었다. 그때부터 장래 내 아내가 될 사람을 위해 기도하기 시작했다. 꿈은 믿을 게 못 된다는 것을 깨달았다. 장래의 아내가 될 사람을 위해 기도하고 만나야 한다는 교훈도 얻었다. 사실 그 누나와의 일이 있었기에 난 장래 목회자 사모될 여자를 정말 잘 만나야겠다는 생각을 구체적으로 하게 되었다. 그랬기에 지금의 아내를 만날 수 있었지 않았나 생각한다.

나 어때요?

"아내를 얻는 자는 복을 얻고 여호와께 은총을 받는 자니라" (잠 18:22)

그런데 이상한 것은 내가 그 친구 누나와 만난 그날 내 심령에 이상한 생각이 들었다. 지금의 내 아내에게 엄청 미안한 생각이 들었다. 지금의 내 아내는 딱 두 번 만났다. 얘기는 거의 못 했으며 그냥 눈인사 겨우 나누는 정도였다. 그 사람은 당시 광주 시내 다른 교회에 다니고 있었다. 그런데 그 언니가 우리 교회에 출석하고 있었다. 그래서 언니 따라 두세 번 어쩌다 저녁예배에 나온 것이다. 그리고 오랫동안 우리 교회는 나오지 않았다. 대학 2학년 겨울 방학이 끝날 무렵 광주에 올라와 교회 저녁예배에 갔는데 그분이 우리 교회에 와서 예배를 드렸다. 이상한 생각이 들어서 잠시 드릴 말씀이 있으니까

영교야 영교야

잠깐 뵙자고 청했다. 잠깐 기다리게 하고는 성전에서 조용히 기도를 드렸다. 그러자 내 마음에 하나님이 말씀을 하신다.

"오늘 밤 네가 저 자매를 선택하면 네 아내가 될 것이나 그렇지 않으면 다른 사람의 부인이 될 것이다."

솔직히 놓아주고 싶었다. 부모님이 또 반대할까 봐 겁도 나고 아직 대학 2학년인데 졸업도 해야 하고 신학교도 다녀야 하기 때문이다. 오랫동안 기다리게 해야 할 텐데 그 분은 나이도 이미 결혼 적령기에 들어선 것 같았다. 그래서 미안한 마음에 놓으려고 마음을 먹고 보니 좀 아깝다는 생각이 들었다. 기도가 끝난 후에 물었다.

"혹시 선 안 들어 왔습니까?"

"네, 사실은 내일 목포에 선보러 내려가기로 돼 있습니다."

"그래요? 어떤 남자인데요?"

"제 부모님은 그 남자를 잘 알고 계시고요! 그 남자 집안도 그 남자도 저를 잘 안대요!"

"그럼 자매님도 알고 계시겠네요?"

"그런데 저는 전혀 모릅니다. 내려가면 부모님의 뜻이라 결혼을 하게 될 것 같아요."

"그 남자는 뭐하는 사람인데요?"

"서울대학교 대학원까지 졸업했고요. 우리나라 대기업 회장님 조카래요! 그래서 그 회장님 비서실장으로 있데요!"

"가시면 바로 결혼하셔야겠네요!"

"아마 그렇게 될 것 같아요!"

"그쪽 집안에서 서두른다고 들었어요!"

"그래요… 축하합니다."

영교야 영교야

"윤 선생님, 제가 결혼하게 되면 교회 청년들과 함께 오세요! 언니가 말씀드릴 거예요!"

"네, 가야지요!"

"그럼, 가보겠습니다."

"그래요… 제가 집까지 바래다 드리겠습니다."

서로 말없이 광주법원 앞을 지나 그녀의 집으로 가고 있었다. 이제 두 사람은 몇 분만 지나면 전혀 볼 수 없는 사람이 될 순간이었다. 순간 나도 모르게 툭 뱉었다.

"나 어때요?"

"아멘!"

다음날 내 여자 친구가 된 그녀는 목포에 내려가서 어머께 말씀 드렸단다.

"엄마! 나 남자 친구 생겼어!"

"뭐?…… 어떤 남잔데?"

"여보! 경자 아빠! 목사님! 우리 화자가 남자 친구 생겼데요!"

"그래? 그럼 어쩔 수 없지!"

온 식구들이 차려 입고 맞선 보러 갈 준비를 다 하고 있는데 그녀 아버지는 그 남자 집에 전화를 했단다.

"죄송하게 되었네요! 우리 딸에게 남자 친구가 있다네요!"

"………………………………………………………………"

그리고 그쪽 식구들은 맞선을 포기하고 그냥 서울로 올라갔다.

그녀의 어머니는 못내 아쉬운지 딸에게 부탁했다.

"화자야! 그래도 선은 좀 보지 그래. 서울서 너 보러 여기까지 왔는데. 미안하잖아!"

"어허, 이 사람! 경자 엄마! 남자 친구가 있다고 하잖아!"

그리고 우리는 2년 반 동안 사귀다가 대학을 졸업한 뒤 결혼했다. 내가 서울신학대학원에 입학하면서 서울에서 신혼살림을 차렸다. 나는 가끔 아내에게 미안한 생각이 든다. 목회자 부인 역할 한답시고 지금까지 고생만 했으니 미안하기 그지없다.

"딸은 간수를 잘 해야 해! 하룻밤만 더 지켰어도 부자 사위 봤을 텐데…. 그리고 자네 재수 참 없네. 어쩌다 그렇게 단 몇 시간 조심 안하다 나 같은 사람 만나서 이렇게 고생하나!"

아내는 웃는다.

"더 고생했을지 어떻게 알아요? 지금 난 행복해요!"

"정말 미안해! 그리고 고마워!"

사망의 음침한 골짜기

"내가 사망의 음침한 골짜기로 다닐지라도 해를 두려워하지 않을 것은 주께서 나와 함께 하심이라 주의 지팡이와 막대기가 나를 안위하시나이다" (시 23:4)

한 번은 교회 청년들과 무등산에 다녀 온 적이 있다. 청년 하나가 "집사님! 무등산에 가면 정말 경치가 그림 같이 좋은 곳이 있어요!" "그래? 그럼 한 번 가보자!"고 했다. 무등산에 올라 보니 정말 경치가 좋았다. 정자가 있고 노송이 있었으며 맑은 물이 흐르고 기암괴석(奇巖怪石)도 있었다. 꼭 신선들이 노는 곳인 것 같아 보기에 무척 좋았다.

내 여자 친구에게도 그곳을 한 번 보여주고 싶었다.

"화자 씨, 언제 시간 돼?"

"왜요?"
"정말 신기할 정도로 멋있는 곳이 있는데!"
"그럼 한 번 가보죠, 뭐!"

그래서 우리는 버스를 타고 무등산 산장에 도착했다. 버스는 종점에 못 미쳐 버스정류장에서 내렸다. 버스가 서는 큰길 아래 20미터쯤 산비탈에 집이 하나 있고 그 집으로 내려가는 조그만 샛길이 있어 그 길을 찾기는 쉬웠다. 그 집을 지나 한참 내려가는데 큰 구렁이가 똬리를 틀고 나를 쳐다보면서 혀를 날름거리며 길을 막고 있었다.

"뭐야! 뱀이야?" 그랬더니 뱀이 나보고 '그래. 나 뱀이다. 안 비킬거다' 하는 것 같았다.

나는 주변에 돌을 찾아 집어 들었다. 그러자 뱀은 어느새 어디론가 사라지고 없었다.

"참, 희한 하네. 엄청 큰 뱀이었는데….".

우리가 오는 줄 뻔히 알았을 텐데 길도 안 비키고 앉아서 나를 보고 있더니, 어느새 사라졌단 말인가. 도대체 눈 깜짝할 사이에 어떻게 사라질 수가 있나. 그리고 별 생각 없이 또 길을 내려갔다. 정자는 그 산비탈을 20분 이상 내려가면 논이 나오고 그 논길을 따라 또 10분 정도 걸어가면 보인다. 그런데 아직 절반도 안 내려갔는데 아주머니 네댓 분이 노래를 부르면서 올라오고 있었다. 우리가 정자 가까이 다가갔더니 정자가 가까운 논에서 할아버지가 논에서 소를 몰고 쟁기질을 하고 있었다.

"여기야! 여기 정말 아름다운 곳이야."

영교야 영교야

정자 옆 시냇물은 정말 맑았고 물고기가 조그만 폭포를 따라 헤엄쳐 올라가는 것이 보였다. 나는 물고기를 잡으면서 노는 데 정신이 팔렸다. 그런데 갑자기 그 아름다운 노송 위에서 새들이 고래고래 소리를 질러대고 있었다.

"우에엑… 우에엑….." 꼭 '빨리 가! 빨리 가! 여기 있으면 위험해' 하고 말하는 것 같았다.

그렇게 희한한 새소리는 처음 들었다. 그런데 서쪽 하늘에서 갑자기 시커먼 구름이 몰려오더니 천둥이 치기 시작한다.

"우르릉~ 쾅~ 쾅~ 우릉~ 우릉~."

"어? 큰일 났네! 이불 널어놓았는데! 이불 다 젖겠네."

"빨리 집에 가 봐야겠는데… 그리고 큰비가 올 것 같아. 여기 더 못 있겠다. 빨리 가자."

우리는 황급히 일어나 가려고 하니까 저 안쪽 텐트 안에서 건장한 남자가 우리를 뚫어지게 보고 있었다. 그리고 다른 남자는 더 멀리 뛰어가 다른 청년 둘을 데려 오고 있었다. 나는 당시 젊어서인지 겁이 없었다. 그래서 단둘이 그런 깊은 계곡에 아무런 두려움 없이 놀러갔던 것이다. 나오면서 정말 급하게 뛰어오는 청년들과 눈이 마주쳤다. 아까 논에서 쟁기질하던 할아버지는 이미 소를 몰고 철수하고 있었다. 그때서야 위험을 직감했다.

"이 선생, 큰일 났다. 빨리 저 할아버지 옆으로 뛰어! 빨리 뛰어!"

그리고 우리는 논길을 뛰다시피 지나쳐 산기슭을 올라 버스 정류장에 도착했다. 버스에 몸을 실었다. 이상한 것은 집에 도착할 때까

영교야 영교야

지 비가 오지 않았다. 그렇게 시커멓게 구름이 천둥번개와 함께 몰려왔는데 그 구름도 사라지고 없었다. 나중에 집에 와 곰곰이 생각해보았다.

아무래도 하나님이 우리를 지켜주셨구나 하는 생각이 들었다.

먼저 뱀이 길을 막았으며 새들이 이상한 소리로 울었으며 하늘에 천둥번개를 동반한 비구름이 우리를 그 위험한 자리에서 쫓아내 주셨다. 그리고 이불이 젖을까 봐 걱정하게 만드셨다.

정말 그 자리가 그렇게 위험한 곳이었는지 궁금했다. 그 다음날 당장 혼자 다시 가 보았다. 그 장소를 지나 아래는 저수지가 있었다. 어제 그 젊은 친구들이 다른 친구들을 그 저수지에서 데리고 왔던 모양이다. 저수지까지 걸어갔다. 그리고 그 저수지 밑에 마을이 있겠지 생각했다. 만약 이 저수지 아래에 마을이 있다면 그렇게 위험한 곳이 아닐 수도 있다는 생각이 들었다.

나는 그것을 확인하고 싶었다. 정말 어제일은 하나님이 지켜주신 일인가? 만약 저수지 밑에 인가가 없다면 그 자리는 정말 위험한 자리였고, 하나님이 우리를 지켜주신 것이라는 생각이 들었던 것이다.

그래서 그 저수지 아래로 걸어 내려가 보았다. 아무리 걷고 또 걸어도 마을은커녕 집 한 채 나타나지 않았다. 몇 시간을 걸어 어느새 해가 져 가는데 그때서야 마을이 나타났다. 밤이 다 되어 가는데 마침 교회가 하나 있어 '저기서 하룻밤 재워 달라고 할까!' 하는 마음으로 다가갔다. 마침 교회에서 트럭 한 대가 가스통을 가득 싣고 나오고 있었다. 손을 흔들며 태워 달라고 부탁했다.

"학생 타요! 지금 버스도 끊어지고 늦었는데 여기서 뭐해요?"

트럭은 캄캄한 밤길을 한 시간 가량 달려 광주에 도착했다. 그러니까 그 장소는 정말 외딴 곳이었다. 버스에서 내려 정자 쪽으로 가는 곳 뒤로는 무등산 산등성이 험악하게 있는, 그야말로 깊은 산속이었고 그 아래로는 몇 시간을 걸어야 겨우 마을이 나오는 정말 첩첩산중 깊은 골짜기였다. 얼마나 위험한 데이트였던가! 거기서 폭행이라도 당해 죽는다 해도 아무도 찾을 수 없는 그야말로 깊은 골짜기였다.

영교야 영교야

마침내 신학교를 가다

"내가 누구를 보내며 누가 우리를 위하여 갈꼬 그때에 내가 가로되 내가 여기 있나이다 나를 보내소서" (사 6:8b)

2년 동안 방위소집이 끝나고 대학에 복학하기 전에 서울신학대학으로 편입하기 위해 학교에 찾아 갔지만 이미 일반 대학에 재학 중이니 마치고 오라는 권면을 받았다. 2학년을 마치고 다시 찾아가 상담을 했지만 여전히 일반대학을 마치고 오라 하여 어쩔 수 없이 그렇게 했다. 대학 졸업반이 되자 기업에 취직하는 친구들 모습이 하나 둘 눈에 띄기 시작했다. 조선대에서 괜찮은 대기업 추천서 딱 한 장이 왔는데 그걸 교수님이 내게 주셨다.

그리고 형님이 고향에서 전자제품 대리점을 하셨는데 벌이가 꽤 괜찮다며 맡아 해 보라고 하셨다. 자기는 서울 가서 다른 사업을 하고 싶다고 했다. 교회 목사님도 차라리 사업을 하면서 강진교회를 떠나지 않았으면 좋겠다고 하셨다.

그리고 부모님은 여전히 완강하게 신학공부 하는 것을 반대하셨다. 또 내가 사귀던 자매의 혼기도 찼으니 일단 취직하고 나중에 돈을 벌어 부모님의 허락 없이 마음대로 신학을 갈까도 생각했다.

그런데 그때 눈병이 왔다. 안과에 가 안약을 받아와서 피아노 위에 두고는 자주 넣곤 했다. 그런데 며칠 전 잉크 지우는 화학약품을 사와서 역시 피아노 위에 올려 두었다. 공교롭게도 두 가지 병 모양이 똑같이 생겼다. 하루는 안약을 눈에 넣었더니 눈이 따갑고 쓰렸다. '왜 이렇지?' 하면서도 또 넣었다. '왜 이렇게 아프지' 하면서 눈을 떠 보니 한쪽 눈이 유리창에 창호지를 바른 것처럼 희뿌옇게 되면서 아무 것도 보이지 않았다. 그때서야 잉크 지우는 약을 안약으로 잘못 사용했다는 것을 알아차렸다. 밖으로 뛰어나가 수돗물을 틀어놓고 눈을 씻어내 보았지만 보이기는커녕 오히려 퉁퉁 부어올랐다.

'이런, 내일 면접인데….' 결국 면접시험을 갈 수 없었다. 다행인 것은 그래도 다른 한쪽 눈에는 넣지 않았다. 그것만도 얼마나 감사한지…. 눈으로 무언가를 볼 수 있다는 것이 감사한 일임을 절실하게 느꼈다. 며칠 뒤 부모님이 텔레비전에서 안요한 목사님의 실화를 담은 영화 '낮은 데로 임하소서'를 보셨다. 아버지가 아들을 목사로 키우겠다고 서원했음에도 아들은 자라면서 믿음도 없이 세상으로 나가다가 시각장애인이 된 후 결국 목사가 된다는 것이 이 영화의 줄거리다. 6년 동안이나 나를 절대 신학교에 보내서는 안 된다고 말리셨던 우리 아버지와 어머님이 그 영화를 보고 마음을 돌리셨다. 부모님은 나를 조용히 부르셨다.

"영교야!"
"예, 아버지…."
"우리 욕심만 채우다가 너를 장님으로 만들면 어떡하니?"
"……."
"신학교에 가도록 해라."

기적적으로 부모님의 허락을 받고 신학교를 가게 되었다. 신학대학원 입학시험 때가 되자 눈도 차츰 보이게 되었다. 지금 내 두 아들도 목사가 되겠다고 서울신학대학을 다니고 있다. 이 두 녀석은 자기들이 되겠다고 나선 것이다. 힘들다고 타일러도, 고생하고 어렵고 가난하다고 말려도 태연히 신학교를 갔다. 아버지가 그렇게 많이 고생하는 것을 보고도 갔다. 두 아들을 보면 참 부끄럽다. 난 세상 욕심이 많아 목사 되는 길, 많이 망설였는데….

폐결핵이 걸리다

"고난당한 것이 내게 유익이라 이로 인하여 내가 주의 율례를 배우게 되었나이다"
(시 119:71)

드디어 결혼을 하고 신학교를 입학하니 신혼의 기쁨과 신학교 입학의 기쁨이 충만하였다.

1학년 시작되고 몇 개월 안 된 어느 날 저녁에 기침을 하니 목에서 피가 나왔다. 그 다음날 신학대학교 앞에 세종병원에 가 검사를 했는데 의사가 결핵이라고 판정을 내렸다.

방학이 되어 집에 내려와 각혈을 하고, 또 열이 높아서 이불을 뒤집어쓰고 덜덜 떨고 있었다. 결핵약은 얼마나 많든지 한 주먹이 되었다. 그것을 먹으니 약물의 독함 때문에 건강은 더욱 안 좋아졌다.

영교야 영교야

한 달 동안 방안에서 투병을 하면서 하나님께 간절히 기도를 드렸다.

하나님 제발 이 병에서 놓아주소서! 속히 낫게 하소서!

소싯적부터 지은 모든 죄를 회개하고 또 회개를 했다.

목사님도 교회 성도들도 집에 심방을 와 간절히 기도해 주고 내 안 사람은 또 얼마나 기도를 드렸을까?

어느 날은 기도하다 갑자기 이상한 생각이 들었다.

"결핵이 아니고 혹 다른 병이 아닐까?"

그런데 아버님도 "영교야 너 혹시 결핵이 아니고 디스토마가 아닌가? 하는 생각이 든다.

왜냐하면 나도 청년 때 디스토마가 걸렸거든.." 하고 말씀하셨다.

그래서 집에 오래된 의학 사전이 있어 봤더니 폐결핵과 폐디스토마는 증상이 너무 비슷해서 경험 많은 의사도 오진을 한다고 나왔다. 그리고 결핵과 디스토마의 차이에 대하여 자세히 나와 있었다. 그 중에서 특히 각혈을 할 때 피 색깔이 붉은 선홍색이면 결핵이고, 약간 커피색처럼 되어 있으면 디스토마라는 것이다.

그리고 보니 내가 각혈을 할 때 피 색이 약간의 커피색 같았다.

그래서 강진에 있는 병원에 가서 의사 선생님께 결핵환자라고 판정이 나 지금 결핵약을 먹고 있는데 디스토마인것 같으니 디스토마 검사를 하자고 했다.

그러자 그 의사는 "환자가 멋대로 자기 병을 판단합니까? 의사가 결핵이라면 결핵입니다. 그냥 약 그대로 먹으세요!" 라고 했다.

"선생님 그래도 디스토마 검사를 해 보고 싶습니다. 한 번 해 주세요!"

"참 그 양반 고집 세네. 알았어요 소원이라면 해 보죠!"

그리고 검사를 받았더니 디스토마 양성반응이 나왔다.

그 의사는 또 말했다.

"디스토마도 있고 결핵도 있는 거예요! 디스토마는 그리 중요한 것 아닙니다. 결핵약이나 계속 드세요"

그래서 할 수 없이 개인적으로 약국에 가 '디스토시드 정'이라는 약을 하나 사 먹었더니 바로 열이 내리고 기침도 멈추고 각혈도 멈추고 깨끗이 나았던 것이다.

"돌팔이들이 사람을 잡는구만!", "의사란 자들이 어째 환자만 못하냐?"

아무튼 결핵이 걸렸다고 얼마나 고생했든지.....
그리고 얼마나 많은 회개기도를 했든지....
방학동안 난 오로지 방안에서 기도밖에 할 수 없었다.
그렇게 해서 하나님은 또 나에게 깊은 기도를 하게 했다.
신학을 시작한 내 영혼을 다시 한 번 깨끗하게 청소하시는가? 라는 생각이 들었다.

네가 가면 나는?

"주의 신이 나를 들어 올려 데리고 가시는데 내가 근심하고 분한 마음으로 행하니 여호와의 권능이 힘있게 나를 감동하시더라" (겔 3:14)

방학동안 디스토마 치료를 받고 이제 좀 건강을 추스리니 잘 아는 전도사님이 자기 교회 학생들을 데리고 수련회를 가는데 강사로 오라고 했다.

"어디서 하는데?"
"응! 장흥 탐진강에서 강변에 텐트를 치고 놀 거야."
"그래?"
"그럼… 예배는?"
"그냥 강가에서 예배드리는 거지…."

"그럼, 제대로 말씀도 못 전하고 은혜도 안 될 텐데….."
"괜찮아! 윤 전도사님이 와 주시면 잘 될 거야."

장흥교회 출신인 이 전도사님은 광주의 어느 교회 교육전도사로 사역했다. 담임목사님이 40일 금식 기도하러 가시자 학생들을 데리고 여름수련회를 진행하고 있었다. 이 전도사님 사모는 내가 소개한 우리 교회 자매였다. 버스로 장흥까지 갔다. 그리고 약속한 장소 탐진강변에 도착했다. 텐트가 10개 넘게 강변에 쳐 있었으며 'ㅇㅇ교회 여름 수련회' 플래카드(placard)도 너풀거렸다. 하루 종일 뜨거운 태양 아래서 쉴 만한 그림자도 없었다.

그래서 어쩔 수 없이 낮에는 물속에서 수영했다. 물 밖으로 나가면 뜨겁고, 몸도 타고…. 그래서 물속에 있었다. 저녁 식사를 마치고 나자 나 보고 예배를 인도하라고 했다. 둘러보니 설교할 분위기는 아니었다. 옆에서 동네 아저씨들, 청년들이 술을 마시고 고래고래 노래 부르고 있었다. 학생들과 청년들, 교사들은 또 그들대로 너무 더운 날씨에다 열심히 놀다 지치고 졸려서 예배가 통 안 될 것 같았다. 할 수 없이 간단히 예배를 마쳤다. 도저히 말씀을 전할 수 없었다. 그리고 자기들끼리 강가에서 촛불을 나뭇조각에 심고 죄를 종이에 쓰고 물 위에 띄워 보낸다고 하면서 물가로 가기에 난 혼자 짐을 지키고 앉아 있었다.

잠시 후에 교사들이 뛰어왔다.
"전도사님! 큰일 났어요! 우리 여선생님 한 분이 쓰러졌어요!"
"이 전도사님은…?"

영교야 영교야

"우리 전도사님은 갑자기 힘이 빠진다고 하는데….”

달밤에 쓰러진 여선생님 모습이 너무 아름다웠다. 텐트 안에 눕히고 기도하러 들어가야 하는데 쓰러져 있는 여선생님이 그렇게 예쁘게 보일 수가….

그래서 하나님께 간절히 기도하고 들어갔다. 그리고 선생님을 위해 기도했더니 한참 만에 일어났다.

'귀신이란 참… 음란이란 무기로 나까지 넘어뜨리려 하는구나!'

잠시 뒤에는 또 덩치 좋은 남자 선생님이 쓰러졌다. 그래서 또 기도하고 고쳐주었다.

"왜 쓰러졌지?"

"예, 전도사님! 강가에서 촛불을 켜 놓고, 눈을 감고 기도하는데 이상한 기분이 들어 눈을 떴더니 아무도 없고 나만 있는 거예요."

쓰러졌던 그 청년 형제는 말을 계속 이어 갔다.

"그런데요… 전도사님 어떤 할아버지 같은 분이 흰옷을 입고 '나를 따르라' 해서 막 따라 갔습니다. 그리고 교회 건물 같은 데로 들어가는데, 나도 따라 들어갔걸랑요. 그런데 그 건물이 다 유리로 되어 있었어요…!"

그날 밤 세 사람이 귀신들려 쓰러졌다. 친구 전도사님은 힘이 다 빠지고 맥이 풀려 말도 잘하지 못했다. 그날 저녁에 난 텐트도 없이 잠을 잤다. 하늘을 지붕 삼고, 땅을 방바닥 삼고, 이불 대신 종이박스 조각 하나로 배만 덮고 내 평생 처음으로 '거지같이' 잠을 잤다. 강가의 모기는 쉴 새 없이 공격해 오고… 속에서 화가 다 났다.

영교야 영교야

'참나… 그래도 명색이 강사인데… 강사를 이렇게 대접해서야 원….'

그리고 다음날 아침 아무도 모르게 조용히 빠져나와 그 더운 날 2킬로미터 이상의 신작로를 걸어서 나왔다. 화가 얼마나 났는지 모른다. 그리고 버스표를 사서 버스를 기다리고 있는데 성령이 말씀하셨다.

"오늘 밤에 더 심할 것이다. 그런데 누가 저들을 지켜주겠냐? 너도 봤지? 그 전도사님 힘없이 쓰러지는 거…. 그런데 네가 가면 어떡하니…?"

강진행 버스가 터미널로 들어와서 한참 있다가 떠난다. 물끄러미 보기만 했다.

"그래… 돌아가야지…."

할 수 없이 다시 강가 그 뜨거운 곳으로 돌아왔다. 다시 좋아하지도 않는 강물에 들어가 하루 종일 수영했다. 아마도 그 교회 청년, 학생들은 내가 물을 너무 좋아해 속없이 노는 줄 알았을 것이다. 여지없이 밤이 찾아왔다. 그날 밤에는 무려 10명 정도가 귀신이 들렸다. 그 전도사님은 또 쓰러진다. 그는 나중에 여기저기서 "억" 하면서 쓰러지고 난리가 나면 자기는 이상하게 힘이 쏙 빠진다고 했다. 한 여선생님이 걱정스러운 얼굴로 다가왔다.

"전도사님! 병원 앰뷸런스를 불러 이송해야 하지 않을까요?"

"지금 저 영적인 상황을 의사가 어떻게 합니까? 주사 맞고 쉬면 우선 눈에 보이는 좋아질 겁니다. 그런데 만일 그 속에 귀신을 그대로 두면 저들이 온전해질 것 같습니까?"

그래도 여선생님은 가지 않고 서서 이렇게 말한다.
"음식을 먹고 체해서 그런거 아닐까요?"

바늘을 끄집어 내 쓰러진 학생들 손을 따 주었다. 너무 바삐 하다 보니 그만 바늘이 두 조각나면서 한 조각이 입으로 들어가자 삼켜버렸다. 다급하게 손가락을 넣어 토하게 했다. 난 혹 바늘 조각이라도 찾을까 하여 손을 넣어 토한 음식물을 주물럭거렸다. 아무리 주물럭거려도 바늘 조각이 없었다. 그 뒤로도 수련회를 다녀와서 기도 드렸다.

"하나님! 그 바늘 조각이 배 속에서 녹아 소화되게 하소서!"
토한 음식물을 손으로 주무르면서 이런 생각이 났다.
"이렇게 더러운 토한 음식물을 내가 만지작거리다니, 이것 또한 주님의 사랑인가…."

그날 밤 난 그 어린 심령들을 정말 사랑했나 보다. 그리고 그 다음날도 여전히 10명 정도가 귀신이 들려 고쳐주고… 그리고 난 여전히 밤에 모기랑 싸우고, 낮엔 더위랑 싸우고, 그리고 저녁에는 귀신과 싸우고…. 내 평생 참으로 잊을 수 없는 수련회이다.

영교야 영교야

전도하는 귀신

"우리가 기도하는 곳에 가다가 점하는 귀신 들린 여종 하나를 만나니 점으로 그 주인들을 크게 이하게 하는 자라 바울과 우리를 좇아와서 소리질러 가로되 이 사람들은 지극히 높은 하나님의 종으로 구원의 길을 너희에게 전하는 자라 하며" (행 16:16-17)

결혼을 하고 신학교를 다닐 때 방학이 되면 처가 부모님께 인사드리러 전남 신안의 섬에 있는 교회에 갔다. 장인 어르신은 목사님이셨다. 어느 날 '나에게 사귀 환자가 있는데 심방 한 번 가볼래?' 하셨다. 그래서 여자 집사님 네 분 정도 모시고 함께 심방을 갔다. 귀신 들린 사람이 있는 집은 특징이 있는데 더럽고 침침하다. 이 집도 예외가 아니었다. 성도는 자기 집을 깨끗하게 관리해야 한다. 교회도 건물이 깨끗해야 한다. 비가 새지 않게, 거미줄이 생기지 않게, 색이 바래면 페인트를 칠하고 항상 새 건물처럼 단장해야 한다.

내가 들어서자 50대쯤 돼 보이는 여자가 인사를 했다.
"오셨습니까?"
나를 쳐다보지도 않고 먼 산을 보면서 말했다. 얼굴이 오랫동안 사귀에게 시달렸든지 정말 초췌하고 빛깔이 없었고, 광대뼈가 나올 만큼 살도 없었다. 같이 간 교회 성도들이 이 여자가 이상하다는 것이다. 요즈음 교회도 통 안 나오고 몸이 자꾸 아프다는 것이다. 방에 함께 들어가 찬송을 부르고 기도를 시작했다.

찬송을 부르고 기도를 하자 귀신이 정체를 드러내고 소리를 지른다.
"나갈게 나갈게 그런데 할 말이 있습니다."
"내가 이 여자의 신랑입니다. 그런데 내가 나가면 예수님도 안 믿고 지옥 갈 겁니다. 그래서 들어온 것입니다."
"알았습니다. 우리가 꼭 전도할 테니 지금 나가세요!"

그 사귀 들린 여자 분이 자기 아들을 들어오라고 한다. 아들을 들어오라고 했더니 아들이 꼭 곰처럼 생겼다. 얼굴은 시커멓고, 머리는 헝클어져 있었다.
"난 네 아버지다! 내가 엄마 속에 들어 온 것은 너희들 예수님 믿고 구원 받아야 하기에 내가 왔다. 어제도 내가 교회에 가라고 했는데 왜? 안 갔냐?"
그러자 그 청년이 대답했다.
"아버지! 언제 저에게 교회 가라고 하셨어요?"

난 속으로 '참, 귀신도 전도를 하는구나!' 생각했다.

"자… 다 들었으니, 이제 나가라! 아들도 이제 교회 나간다고 대답해라."
"예! 나가겠습니다."
"자! 나가라! 이 집 식구들은 우리가 알아서 전도할 테니 빨리 나가라!"

그리고 기도했더니 귀신이 소리 지르고 나갔다.
다시 한 계절이 지나 겨울방학 때 처갓집 교회에 갔더니 그 여자분이 몰라보게 좋아졌다. 얼굴이 살도 올라 건강한 모습으로 앉아서 예배를 드리고 있었다. 그때 같이 심방 갔던 집사님들이 웃으며 내게 말했다.
"전도사님, 이제 신앙생활 참 잘해요! 봐요! 하나님의 은혜로 살도 쪘잖아요!"

귀신을 쫓을 때마다 나도 고민을 한다. 과연 죽은 아버지인가? 분명히 아니다. 나도 깜박 속을 뻔했을 때도 있다. 얼마나 거짓말을 잘 하던지…. 그러나 우리의 믿음은 성경적이어야 한다. "그러나 성령이 밝히 말씀하시기를 후일에 어떤 사람들이 믿음에서 떠나 미혹케 하는 영과 귀신의 가르침을 좇으리라 하셨으니"(딤전 4:1) 귀신은 거짓말쟁이다. 끝까지 우리를 속이려 한다. 귀신에 미혹되지 않으려면 성경에 도사가 되어야 한다.

목화 이야기

목회 이야기를 하려고 합니다

"그러나 나의 나 된 것은 하나님의 은혜로 된 것이니 내게 주신 그의 은혜가 헛되지 아니하여 내가 모든 사도보다 더 많이 수고하였으나 내가 아니요 오직 나와 함께하신 하나님의 은혜로라" (고전 15:10)

'내가 겪은 목회 이야기를 말하면….'

어떤 이야기는 은혜가 될 수 있다.

어떤 이야기는 내 허물이 될 수 있다.

어떤 이야기는 후회되는 일일 수도 있다.

목회 이야기를 꺼내려고 막상 펜을 들고 보니 쉽지가 않다. 나는 평생 제자교회에서만 목회를 했고, 또 아직 이 교회를 맡고 있기 때문이다. 목회 이야기는 대부분이 사람들과의 관계가 중심 흐름인데 자칫 잘못 거론하면 제자교회 소속 신자들에게 누가 될 수도 있기 때문이다.

언젠가 내가 이 교회를 떠나거나 혹은 은퇴를 한 뒤 세월이 많이 지나면 파란만장했던 제자교회 목회 이야기를 쓸 수 있을 것이다. 다 쓸 수는 없지만 중요한 일만 적어도 책 10권 분량은 넉넉히 채울 수 있다는 생각이 든다. 하기야 목회자가 목회 이야기를 빼면 남는 게 뭐가 있으며 또 다른 무슨 할 이야기가 있을까! 조심스러운 마음으로 자세를 낮춰 일종의 '간증' 형식으로 기록해 나가려고 한다.

우리 교단에서 목사 안수를 받으려면 단독목회를 2년 이상 해야 한다. 신학대학원 졸업반이 되자 여기저기서 교회 임지에 관련한 말들이 나오기 시작했다. 나는 임지를 두고 먼저 기도했다. 장인이 성결교단 목사님이셔서 큰 힘이 된 것은 두말할 필요도 없다. 서울 천호동교회 안창건 목사님, 은사 박유근 목사님, 김학용 목사님 등 교단의 어른 되시는 분이나 주변에 목사님들이 있어서 난 그런대로 꽤 백그라운드가 좋은 전도사였다. 그래서 임지 이야기가 나올 때마다 그리 큰 어려움을 겪지 않아도 되었다.

박유근 목사님은 아예 "경기도에 있는 A, B, C교회 중에 그래도 A교회가 제일 좋으니 그리 가는 것이 좋겠다. 다음 주에 이사 오렴! 인사문제는 내가 다 해결해 놓겠다"고 하시면서 단정적으로 말씀하셨다. 그런데 그 교회에 가서 인사하고 집에 와 일주일 동안 기도해 보아도 하나님이 아무런 말씀을 하지 않는 것이다. 내 생각에는 마음이 뜨거워질 줄 알았는데 전혀 마음에 어떤 감정도 일어나지 않았다. 그 다음 주 월요일 아침까지 정말 열심히 기도드렸다. 그런데도 전혀 응답이 없었다. 그래서 월요일 날 이사를 가지 못했다. 전화라도 하면 당장 오라고 하실까봐 전화도 못 드렸다.

사람의 생각대로, 사람을 의지하고 목회 첫발을 내딛는 것은 좋지 않다는 생각이 들었다. 정말 하나님만 의지하여 하나님이 원하시는 목회지로 목회 첫발을 옮겨야 한다는 생각이 들었다. 하나님만 의지하고 갈 바를 알지 못하고 그 길을 떠났던 아브라함의 믿음이 생각났다. 선배나 은사 어른들의 힘을 빌리지 않고 정말 아무도 모르는 곳, 누가 아무도 내 뒤를 돌봐주는 분이 없는 곳, 아무도 날 도와줄 수 없는 지역을 선택해 가고 싶었다. 전혀 사람을 의지하지 말고 하나님만 의지하고 목회 길을 가야겠다는 생각이 들어 나를 사랑해주시는 목사님들이 소개하시는 그 좋은 임지를 다 두고 친구가 추천하는 가장 어려운 교회에 가보고 싶었던 것이다.

어느 날 학교에서 광주상고 동기동창인 장영규 전도사가 나를 찾아왔다. 장영규 전도사는 신학대학원을 나보다 먼저 졸업하고 미국 보스턴 신학대학교에서 학위를 받았다. 지금은 미국에서 목회를 하고 있다.

"영교야 정읍에 내 친구 교회가 있는데, 이 친구가 선교사로 나가려나 봐. 그래서 후임자를 찾고 있는데 그 교회 한 번 가서 설교해봐라."

아무런 생각 없이 그러마고 대답했다.

"알았어…. 언제 가서 설교할까?"

"10월 둘째 주 주일인데, 갈 수 있어?"

"그래, 알았어. 가볼게."

그리고 대학원 동급생 중 총각 전도사가 먼저 임지로 가 목회를 하고 있었던 터라 기도모임 친구들이 한 번 가서 위로해 주기로 했다. 공교롭게도 같은 장소, 같은 날, 같은 시간대였다. 전날 밤 이상한 꿈을 꾸었다. 총회장 목사님이 나에게 파송장을 주셨다.

"그 교회 목사님이 거기에 맞지 않으니 가서 교회를 세우세요!"

꿈속에서 어느 교회에 부임했다.

교회에는 의자도 없고 강대상만 하나 있는데 교인도 없었다. 교회 담도 없었고, 심지어 교회 건물도 없었다. 그냥 강대상 하나만 있었다. 시장 통에 사람들이 많이 왔다 갔다 하는데 내가 설교하려고 강단에 서자 사람들이 의자에 앉기 시작했다. 사람들이 마침내 가득 차게 되어 설교를 하려고 하는데 전임자란 분이 나타났다.

"여러분! 윤 전도사와 교단이 짜고 나를 쫓아내려합니다."

그러면서 내게 마이크를 주지 않으려고 한다.

"나는 총회장이 파송한 담임인데 마이크 주세요!"

마이크를 건네받고는 '말씀을 잘 전해서 교회를 이끌면 잘 될 거야!' 하는 마음으로 설교를 하려는데 내 입안에 껌이 가득 들어있어 설교를 할 수가 없었다.

다음날 동기생들과 함께 정읍에 내려가는 기차를 탔다. 차 안에서 동기들에게 지난밤 꿈 이야기를 했다.

"참 이상하네! 윤 전도사님… 이상하지 않아?"

"그러니까…. 나는 내 일생에 처음으로 전라북도 땅 정읍이라는 곳을 밟아 보는데 어떻게 이렇게 일치할 수 있지?"

목회 이야기

친구 전도사님들이 함께 정읍에 내려가 친구들을 기린교회로 보낸 뒤 나는 지금의 제자교회(당시 은광교회)에 갔다. 그리고 설교를 했다. 이것이 인연이 되어 지금의 교회에 부임을 하게 된 것이다.

그런데 막상 와 보니 전임 전도사님만 선교사로 가고, 사모님도 딸도 남아 있었다. 그리고 장로님과 권사님이 계셨는데 전임자의 부모님이셨다. 교인들은 순전히 자기 가족들 아니면 곧 1, 2년 안에 멀리 이사 갈 뜨내기 교인들뿐이었다. 교회 사정은 보증금도 한 푼 없고 그냥 월세를 한 달에 5만원씩 내고 있었다. 그것도 와서 보니 10개월 정도 밀려 있었다.

건물은 창고건물을 개조해서 예배를 드리고 있었는데 그 개조 비용 150만원도 제일은행에서 대출받아 했는데 여전히 부채가 남아 있었다. 재산은 털털거리는 벽걸이선풍기 2대, 어디서 주워왔는지 정말 오래된 볼품없는 강대상뿐이었다. 의자 하나 없었다. 교회 재산은 마이너스였다. 그리고 지방회에서는 개척교회 돕기 프로그램이 있는데 첫해에는 50만원, 둘째 해에는 40만원, 셋째 해에는 30만원인데 그마저도 내가 부임하면서 끝났다. 그리고 그 전임자 부친 장로님이 찾아와 '무보수로 봉사하세요' 한다. 성미도 전임자 사모님이 다 가져가고, 전화기도 전임자 사모님 댁에 있었다. 혹 다른 교회 선교비가 있어도 전임자 사모님께로 가져갔다. 그리고 교회에서 내 사례비는 안 주면서 전임자에게 선교비를 15만원씩 보내고 있었다.

이런 사정을 내가 신학대학원 다닐 때 섬겼던 천호동교회 안창건 목사님께 알렸다.

안 목사님은 "윤 전도사님! 나도 윤 전도사님 교회 임지 문제로 연락을 하고 싶었는데 연락할 길이 없었네…. 내가 우리 윤 전도사님을 얼마나 찾았는지 압니까? 서울에 좋은 교회가 났는데…"하셨다.

"목사님, 어떻게 할까요?"
"아무 일도 하지 말고 그냥 목회만 하고 있어요! 땅을 사거나 건축을 하면 안 돼요. 그분이 들어오면 교회를 두고 싸움이 벌어져!"
안 목사님은 계속 충고를 해 주셨다.
"기왕 갔으니 절대로 여기서 목회하다 다른 교회로 가야지 하는 생각을 마세요! 그러면 교인들이 그때부터 마음을 안 주고 교회를 떠나기 시작합니다."
"……."
"어떤 시골교회 목사님이 목회하면서 도망갈 생각만 했답니다. 그랬더니 교인들이 다 떠나더랍니다. 그런데 어느 날 마음을 결단하고 평생동안 사역해야 겠다고 생각하니 교인들이 떠나지 않더랍니다."

그래서 평생 목회하면서 어렵고 힘들 때마다 정말 도망가고 싶었지만 그때마다 안창건 목사님의 가르침이 생각났다.
"목회자가 교회를 떠날 생각하면 교인들이 먼저 알고 떠난답니다."
그런데 아무리 그 생각을 안 해도 교인들은 자꾸만 도시로 나갔다. 그때마다 내가 그런 생각을 해서 그러나 반성하고 또 반성했다.
1년 정도 지나 전임자가 선교훈련을 마치고 돌아왔다. 자기 아버지 장로님이 전주시 시청 뒤에 땅 30평 정도를 교회에 바쳐서 그동안 교회에서 세금도 주고 관리하고 있었는데 땅값이 크게 올라서니 그걸 다시 자기에게 달라는 것이었다.

"윤 전도사! 전주 땅 있죠? 그거 그냥 내가 팔아 쓸게. 그렇게 아세요!"

"그래요!"하고 그냥 대답하고 왔다. 어떻게 하겠나….

그날 밤 하나님이 나에게 이렇게 말씀하시는 것 같았다.

"그게 네 재산이냐? 네가 마음대로 주게?"

사실 그 땅에는 전혀 욕심이 없었다. 하지만 하나님이 그렇게 말씀하시니 모른 척할 수가 없었다. 그래서 교인들과 상의를 했고, 교인 대표는 함께 전임자를 찾아 가보자고 제안했다. 전임자를 찾아가서 말씀을 드렸더니 부임하기 전에 꾼 꿈대로 싸움이 났다.

보통 개척교회는 전세금이라도 얼마가 있어야 하는데 그야말로 땡전 한 닢 없는, 지상에서 가장 가난한 교회가 바로 내가 목회를 시작한 은광교회였다. 내 목회 이야기는 바로 사글세 교회의 서글픈 목사 이야기다. 정읍에 있는 당시 은광교회는 정말 어려운 교회였다.

전세도 없는 월세 건물이었다. 그리고 내 일생에 단 한번도 와보지 못한 곳이었다. 정읍만 아니라 전라북도는 버스를 타고 그냥 고속도로를 지나가는 정도였지 들러 본적은 없었다. 그 후 25년이 지났건만 지금도 우리 교인 외에는 지역사람들을 거의 잘 알지 못한다. 하찮은 문제 한 가지 생겨도 도움을 청할 데가 없다. 상담할 데도 없다. 친척도 없고, 친구도 없다. 학교 선후배도 없다. 지금 생각해 보면 참 미련한 결정이었다.

    막상 개척교회에 와 보니 주변 교회에는 대부분 정읍 출신들이 목회하고 있었다. 지역사회에 아는 사람들이 있는 그들은 여러 가지로 유리했다. 나는 아무런 도움을 받을 수가 없었다. 오직 하나님만 의지해야 했다. 그래서 기도밖에 할 수 없었다.

목회는 실패의 연속

그가 내게 일러 가로되 여호와께서 스룹바벨에게 하신 말씀이 이러하니라 만군의 여호와께서 말씀하시되 이는 힘으로 되지 아니하며 능으로 되지아니하고 오직 나의 신으로 되느니라 (슥 4:6)

교회에 부임한 지 몇 개월 안 되어 우리 교회 장로님의 손주이며 전임자 조카인 청년이 발작하고 온전치 않다는 말을 들었다. 그래서 친구 전도사님과 장로님, 권사님과 함께 가서 기도를 해 주었다.

가서 먼저 상태를 알아보고 진단을 했다. 눈동자가 돌아가고 입에서 썩은 냄새가 났다. 그의 어머니에게 물었다.

"언제부터 이랬습니까?"

"어제 저녁에 발작했습니다. 옛날에도 한 번 심하게 발작 한 적이 있었습니다. 그러다 좋아졌습니다."

"그래요?"

누우라고 하고 배를 만지니 딱딱한 물체가 손에 잡혔다. 그것을 꽉 잡자마자 소리친다.

"으악! 살려줘! 나갈게… 나갈게!"

'아! 군대귀신이구나!' 하고 함께 기도를 시작했다. 옛날에 다른 사귀 환자들은 기도를 하면 항상 귀신이 즉각 나갔던 터라 쉬울 줄 알았다. 웬걸, 그날은 귀신 쫓는 기도를 하다 체력이 다 소진돼버렸다.

함께 일심으로 힘을 내 기도해서 귀신이 소리 지르고 나가려고 하면 그 집 식구들이 방해를 놓았다. 그래서 나중에는 그 집 식구들을 나가라고 하고 문을 잠그고 기도를 했다.

한참 기도를 하자 귀신이 다시 발악했다.

"나갈게… 나갈게!"

귀신이 소리 지르고 나가려고 하니까 밖에서 또 그 어머니가 소리를 지르면서 문을 흔들어댔다. 권사님이 문을 열어버렸다.

결국 그날은 8시간 넘게 씨름하다가 체력이 달려서 더는 할 수가 없었다. 처음으로 귀신 쫓는 것을 실패했던 것이다. 그러자 장로님 식구들이 핀잔을 주기 시작했다.

"흥! 귀신 쫓아낼 줄 안다면서… 할 줄도 모르네!"

그날은 정말 목숨 걸고 무려 8시간을 기도했다. 그렇게 기도하고는 보름 동안 코피가 터졌다. 그리고 너무 힘들었지만 며칠 쉬고 다시 기도를 하러 가려고 하니 다른 교회로 나간다고 했다. 그리고 그 이후 이 청년은 다시 만날 수 없었다. 어디선가 직장 생활을 하고 있다는 소식만 전해 들었다.

난 심히 당황하고 힘들었다. 왜냐하면 평신도 때는 그렇게 잘 고쳤던 사귀 들린 환자를 정말 중요한 목회지에 와서는 실패했기 때문이다. 그것도 첫 목회 부임하여 1년도 채 안되어 우리교회 장로님 손주를 못 고친 것이다.

왜? 못 고쳤을까? 열심히 믿음으로 기도를 했는데 내 목회는 정말 외로운 싸움이었다.

환자를 고쳐달라고 열심히 기도하면 죽고, 교회가 부흥하게 해달라고 정말 많이 기도해도 오히려 신자들은 다 나를 배반하고 떠났다.

난 내가 목회를 정말 잘할 줄 알았다. 왜냐하면 목사 서원 후 신학교를 가기까지 6년을 오로지 준비했고, 은사도 있고, 설교도 나름대로 잘한다고 생각했다.

그런데 목회는 정말 잘 풀리지 않았다.

개척교회 때의 어려움을 어찌 필설로 다 쓰랴

교회를 사임하겠습니다

"여호와께 여짜오되 주께서 어찌하여 종을 괴롭게 하시나이까 어찌하여 나로 주의 목전에 은혜를 입게 아니하시고 이 모든 백성을 내게 맡기사 나로 그 짐을 지게 하시나이까" (민 11:11)

며칠 동안 귀신 쫓는 일로 너무 애를 많이 썼더니 신경이 엄청 예민해졌다. 밤이 깊어 바깥 찬바람 소리를 들으며 방안에 누워 자고 있는데 귀신이 집 앞을 지나 바삐 어디론가 가는 모습이 보였다.

"저놈이 어디로 가지…?"

그날 새벽기도 시간에 앞에서 기도를 인도하다 이상한 생각이 들어 눈을 들어 보니 우리교회 여 집사님 한 분이 나를 보고 빙긋이 웃었다. 그리고 내가 처다보자 얼른 고개를 숙이고 기도한 척했다.
"저 집사님한테 그 귀신이 들어갔나?"

우리 교회 교인들은 나이도 지긋한 그 부부 집사님을 존경하고 사랑하기에 그분들의 말을 천사의 말처럼 신뢰한다. 나도 그분들이 고향 사람들로서 사업에 실패하고 정읍에 와서 어렵게 살고 있기에 늘 마음으로 돕고 싶었다. 시장에서 갈치를 두 마리 사면 한 마리를 갖다드리고, 닭을 한 마리만 사도 되는데 두 마리 사서 한 마리는 갖다 드리곤 했다. 그분이 '붕어빵 장사를 하고 싶은데, 리어카와 붕어빵 기계만 있으면…' 하시기에 나도 어려운 생활이지만 붕어빵 기계와 리어카 값으로 15만원을 드렸다. 그런데 돈만 받고 나서 장사는 하지 않았다.

어느 날 그 여자 집사님이 다시 찾아 왔다.
"우리 아들이 고등학교에 입학했는데, 장학금으로 매달 10만 원 주시면 좋겠습니다."
당시 한 달 월급이 15만 원밖에 안 되는 내게 10만 원이라니…. 그래서 대답했다.
"저도 한 달에 15만 원 받고 있는데… 어떻게 제가 그렇게 큰돈을 매달 줄 수 있겠습니까?"
"교회 돈이 있지 않습니까."
"교회 돈은 내 마음대로 쓰는 돈이 아니지 않습니까."
그렇게 정중히 거절했다.

그 집사님의 남편 박 집사님은 교회 회계를 맡고 있었다. 그 박 집사님은 교인들을 모아놓고 가끔 이렇게 말했다.

"목회자는 떠나면 그만이여. 교회 주인은 우리들이여. 내가 옛날 시골교회에 있었는데 목사는 가면 그만이더라고…. 교회 주인은 우리들이여. 그러니 목사나 전도사가 잘못하면 지적하고 올바르게 잡아야 해…."

목회가 무엇인지 아무것도 모르는 목회 초년생이 그 말의 뜻을 제대로 알 리가 없었다. 그래서 나도 그냥 가볍게 대답하면서 넘어갔다.

"그렇죠. 그러지요. 그 말이 맞지요."

어느 날은 그 박 집사님이 이런 제안을 해 왔다.

"전도사님! 사택에서 성가대 점심식사를 준비하면 좋겠습니다."

"예, 그렇게 하지요, 뭐."

그리고 아내에게 양해를 구했다.

"당신한테 많이 미안한데 교회에서 성가대원 밥을 당신이 해 주기를 원하네…."

아내는 두말 않고 갖은 반찬을 다 장만해서 주일마다 교인들을 대접했다. 성가대원만 오는 것이 아니라 아예 전 교인이 다 왔다. 사실 교회에서는 성미도 나오지 않아 시골에 계신 장인 목사님이 남은 식량을 보내 주셔서 그 쌀로 먹고사는 형편이었다.

그렇게 어렵게 6, 7개월 지나자 어느 날 아내가 두 손 들었다.

"여보! 도저히… 나, 더 이상 못하겠어."

"왜?"

"아무도 날 도와주지 않고 시키기만 하는데… 정말 못하겠어!"

모두가 와서 밥만 먹고 그냥 가버리는 걸 내가 미처 몰랐던 것이다. "감사합니다!"는 인사조차 들을 수 없었다. 숟가락 하나 상에 놓는 법 없었고, 먹고 나서 그릇 하나 치우는 사람도 없었다. 내가 보기엔 모두가 어르신들이고 모두가 임금님들이었다.

"사모님! 물….", "사모님! 밥 좀 더 줘요!", "사모님! 반찬 좀 더 주세요!"

주일 점심 식사 때마다 아내는 정신이 없었다. 식사도 못하고 완전 심부름꾼에다 식모 노릇을 하고 있었다. 바보 같은 남편은 그 고충도 모르고, 그냥 교인들과 얘기하며 주는 밥만 먹었으니….

아내가 못하겠다고 했을 때 서운한 마음만 가졌으니…. 아내에게 미안하고 죄스러웠다. 그뿐인가! 야외예배를 나가서도 사모가 온 교인들의 밥과 반찬을 혼자 다 장만해 바쳤다. 아무도 음식을 가지고 오지 않고 아무도 도와주질 않았다. 모두가 빈손으로 와서 가만히 앉아 있는 것이다. 아내는 빨리 갖다 바쳐야 한다. 마치 '내가 이 교회 나와 준 것이고 내가 야외예배에 와 준 것이니 고맙게 생각하고 우리를 잘 섬겨라'는 모습이 보였다. 목사 사모는 당연히 죽도록, 종처럼 갖다 바쳐야 하는 것이다. 종도 그런 종이 없었다.

"여보! 그동안 수고했네! 하기 싫으면 안 해도 돼요! 내가 자네의 고통을 전혀 몰랐네…. 미안해요! 하나님 일은 억지로 하는 것이 아니야. 내 마음이 기쁘지 않으면 안 해도 돼요!"

목회 이야기

그리고 주일날 광고를 했다.

"여러분! 오늘부터 식사는 여러분들이 알아서 드시기 바랍니다."

그랬더니 그 집사님이 벌떡 일어섰다.

"아니…, 이것도 못 한다, 저것도 못 한다… 그럼 뭘 합니까?"

소리 지르며 따지고 나왔다. 듣다못해 이렇게 이야기 했다.

"여러분! 저는 지금 이 시간부로 이 교회를 사임하겠습니다!"

그리고 회의 도중에 곧바로 교회를 나와 집으로 걸어가고 있었다. 그러자 황 집사님이란 분이 황급히 뛰어 와 걸어가는 나를 붙잡고 말린다.

"전도사님! 이렇게 가심 어떡해요! 제가 있잖아요! 참으세요!"

그 만류에 '그래 한 번 참아보자' 싶었는데 후에 그 박 집사의 부인 집사가 찾아왔다.

"전도사님! 우리 바깥양반에게 가서 잘못했다고 비세요! 지금 순복음교회로 가버린다고 해요! 가서 비세요!"

마지못해 심방을 갔는데 박 집사가 그런다.

"고향 분이고, 그래서 많이 도우려고 그랬는데… 그럼 못쓰지요!"

차라리 그때 그냥 떠나버릴 걸…. 힘들고 어려운 일이 찾아올 때마다 그때 못 떠난 것이 후회되기도 했다.

목사가 된 뒤 그 집사님 집에 심방 가보면 방안이 항상 어두우며 그 안집사님은 머리가 아프다고 끙끙거리며 누워 있다가 내가 들어서면 자리에서 일어난다.

"아이고… 목사님! 누추한 곳에 오셨네요! 아이고… 목사님! 머리가 지끈거리고 아파서 누워 있었어요."

그러던 어느 날 그 집사님 가정은 서울로 이사를 갔다. 그 남편

박 집사님은 안타깝게도 사고를 당하여 돌아가셨다. 그리고 후에 그 여 집사님은 사모와 사별하고 혼자 된 목사님과 결혼했다는 연락을 받았다.

"목사님! 저 이 집사예요. 제가 사모가 됐어요!"

"아 예! 잘 되었습니다. 축하합니다. 사모는 힘든 일이니 잘 감당하시도록 기도하겠습니다."

한 번만 귀신들려 봤으면

"마귀가 벌써 시몬의 아들 가룟 유다의 마음에 예수를 팔려는 생각을 넣었더니 조각을 받은 후 곧 사단이 그 속에 들어간지라" (요 13:2, 27)

정읍에서 목회한 지 얼마 되지 않은 목사 초년생 때의 일이다. 학생회 수련회를 연합으로 가게 되었다. 세 교회 목사들이 모여서 금년 여름에는 연합수련회를 가자고 합의한 것이다. 항상 우리 교회 학생들이 제일 많았다. 우리 교회 학생 80명, 시골교회 두 교회 합해서 30-40명이 함께 모여 장인어른이 목회하고 계시는 신안군 증도면 대초리교회로 연합수련회를 가기로 했다.

그런데 출발 전부터 이상하게 목사 세 분이 의견 일치가 안 되고 서로 자꾸 다투려고만 했다. 첫날 저녁을 먹고 우리 교회 여학생 한

명이 배가 아파서 죽겠다고 해 가까운 보건소로 이송했다. 주사를 맞히고 치료받게 하느라고 전혀 기도도, 말씀도 준비하지 못했다. 그리고 그날 저녁 특별한 은혜도 끼치지 못하고 마친 것 같다. 수련회를 가기 전부터 마귀는 방해를 하기 시작했던 것이다. 그러므로 교회는 중요한 일을 앞두고 항상 기도에 열심을 내야 한다.

우리 세 목사들은 말씀이 끝나면 돌아가면서 열심히 안수해 주고 기도해 주기로 약속했다. 그런데 설교 도중 맨 앞에서 다른 교회에서 함께 온 여선생님이 앉아서 열심히 은혜를 받고 있었는데 갑자기 이런 엉뚱한 말씀이 들어왔다.

'이따 기도회 때 저 선생님을 자세히 봐라.'

그래도 그 말씀을 무시하고 세 분 목사가 기도회를 열심히 진행했다. 얼마 후 이제 마칠 때가 되어 강대상에 있는 종을 치려고 하는데 앞에 기도하는 그 선생님이 눈에 들어왔다. 그래서 아까 설교 도중에 내 심령에 하신 말씀이 생각나서 그 여선생님 가까이 가 보았지만 긴 머리가 얼굴 전체를 가려 바닥까지 내려와 있었기에 얼굴을 볼 수가 없었다. 할 수 없이 내 머리를 교회 바닥에까지 숙이고 밑에서 올려다보니까 그 선생님의 혓바닥이 길게 늘어지면서 나왔다 들어갔다 하는데 얼마나 빠르게 들락거리던지 1초에 10번은 왕복하는 것 같았다.

바로 얼마 전 귀신을 쫓다가 이놈의 귀신이 쉽게 나가지도 않고, 날 얼마나 힘들게 했던지 갑자기 화가 나서 그만 그 자매의 뺨을 철썩 때리면서 소리쳤다.

"예수 이름으로 명하노니, 나가!"

목회 이야기

그러자 그 자매가 픽 쓰러지고 귀신이 놀라 나가버렸다.

그런데 그날 저녁 그 교회 목사님이 쫓아와서 다짜고짜 따지고 들었다.

"윤 목사님! 깡패야?"

"……."

"왜 우리 교회 선생님 뺨을 때려? 그리고 방언기도를 하다 보면 혀가 꼬부라지고 들어가고 나갈 수도 있는 건데…. 때리긴 왜 때려?"

그러면서 나를 사정없이 몰아붙이는데 할 말이 없었다. 생각해보니 그 목사님 입장에선 당연한 항의였다.

큰일났다는 생각이 들었다. 혹시라도 이제 이 목사님이 지방회에 다니면서 '윤 목사는 사이비 목사'라고 떠들면 내가 뭐라고 대답해야 하나. '어떻게 여선생님, 그것도 열심히 기도하는 선생님의 뺨을 때릴 수 있나'라고 뭐라고 설명해야 하나. 마땅히 할 말이 떠오르지 않았다.

내가 떠올린 방법은 기도밖에 없었다.

"하나님! 제가 잠시 시험에 들었습니다. 어찌하면 좋을까요?"

성령님이 기도 중에 내게 말씀하셨다.

"내일 아침 일찍 일어나 네가 제일 먼저 그 자매를 만나 말을 해 보아라!"

그 다음날 비록 피곤했지만 새벽같이 일어나 그 여선생님 방문에 서 있다가 여선생님이 나오는 걸 보고 인사를 건넸다.

"선생님! 잠은 잘 잤어요?"

목회 이야기

"네, 목사님….."

"선생님, 어제는 왜 혀를 그렇게 내밀고 기도했어요?"

여선생님은 잠시 머뭇거리다가 ….

"아! 그거요…? 실은 수련회 가기 전 한 달 전부터 성경을 읽었는데 이상한 생각이 들었습니다. 귀신 쫓는 이야기가 많이 나오고, 귀신 들린 사람이 성경에 많이 나오자 저도 귀신 한 번 들려봤으면 좋겠다. 이번 수련회 가서 기도할 때 귀신 한 번 들려봤으면 좋겠다. 그런 엉뚱한 생각을 해봤는데… 그런 생각을 하지 말아야지 하면서도 그렇게 하게 됐어요. 그러다가 아마도…."

"그래요? 그럼 그렇게, 그대로 목사님께 말씀드려야 합니다."

그래서 그 문제는 그렇게 조용히 일단락됐다. 귀신은 우리 세 교회 연합수련회를 망치려고 갖은 수단과 방법을 다 동원했음을 확인한 사건이다.

저 개들에게 들어가라

"이에 간구하여 가로되 우리를 돼지에게로 보내어 들어가게 하소서 하니" (막 5:12)

한 번은 어느 날 우리 교회 학생회장이 나를 찾아왔다.
"목사님! 몸이 자꾸 아파요!"
"어디가 어떻게 아픈데?"
"허리가 아픈가 하면 또 머리가 아프고, 머리가 아픈가 하면 어깨가 아프고… 돌아가면서 온몸이 가끔 아파요!"
"회장! 그럼 네가 자취하면서 못 먹고 힘들어서 그러는 거 아니야?"
"아니요, 저 하숙해요."
"그래? 그럼 추운 데서 잠을 잤냐?"

"아니에요, 항상 따뜻하게 자는데요."
"그래? 그럼 무거운 것 들었니?"
"아니요, 전혀 그런 일 없었는데요."
"그럼, 무슨 고민거리라도 있냐?"
"아니요, 없어요."

'참 이상하네… 왜 아프지, 젊은 놈이….' 이런 생각으로 아프다는 허리 쪽을 잡고 방언으로 기도를 했다. 한참 기도하자, 입에서 썩은 냄새가, 시체 썩은 냄새보다 더 지독한 냄새가 났다. 내 경험에 의하면 보통 귀신들린 사람은 몇 가지 특징이 있다.

첫 번째, 기도를 하면 입에서 침 거품을 내놓는데 엄청 썩은 냄새가 난다.

두 번째, 눈이 돌아가고 흰자만 보인다.

세 번째, 뉘어 놓고 기도하면서 배를 만지면 딱딱한 것이 잡히는데 이것이 잡히면 귀신들린 사람이 '으악! 살려줘!' 하고 '나갈게, 나갈게…' 하면서 괴로워한다. 그러나 놓아주면 어디론가 숨어버리고 다시는 잘 잡히지 않는다.

네 번째, 기도 많이 해 성령 충만한 사람을 보면 덜덜 떤다.

다섯 번째, 찬송을 부르면 같이 부르나 어딘지 모르게 엇박자다. 그러다 점점 힘이 빠지고 쓰러진다.

여섯 번째, 기도를 하면 나간다고 하지만 절대 쉽게 나가지 않고 기도하는 사람을 속이고 이제 나가서 건강하게 되었다고 거짓말 간증도 하게 한다.

학생회장에게 들어간 귀신에게 물었다.

"언제 들어갔냐?"

"학생들끼리 목사님 몰래 기도원에 가서 기도할 때 들어갔지!"

그래서 학생들에게 물었더니 한 달 전쯤에 학생들끼리 목사님께 알리지도 않고 기도원에 갔는데 회장이 기도하는데 너무 무섭게 기도해서 다 나와 버렸다고 한다.

"누구누구 들어갔냐?"

"공작!"

"또?"

"호랑이!"

"또?"

"뱀!"

"또 누구?"

"돼지!…. 많아… 셀 수 없이 많아. 우리는 수가 많아. 그래서 군대야!"

아니 우리 학생회장에게 귀신이 들어갔다니, 그것도 군대 귀신이라고 해서 얼마나 놀랐던지…. 다시 정신을 차리게 했다.

"큰일났다! 네 속에 지금 귀신이 떼거리로 들어갔는데 쉽게 안 나가게 생겼다. 너 이대로 두면 미쳐 버리든지 결국 지옥에 갈 거다. 그러니 이제부터 목사님 말씀 잘 들어야 한다. 아무리 내가 쫓으려 해도 집주인인 네가 잡아 놓고 안 보내면 안 나가는 거야. 그러니 내가 기도하면 너도 같이 '나가'라고, '예수님 이름으로 나가'라고 해야 하는 거야! 알았지?"

목회 이야기

"네!"

그리고 학생회장 부모님께 연락을 할 수 없어서 형에게 전화했다.

"지금 동생에게 군대귀신이 들어갔는데 예수님의 권능으로 능히 고칠 수 있습니다. 그런데 혹 기도하다 나도 모르게 동생의 등이라도 때리면 목사가 사람 팬다고 고발하지 마세요. 제가 기도해 드리겠습니다."

"네, 알았습니다. 목사님! 제가 내일 당장 내려가 보겠습니다."

그리고 그날 밤 회장에게 성경을 펴놓고 예수님을 자세히 가르쳤다. 복음의 기초를 다시 설명했다.

예수님은 하나님의 아들이시며 우리 죄를 위해 십자가에 죽으시고 부활하셔서 심판하러 다시 오실 것이라는 것과 예수님을 믿어야만이 구원 받음을 성경을 펴고 일일이 설명했다.

"길가다 개라도 보면 네가 네 속에 있는 귀신을 향하여 저주해라. '악한 귀신아, 사탄아! 저 개에게 들어가라! 지금 안 가면 내일 너 우리 목사님한테 죽는다'고 해라."

다음날 회장을 잡고 기도를 드리는데 귀신이 없었다.

"야! 너 깨끗해졌다. 어떻게 된 거니?"

"어제 집에 가는데 개 몇 마리가 지나가기에 목사님이 가르쳐주신 대로 저주했더니 개들이 막 뛰어갔습니다. 그리고 단잠을 잤습니다."

"할렐루야! 너희들 앞으로 목사님 허락 없이 아무 데나 가지 마! 알았지?"

"네!"

목회 이야기

형도 기쁜 마음으로 돌아가면서 이렇게 말했다.
"목사님! 저도 예수님 더욱 잘 믿겠습니다."
"할렐루야!"

그걸 헌금해서라도

"저들은 그 풍족한 중에서 헌금을 넣었거니와 이 과부는 그 구차한 중에서 자기의 있는바 생활비 전부를 넣었느니라 하시니라"(눅 21:4)

하나님의 부르심을 받고 신학을 하여 목회자가 되면 하나님의 창조섭리도 위반해야 할 정도로 목회 현장은 결코 녹녹치 않다.

자녀가 1명이면 1등 목사.

자녀가 2명이면 2등 목사.

자녀가 3명이면 꼴등 목사라는 유행어가 돌기도 했다.

자녀가 많거나 부모님까지 모시고 있으면 부임할 곳이 없다고 봐야 한다.

그래서 나는 교회에 짐을 지우지 않기 위해서 승식이 하나만으로

목회 이야기

만족하고 더는 낳지 않아야겠다고 마음을 먹었다. 그런데 개척교회에서 고생하고 있을 때 승식이가 네 살쯤 되었을 때 동생하나 낳아달라고 날마다 졸랐다.

"아빠! 동생하나 낳아줘!" 그러다 심방을 가 아기가 있으면 승식이는 그 아이를 데려가자고 떼를 쓰기도 했다. "이 아기 데려가자!" 하고 아기를 안고 나서려고 한다.

그뿐만이 아니다. 예배가 끝나고 집에 오는데 승식이가 베개를 안고 땅바닥에서 무얼 하고 있길래 "뭐하니?" 하고 물었더니 "으응 아가 오줌 싸!"

보다 못한 연세 많은 할머니 집사님 한 분이 이렇게 말씀하셨다.

"목사님, 사모님! 승식이를 위해서라도 동생 하나 낳아주시지요. 안 낳아주면 죄 되겠네요!"

할 수 없이 동생을 낳아 주어야겠다는 마음이 들어 승식이가 다섯 살 때 동생 현식이를 낳게 되었다. 승식이는 어린 동생을 지극히 예뻐했다. 지금 다 컸어도 동생을 많이 사랑한다. 두 형제의 사랑을 보면서 "믿음의 가정은 그 형제간에도 서로 많이 사랑하는구나!" 하고 생각하곤 했다.

승식이가 네 살 되던 해 주일 예배를 드리고 있는데 승식이 혼자서 밖에서 놀고 있었다. 교회가 큰길가에 있었는데 갑자기 끼이익 하는 자동차 브레이크 밟는 소리가 나더니 부딪치는 소리가 "퍽" 하고 나고 승식이의 비명이 들려왔다.

"아악!"

교회 안은 술렁거렸고, 나는 계속 설교하고 있고, 아내와 교인 한 사람이 뛰어나간 뒤 시간이 한참 흘렀는데도 아무런 소식이 없었다. 불길한 생각이 머리를 스쳤다.

'아! 우리 승식이가 교통사고로 잘못됐나 보다!'

'예배에 방해가 될 것 같아 들어오지 못하고 밖에 있는가 보다.'

걱정이 됐지만 하나님 앞에 드리는 예배를 멈출 수 없었고 빨리 끝낼 수도 없었다. 난 평상시보다 더 열심히 말씀을 전했다. 그러면서 속으로 이런 생각을 했다.

'만일 승식이가 교통사고로 죽는다면… 그리고 혹 보상이 조금이라도 나온다면 그것을 헌금해서 이 교회 세우는 데 보태리라'

말씀이 거의 끝날 무렵 아내가 어린 승식이를 안고 집사님과 함께 교회에 들어와 뒷자리에 조용히 앉아 예배를 드리는 모습이 보였다. 얼마나 감사하던지… 말씀을 다 마치고 예배까지 마쳤다.

아내가 조용히 말했다.

"목사님이 걱정하실까 봐 병원에 갔다가 최대한 빨리 왔어요. 다행히 승식이가 깨어났네요. 승식이가 택시에 받혀 공중으로 붕 날아가 떨어졌대요."

아내는 아직도 긴장하는 모습이었다.

"내가 나갔을 때는 승식이는 이미 길에 쓰러져 있었고, 가슴에 안고 보니 아이가 손을 파르르 떨면서 정신을 잃었어요. 다행히 숨은 쉬고 있었어요."

그로부터 5년쯤 지났을 때 둘째 현식이도 비슷한 교통사고를 당

목회 이야기

했다. 그날은 야외예배를 드리는 5월 어린이날이었다. 나는 천변에서 학생 청년들과 함께 족구를 하고 있었고, 승식이와 현식이가 아빠를 보러 온다고 둘이서 천변으로 오다가 현식이가 갑자기 큰 도로로 뛰어가자 승식이가 뒤에서 "현식아! 안 돼! 같이 가" 하는데도 현식이 혼자서 막 뛰어가다가 트럭에 받혀 공중을 날았다가 떨어졌다고 한다. 승식이가 보호자가 되어 현식이를 병원까지 데려갔다고 한다. 우리는 전화 연락을 받고 병원으로 뛰어갔다. 다행히 현식이도 살아주었다. 신기하게도 형처럼 똑같은 사고를 당했는데 형처럼 똑같이 괜찮았다.

하나님께서 두 번의 교통사고에서 우리 두 아이를 지켜 주셨다. 두 아들이 하나님의 은혜로 건강하게 자라준 것이 얼마나 감사한지 모른다. 그리고 그런 위험을 극복한 두 아들이 자라서 신학대학에 들어갔다. 목사가 되기 위해 신학을 공부하고 있다. 너무나 하나님께 감사한다.

난 너보다 더 사랑한다

"나는 선한 목자라 선한 목자는 양들을 위하여 목숨을 버리거니와"(요 10:11)

개척교회 목회를 할 때 정말 어려움이 많았습니다.
　아무리 기도해도 응답은커녕 어려움만 더 가중되었습니다.
　하나님은 정말 내 목회에 관심이 없으시고,
　또 우리 교회는 정말 무관심하다는 생각이 들었습니다.
　환자를 위해 기도하면 낫기는커녕 죽어버리고,
　시험 든 사람을 위해 기도하면 돌아오기는커녕 더욱 악해지고,
　내 병은 아무리 기도해도 더욱 나빠져만 가고,
　교회는 지지리도 부흥하지 않고,
　오히려 약해져만 가는 것 같았습니다.

어느 날도 날이 새도록 우리 교회의 문제를 안고
고민하고 근심하고 괴로워하면서 기도하고 있는데…
갑자기 하나님이 말씀을 하십니다.
"영교야 네가 이 교회를 사랑하느냐?"
"네 사랑합니다."
"난 너보다 이 교회를 더 사랑하느니라!"
"……."
아! 난 하나님이 정말 내 목회와 내 교회에 관심이 없으신 줄 알았습니다. 그런데 나보다 더욱 이 교회를 사랑하신다는 것입니다.

지난 세월 동안 목회를 하면서
나름 하나님에 대해 시험이 들어 있었습니다.
어느 날은 생각해 보니 하나님이 도와주시기는커녕
방해만 하신다는 생각이 들었습니다.
그렇게 철야하고 부르짖어 기도를 해도
기도가 응답되지는 않고,
항상 오히려 반대로만 진행되는 것입니다.

살려주세요 하면 죽어 버리고,
고쳐주세요 하면 오히려 악화되고,
도와주세요 하면 어려움만 가중되는 것입니다.
그래, 사실 하나님께 화나 있었던 것입니다.

어느 날은 감히 이렇게 기도했습니다.

목회 이야기

하나님 이제부터는 도와 달라고 더 이상 기도하지 않으렵니다.
그러니 안 도와줘도 좋으니 이제 제발 방해만 말아주십시오.
방해만 안 해도 지금보다 배나 부흥시킬 것입니다.
그런데 그 하나님이 오늘 말씀하셨습니다.

"난 너보다 이 교회를 더 사랑한단다!"
얼마나 가슴이 미어지든지
내 두 눈에선 뜨거운 눈물이 주체할 수 없이 흘렀습니다.

그렇지요, 하나님!
어떻게 제가 하나님보다 이 교회를 더 사랑할 수 있겠어요!
죄송합니다. 하나님! 철없는 요나 선지자처럼
하나님의 마음을 이해하지 못하고
몹시 화나 있었던 절 용서해 주세요!
교회가 어려움이 찾아오고, 힘들 때
내가 원하여 아무리 기도해도 더욱 어려움에 빠져 들어가도
이제는 압니다.
그 어려움 속에 하나님의 크신 사랑의 뜻이 있다는 것을
그리고 나보다 수백 배 더 이 교회를 사랑하시는 하나님이
반드시 축복된 길로 하나님의 교회를 인도하심을 믿고
이제는 더 이상 시험에 들지 않으렵니다.

목회 이야기

당장 목회 그만 둬!

"내가 이제 너희를 위하여 받는 괴로움을 기뻐하고 그리스도의 남은 고난을 그의 몸 된 교회를 위하여 내 육체에 채우노라" (골 1:24)

제자(은광)교회에 부임한 지 2년 정도 됐다. 어느 날 시청 공무원이 찾아왔다.

"이 교회 담임되십니까?"
"네, 그런데요!"
"곧 도로가 납니다. 몇 개월 안에 교회 건물을 헐 겁니다. 그러니 다른 곳으로 빨리 이전하셔야겠습니다."

사글세 교회에 보증금은 한 푼도 없고 도시계획으로 도로를 넓히면서 세 들어 있는 건물마저 헐리게 되자 교회가 그냥 없어질 상황이었다. 교인들은 열서너 명인데 믿음도 부족하고 헌금할 만한 사람들도 없었다. 가난하고 어려운 교회의 목회자인 나에게 150명가량 모이는 꽤 괜찮은 임지가 났다. 솔직히 그리로 가고 싶었다. 그래서 가겠다고 했다. 주일날 마지막 설교를 하고 마지막 예배를 드렸다. 그런데 어린 학생 서너 명이 초롱초롱한 눈빛으로 나를 바라보고 있었다.

바로 그 눈빛 때문에 오늘 이 예배가 마지막 예배이고 내일 이사를 가야 한다는 광고를 할 수 없었다. 마치 자기만 잘살겠다고 자식들을 놔두고 시집가는, 도망가는 엄마 같다는 생각이 들었다. 낮 예배 때는 광고를 못했지만 저녁예배 때는 해야겠다고 생각하며 기도에 들어갔다.

"하나님! 입장을 바꿔놓고 생각해 보세요. 전 가난해서 교회가 없어지는데도 살릴 힘이 없습니다. 그리고 보세요. 우리 교인 중에 누구 하나 관심 있습니까? 그런데 내가 어떡합니까? 여기에 적합한 목사를 보내 이 교회를 살리도록 해 주세요!"

그런데 자꾸만 이런 생각이 든다. 마지막 날 심판 때에 주님 앞에서 어떻게 대답해야 하나.

"영교야! 은광교회 어디 갔니?"
"없어졌어요!"
"왜 없어졌지?"
"제 책임이 아니잖아요! 제가 어떡합니까?"

목회 이야기

이렇게 대답할 순 없는 노릇이다. 그날 심판대 앞에서 얼마나 부끄러울까? 교회를 없애버린 목사라는 낙인이 찍힐 텐데 말이다.

그래서 다시 이렇게 기도를 드렸다. 그럼 하나님 오늘 저녁예배 전까지 뭔가 사건을 보여주세요! 직접 말씀을 하시든지 어려우시면 제가 이해할 사건이라도 좀 보여주세요. 기도를 마치자마자 바로 전화가 왔다.

"윤 전도사! 지방회장 김충기 목사야! 들어보니 그 교회가 없어진다며? 내일 지방회 모임이 있는데 와서 교회 사정을 말해봐!"

"저, 내일 못갑니다."

내일은 다른 교회로 이사하기로 약속된 날이었다.

"아니? 담임전도사가 안 오면 누가 와! 꼭 와!"

그러고는 전화를 끊어버린다.

전화를 끊고 곰곰이 생각해보니 이것이 바로 조금 전 기도하면서 하나님께 보여 달라고 했던 '사건'이라는 것이 아닐까. 나는 내일 다른 교회로 이사를 가야 하는데 지방회 소속 목사님들 모임에 가서 은광교회 담임으로서 교회 사정을 보고해야 한다는 것이다. 난 그때 그 지방회장 김충기 목사님 말씀을 하나님의 말씀으로 받아들였다. 하나님이 하늘에서 말씀을 해도 못 알아들으니 지방회장을 통해 전화를 하셨구나! 그래서 장인어른께 전화를 드렸다.

"죄송한데요, 아버님! 소개하신 교회에는 가지 않겠습니다. 그 교회에 대신 좀 전해주십시오. 이 교회가 죽이 되든지 밥이 되든지 한번 해 보렵니다."

목회 이야기

아버님은 못내 서운하셨겠지만 이해하셨다.

"알았다. 어쩔 수 없지…."

그 다음날 지방회 소속 목사님 모임에 가서 교회 사정을 말씀드렸다. 그리고 사실 다른 지방회 어떤 교회로 가려다 안 가기로 했다는 말씀까지 드렸더니, 당시 태평교회 당회장이셨던 김용칠 목사님이 눈물을 흘리시면서 발언하셨다.

"내가 어떻게든지 이 교회를 책임지겠습니다."

마침내 도로가 나 교회는 2, 3일 안에 뜯기게 되었다. 그러나 지방회에서는 아무런 소식이 없었다. 그러던 중 어머니가 전화로 광주에서 만나자고 하셨다. 광주까지 갔더니 집을 한 채 사 주시겠다고 하시면서 집 보러 가자고 하셨다. 하루 종일 이 집, 저 집 보러 다녔다. 만일 그때 아무거나 한 채 샀다면 난 나중에 부자가 됐을 수 있었다. 그때 봤던 집 가격이 나중에 크게 올랐기 때문이다.

저녁때쯤 어머니께 진지하게 교회 사정을 다 말씀드렸다.

"어머니! 그 돈 차라리 교회에 기부하시면 좋겠습니다."

"알았다! 아버지와 상의하마!"

어머니는 내려가시고 나는 다시 정읍으로 올라왔다. 마침내 어머니께서 돈을 보내 주시겠다고 하셨다.

그래서 교회에 있는 모든 돈 다 털어 계약금 200만 원을 마련해 3층 건물의 3층을 전세보증금 1000만 원에 집세 1년에 200만 원으로 하고 계약을 했다. 너무 행복해하며 건물 옥상에 올라가 사방을 바라보며 생각에 잠겨 있는데 아내가 얼굴이 하얘져서 달려왔다.

"목사님! 큰일 났어요! 집에서 돈 안 주시겠다고 합니다."

"뭐…?"

바로 내려가 집으로 전화를 했다. 아버지가 받으시고 노발대발 하셨다.

"어떤 전도사가 교회 개척한답시고 시골 전답 다 팔아먹고 부모를 거지 만들었다더니 네놈이 그럴 놈이네! 절대 안 돼!"

학교 교사이시라서 학교에 다른 교사들에게 물어본 모양이었다.

"다른 선생님들이 절대 안 된다고 하더라! 이놈 ××! 빨리 안 내려와? 이놈이 목회한다며 애비 말 안 듣더니, 그렇게 가지 말라고 말린 신학대학을 가더니 생고생 하는구먼! 당장 안 내려와? 목회고 뭐고 관둬!"

'계약금은 이미 주었고, 건물은 며칠 내로 헐리고, 돈은 한 푼도 없고, 교인들은 나 몰라라 하고 나만 쳐다보고 있고, 아무도 돈 주겠다는 사람 없는데 이 일을 어찌 합니까!'

오라는 데는 없지만 전주행 버스를 탔다. 태평교회, 전주교회를 비롯해 그 당시 큰 교회에 가서 교회 사정을 말해 보려고 했는데 목사님도 못 만나고 물 한 컵도 못 얻어 마시고 다시 터미널로 향했다. 배가 몹시 고팠다. 주머니에는 정읍에 돌아갈 차비만 있었다. 음식점 앞을 지나가는데 고기 집에 가족들이 앉아 고기를 구워먹는 모습이 눈에 들어왔다.

'하나님! 난 아직까지 한번도 내 아들과 내 아내와 함께 저런 식당에 못 들어가 봤습니다. 지금까지 하나님밖에 몰랐습니다. 저 좀 도와주세요!' 그날 돌아오는 버스 안에서 눈물만 하염없이 나왔다. 그 다음날 교인들을 다 불러 모아놓고 그동안 있었던 사정을 이야기하고 헌금을 하자고 했더니 모두 합해서 80만 원 정도 헌금 약속을 했다. 그러자 우리 교회 다니다 요즈음 통 안 나오는 한 분에게 전화를 했더니 마지못해 100만 원을 헌금했다. 이분은 공무원이라 그런대로 괜찮게 사는데 개척교회가 부담이 돼 스스로 시험 들어 오래전 다른 교회로 떠났다.

그리고 내게 있는 금붙이를 다 털었다. 내 약혼반지 연애반지 돌반지 다 팔았더니 100만 원 정도 되었다. 그리고 장인어른이 100만 원, 처남이 100만 원, 처외삼촌 두 분이 200만 원, 시장님에게 교회의 어려운 사정을 편지로 써 부쳤더니 시장님 특별 지시로 150만 원, 그리고 친분이 있는 여러 교회 목사님들과 지방회에서 100만 원 정도를 도와주어 간신히 1000만 원을 만들어 드디어 3층으로 이사했다.

그리고 교회 인테리어는 내 손으로 다했다. 자재는 어차피 뜯길 옛날 건물에서 뜯어와 거기서 못도, 나무도 갖다 썼다. 그리고 두암교회에서 새 의자를 들이면서 낡은 의자를 창고에 두었다며 갖다 쓰라고 했다. 의자를 옮겨오자 드디어 의자까지 처음으로 갖춘 예배당에서 감격의 입당예배를 드리게 됐다. 하나님께 감사했다.

목회 그만둘까

"예수께서 이르시되 손에 쟁기를 잡고 뒤를 돌아보는 자는 하나님의 나라에 합당치 아니하니라 하시니라"(눅 9:62)

나는 신학대학원에 입학하고 나서 곧바로 결혼을 했다. 돈도 없었지만 무엇보다 시간이 없어 신혼여행도 못 갔다. 경기도 부천시 서울신학대 근방에 방을 하나 얻어 살림을 꾸렸다. 그리고 날마다 학교 다니며 공부하기에 바쁜 나날을 보냈다. 그런데 당시 경기도 부천에는 개척교회가 참 많았다. 자고 나면 교회가 한두 개 생길 정도였다. 그때 난 '과연 내가 신학을 해야 하나' 하는 정체성 문제를 고민하기 시작했다. 그렇잖아도 동네에 슈퍼가 많고 많은데 나까지 슈퍼를 차리겠다고 나서는 것처럼 느껴졌기 때문이다.

내가 목회를 잘하면 잘할수록 다른 목사님들이 어려워질 것이므로 차라리 내가 목회를 하지 말고 다른 목사님들의 목회 현장에서 도우면 그 목사님도 좋고 그것이 오히려 바람직하지 않나 하는 고민도 했다. 신학을 마치고 목회를 하겠다고 나서는 것은 영적으로는 우리 하나님을 위한 일이며 육적으로는 교회와 교인들을 위하는 일이다. 그런데 내가 교회 현장에 나서면서 오히려 다른 교회와 목사님들을 힘들게 한다면 그게 과연 하나님 앞에서 옳은 일일까. 그렇게 부모님의 반대에도 불구하고 취업도 포기하고 십자가의 길이라고 생각하고 부름 받아 나섰는데 이제 와서 보니 이건 다른 목사님들이나 다른 교회들에 피해만 주는 일이라는 생각이 들었다.

만일 내가 목회를 잘해서 많은 교인들이 우리 교회로 오게 되면 주위 교회 목사님들과 교회가 피해를 보게 되는 것이다. 차라리 평신도로 어려운 교회에 가서 봉사를 하면 그 교회 목사님이 좋아하시지 않을까. 목회가 마치 슈퍼마켓처럼 무한 경쟁이라는 생각을 하다 보니 눈앞이 캄캄했다. 어쩔 수 없이 내가 살아남기 위해서는 목회 현장에서 다른 목사님들보다 탁월하고 뛰어나야 한다. 그것은 열심히 노력하면 그렇게 될 수도 있다. 하지만 그것이 옳은가? 신학을 그만둬야 하나 점점 고민이 깊어져 갔다.

신학생이 되어 처음으로 어느 교회의 교육전도사로 가서 열심히 하다 보니 교회가 부흥됐다. 40명 정도 모이던 학생회가 150명으로 불어나고 10명 정도 모이던 청년회가 30명으로 성장했다. 그 교회는 주일 1부 예배를 학생회예배로 드렸다. 그리고 장년들이 1부 예배를 드리기도 했다. 처음에는 어른들이 한두 분 나왔는데 시간이 흐르면서 차츰 많아졌다. 그리고 한 번 참석한 분은 어김없이 1부 예배만 드렸다. 호사다마! 그런데 어느 날 담임목사님이 나를 부르셨다.

"장로님 생신인데도 참석 안하다니."

그 일을 핑계 삼아 그만 두라고 하셨다. 집에 와서 눈물을 흘리는 내 모습을 보고 아내도 눈물을 글썽이며 나를 위로했다.

"여보! 괜찮아? 당신 잘못 없잖아!"

평신도 때는 상상도 못한 일을 목회자가 된 후에는 경험해야 했다. 교회에서 나를 불러 그만두고 나가라는 말을 쉽게 한다는 것은 상상도 못한 일이었다. 그것은 마치 예수님이 나를 향해 그만두라고 하는 것 이상의 압박으로 다가왔다. 그 다음 주 학생들과 청년들에게 마지막 예배를 드리면서 작별인사를 하게 됐을 때 얼마나 힘들었는지 모른다. 내가 교회 전도사로 부임해 열심히 일해서 교회가 부흥되면 목사님의 사랑도 많이 받을 수 있다는 것, 그것은 착각이라는 사실을 그때야 알았다.

10개월 정도 그 교회 일을 하다 쫓겨난 뒤 신학교 졸업할 때까지 교회를 맡지 못했다. 가끔 주위의 개척교회에서 봉사를 하다보면 목사님들이 예배 인도를 하라고 할 때가 있다. 그러면 거절을 못하고 설교를 하면 교인들이 은혜 받고 엉엉 울고, 나를 찾아와 손을 꼭 잡고 눈물을 흘리기도 한다. 그런 다음에는 불 보듯 뻔한 소리를 듣게 된다.

"다른 교회로 가시지요."

그런 일이 여러 번 반복되다 보니 교회를 정할 수가 없었다. 내가 설교만 하면 교인들의 태도가 달라졌다. 그러면 나는 무척 곤란해진다. 그렇게 되면 바로 이 핑계 저 핑계 대면서 그만 나오면 좋겠다고 하는 소리를 들어야 한다. 그것이 '내가 목회를 꼭 해야 하나' 하는 두 번째 고민이었다.

정읍에 와서 개척교회 목회를 할 때 난 내가 모든 일을 열심히 하고, 열심히 성도를 사랑하고, 말씀을 정말 잘 전해 큰 은혜를 끼치면 다들 좋아할 줄 알았다. 하나님 앞에 맹세컨대 나는 정말 교인들을 많이 사랑했다. 그리고 매주 말씀을 전할 때마다 교인들 중에 눈물을 흘리고 우는 사람들이 꼭 있었다. 그런데 내게 돌아온 것은 목회 실패였다. 이게 나의 목회 현실이다.

첫해에는 무보수로 봉사를 하라고 해서 사례비라고는 한 푼도 받지 못했고, 다음 해에야 월 15만원을 받았으며 그 다음 해에는 20만원을 받았다. 그것도 교회에 돈이 없기 때문에 내가 받은 사례비의 대부분은 내가 헌금해서 충당했다. 그런데도 교회에서 나를 싫어하고 교인들은 나를 배반하고 다른 교회로 다들 떠났다. 전도사가 하는 개척교회가 부담이 된다고, 전도사가 그렇게 돈이 많으면서 가난한 사람들을 도울 줄 모른다고 떠난 것이다. 10명도 채 안 되는 개척교회 교인들 중에 기둥이라고 생각할 수 있는 서너 명이 다 이웃교회로 떠났다. 그들은 떠나면서 갖은 악담이나 험담을 다하면서 내게 등을 돌렸다.

이웃 교회로 옮긴 어떤 교인을 아내와 함께 심방을 갔더니 문을 꽝 닫아 버렸다. 아내와 나는 차 안에서 2시간 동안 울었다. 내 일생에 그렇게 서럽게, 오래 울었던 적은 그때가 두 번째였다. 그런데 마지막 희망이었던 한 사람까지 다른 교회로 가겠다고 전화가 왔다.

나는 교인들이 나를 그렇게 싫어할 줄은 꿈에도 생각 못했고 상상도 못했다. 그래서 어느 날 밤 목회를 접으려고 결심했다. 그것은 신학공부를 하겠다고 결심한 것보다 더 비장하고 큰 결심이었다.

지난 13년 동안 오로지 이 길만을 달려 왔는데, 그것도 인생의 가장 중요한 순간에 말이다. 그렇게 결심하고 나니 밤새 눈물이 나왔다. 마치 예레미야처럼 눈물샘이 터져 시냇물이 흐르듯 뺨을 타고 줄줄 흘러내렸다. 새벽기도 갈 즈음에 마음속에 이런 질문이 하나 들어왔다.

"영교야! 그럼 네가 평신도로 신앙생활 할 수 있니?"

그때 마음속에 성경구절 하나가 떠올랐다.

"내가 다시는 여호와를 선포하지 아니하며 그 이름으로 말하지 아니하리라 하면 나의 중심이 불붙는 것 같아서 골수에 사무치니 답답하여 견딜 수 없나이다."
(렘 20:9)

내가 받은 은사는 목사의 은사이지 평신도의 은사가 아니었다. 교인들이 나를 배반하고 떠날 때는 항상 돈 이야기를 한다.

사실 나는 개척교회 목회자다운 삶을 살려고 정말 구두쇠처럼 살아 왔다. 양복도 서울 병원에 갈 때 동대문시장에서 4만-5만 원짜리를 사거나 아니면 인터넷으로 3만-4만 원짜리를 구입해 입는다. 넥타이는 항상 2-3천원짜리만 구입한다. 구두도 한 번 사면 10년은 신을 수 있도록 아껴 신는다. 속옷도 보통 10년 이상 입는다. 그렇게 하지 않으면 살림이 안 된다. 그러나 절대로 가난하게 보이지는 않으려고 애를 쓴다. 교회를 대표하는 내가 너무 가난하게 보이면 교회의 위상에 손상이 가기 때문이다. 남들을 대접할 때는 최선을 다해 좀 더 고급 음식점으로 모셨다. 그렇게 하다 보면 또 오해를 한다.

"윤 목사님은 부자다."

며칠 전에 나에게 목사 되라고 강제로 서원하게 하셨던, 내가 이 세상에서 가장 존경하고 사랑하는 목사님이 찾아오셨다. 무려 20년 만이었다. 그동안 찾아뵙지 못한 것은 내가 너무 많이 아파서 걱정하실까 봐 차마 뵙지를 못하다 보니 그렇게 무심하게 되었던 것이다. 내가 하도 안 가니까 직접 오신 것이다. 그리고 내게 물으셨다.

"윤 목사! 목회하면서 후회한 적 있어?"
"네, 목사님! 많이 했습니다."
"그럼 내가 잘못 예언했네…."
"……."
"그런데 목사님 우리 두 아들도 지금 신학대학 다닙니다. 목사님은 저만 서원시킨 것이 아니라 내 두 아들까지 안수하여 서원시킨 것입니다."
"……."

성경이 다시 보인다.

목회 이야기

"인자를 인하여 사람들이 너희를 미워하며 멀리하고 욕하고 너희 이름을 악하다 하여 버릴 때에는 너희에게 복이 있도다. 그날에 기뻐하고 뛰놀라. 하늘에서 너희 상이 큼이라. 저희 조상들이 선지자들에게 이와 같이 하였느니라." (눅 6:22-23)

여기서 '사람들이'를 '교인들이'로 감히 풀어봤다. 예수님의 남은 고난을 내 몸에 채우노라는 사도 바울의 고백을 나도 외워본다. 또 목회를 하다 보면 참 고마운 사람도 많다. 친아들같이 사랑해 주신 분들, 동생 형님같이 사랑해 주신 분들, 그들의 아낌없는 응원이 있기에 다시 힘을 내 달려갈 수 있었다. 그리고 믿음의 허다한 증인들 (히 12:1)과 무엇보다 하나님 우편에 서서 우리를 향하여 기도하시고 응원하신 우리 예수님이 계시니 여기까지 달려 올 수 있었다.

"저희는 내 목숨을 위하여 자기의 목이라도 내어 놓았으니…." (롬 16:3-4)

신장을 바치겠습니다

"너희가 그리스도 예수 안에서 나의 동역자들인 브리스가와 아굴라에게 문안하라 저희는 내 목숨을 위하여 자기의 목이라도 내어 놓았나니"(롬 16:3-4)

우리 교단은 목사 안수를 받으려면 신학대학원을 졸업한 후 단독목회를 무조건 2년 이상 해야만 했다. 그리고 목회 3년이 되어 시험에 합격하면 목사안수를 받는다. 목사안수를 단독목회를 2년 이상이란 조건을 충족하기 위해서는 아무리 깊은 시골이라도 교인 한두 사람만 있어도 무조건 가야 했다. 나의 목회 역시 그렇게 출발했다. 3년만 하고 떠나겠다는 마음으로 시작했던 개척교회 목회가 어느덧 어려운 고비를 다 넘기고 안수를 받았다. 이제 임지를 두고 기도할 일만 남았다.

목회 이야기

사실 정읍이란 도시는 말만 시지 정말 가난한 도시다. 인구는 갈수록 줄어 지난 25년 동안 18만에서 겨우 12만 정도가 되었다. 약 1/3이 줄어든 셈이다. 부임했을 때 있었던 좋은 교인들도 다 서울로, 전주로 이사를 가 버렸다. 도저히 목회를 계속하기가 어렵게 됐다. 학생들을 아무리 양육해도 졸업하면 다 떠나버리는 것이다. 50여 명의 고3 학생들을 애써 양육해 놓으면 한 명도 안 남고 다 떠나버린다. 그 중에는 목사와 함께 교회를 세워보겠다고 다짐하는 학생들도 있었다. 그러나 현실 앞에는 어쩔 수가 없다. 대학도 없고, 직장도 없으니 말이다. 그래서 떠나는 모습을 넋 놓고 바라볼 수밖에 달리 방법이 없었다. 그래도 하나님의 은혜로 분해될 위기에 처했던 교회를 전세금 1000만 원을 마련해 터전을 옮겨 살렸다. 의자도 넣고 강대상도 꾸미며 제법 교회 같은 모습으로 바꿨다. 마음속에서는 없어질 교회도 살렸고, 단독목회도 끝났으니 이제 임지를 더 큰 곳으로 옮기든지, 아니면 큰 교회 부목사로 가야겠다는 생각이 들었다. 여기저기 임지 이야기도 오고갔다. 제법 큰 교회에서 청빙도 들어왔다.

송구영신예배 때 각자 기도제목을 봉투에 적고 그 안에 감사헌금을 넣어 목사에게 안수기도를 받는 시간을 가졌다. 몇 사람 안 되는 개척교회지만 한 사람 한 사람 앞으로 나와 안수기도를 받았다. 당시 고2 학년이던 유행진 학생이 빈손으로 앞으로 걸어 나와 무릎을 꿇었다.

"목사님! 저 이 교회 건축을 위해 신장을 팔아 바치겠습니다. 기도해 주세요."

나는 개척교회 3년 동안 사랑에 갈급했다. 개척교회 교인은 몇 명 되지도 않지만 3년 동안 넥타이 한 개 선물로 받아 본 적이 없었다. 지방회 모임이 있어서 가보면 목사님들이 자랑을 늘어놓는다. 이 신은 김 아무개 교인이 사 주었어, 이 양복은 어느 장로님이 등등이다.

그럴 때마다 난 아무것도 자랑할 게 없었다. 한 번은 예배시간에 광고를 했다.

"여러분! 나도 지방회에 가서 자랑 좀 하게 해 주십시오. 다음 주에 천 원짜리 넥타이 한 개라도 사 오세요! 그럼 내가 간절히 축복해 드리겠습니다. 그리고 지방회에 가서 다른 교회 목사님들 앞에서 '이 넥타이는 우리 교회 어느 교인에게 선물 받은 것'이라고 자랑하고 싶습니다."

그 다음 주일. 넥타이 사온 사람은 아무도 없었다. 그러나 학생 한 명이 정말로 천 원짜리 넥타이 한 개를 사 들고 왔다. 다른 사람이 아닌 행진이었다. 지금도 나는 그 넥타이를 잘 간직하고 있다. 그리고 아무리 후지고 오래되었어도 1년에 꼭 한 번은 그 넥타이를 매고 예배인도를 한다. 그런데 그 행진이가 이번에는 세상에 그 어떤 값진 것보다 값진 것을 교회 건축을 위해 바치겠다는 것이다. 그 학생이 나에게 보여준 사랑은 그 어떤 사랑보다 큰 예수님의 사랑이었다. 그래서 울었다.

나는 목회하면서 많이도 울었다. 가난해서 울었고, 서러워서 울었고, 불쌍해서 울었고, 슬퍼서 울었고, 고마워서 울었다. 그 어린 행진이가 나를 또 울게 만들었다.

"신장을 바치겠습니다. 기도해 주십시오!"
내 가슴을 치는 폭탄발언이었다.
"행진아! 내가 아무리 못난 목사라도 내 교인 신장 팔아 교회 지을 놈으로 보이냐?"
"그런 소리 하지 마!"
만류하면서 흐르는 눈물을 주체할 수가 없었다.

그날 내 마음에 큰 변화가 일어났다. 목사인 나는 도망갈 생각만 하고 있는데 어린 학생 교인은 신장을 바쳐 교회 건축할 생각을 하다니 참으로 하나님 앞에 부끄럽기만 했다. 그 순간 마음속으로 다짐했다.
'행진아! 이제는 걱정 말아라. 내가 이 교회를 반드시 반석위에 세우기 위해 내가 신장을 바치든지, 내 생명을 바치든지, 내 일생을 바치든지 하마!'

그래서 신학교 졸업반 때 '3년만' 생각하고 온 목회가 26년째 이어졌다. 행진이는 이제 마흔이다. 얼마 전에 안수집사로 취임했다. 아직도 미약한 교회이지만, 그리고 너무나 부족한 목사이지만 목숨 바쳐 교회를 세울 각오로 목회의 길을 걸어갈 것이다. 행진이에게 부끄러웠던 만큼 앞으로 충성을 다해 교회를 섬길 것이다.

너에게 돈이 오천만 원 있느니라!

"여호와께서 모세에게 일러 가라사대 이스라엘 자손에게 명하여 내게 예물을 가져오라 하고 무릇 즐거운 마음으로 내는 자에게서 내게 드리는 것을 너희는 받을지니라"
(출 25:1-2)

교회가 3층으로 이사한 지 1년이 지나자 새로운 욕심이 생겼다. 2층까지 세를 내어 2, 3층을 같이 쓰고 싶었다. 2층은 당시 만화방이었다. 그래서 그해 교회 목표를 '성전 터를 넓히자'로 정했다. 그때 정주교회에서 현재 예배드리고 있는 건물을 팔고 새로 건축한 건물로 이사를 간다는 소식을 들었다. 그 건물을 1억 원에 내놨다고 한다. 이 정도 액수는 우리 교회 형편으론 꿈도 꿀 수 없는 규모다. 어느 날 새벽기도를 드리는데 나도 모르게 갑자기 그 교회 건물을 사게 하소서 하는 기도가 나오는 게 아닌가! 한 번이 아니라 자꾸만 며칠이나 나왔다. 스스로 나를 질책하고 타일렀다.
'기도도 욕심내면 죄야!'

그런데 어느 날 새벽 갑자기 하나님의 말씀이 들렸다.
"너에게 돈 5000만 원이 있느니라! 그 건물은 너만 헌신하면 살 수 있느니라!"
"예? 제게 무슨 돈이 5000만 원이나 있습니까?"하고 웃었다.
하나님은 계속 말씀하셨다.
"네가 살고 있는 집이 2000만 원이지?"
"네! 그런데요…."
"그걸 바쳐라!"
그 건물은 광주에 집을 사 주시려 했던 어머니가 대신 정읍에서 사 주신 정말 조그만 아파트 한 채였다.
"그리고 이 교회 전세보증금이 1000만 원이지?"
"네, 그러네요!"
"그럼 모두 3000만 원이지?"
"네!"
"그리고 교회 돈 400만 원 있지?"
"네!"
"그리고 네 교인들이 이렇게 헌금을 할 것이다."
그러시면서 헌금 목록을 보여주셨다.
당시 고3 학생들이 졸업하고 나서 목사님과 함께 교회 한 번 세워보겠다고 취직한 청년이 15명 정도 됐다.

목회 이야기

220_221 하나님은 살아계신다

"그들 중에 누구누구 100만 원, 누구는 10만 원, 그리고 장년들 중에서 누구는 100만 원, 누구는 1만 원 등등….”

하나님이 일일이 가르쳐 주셨다.

"교인들에게서 1650만 원 정도 나올 것이다. 그럼 교회 저축된 돈과 합하면 약 2000만 원이다. 그럼 5000만 원이 되느니라!"

"그래요? 그럼 하나님 나머지 5000만 원은 어떻게 만듭니까?"

"네 장인 목사님이 100만 원, 네 처남이 150만 원, 네 처외삼촌이 200만 원 정도, 그리고 강진교회 김 장로가 30만 원 등등의 액수를." 하나님이 일일이 가르쳐 주시는 데 놀랍기만 했다.

"5500만 원 정도 만들어지면 1500만 원은 대출 받아!"

"하나님, 그래도 3000만 원이 부족한데요?"

"나머지 3000만 원은 그 건물을 팔려는 교회에서 은혜를 베풀게 하마."

"3000만 원이나요? 그게 쉬울까요?"

"네가 그 교회 담임목사께 편지를 쓰렴! 그럼 7000만 원에 구입할 수 있을 것이다."

바로 그 교회 목사님께 구구절절 편지를 썼다.

"목사님! 저에게 지금 5000만 원이 있습니다. 그 건물 7000만 원에 파시죠! 제 집을 팔아 2000만 원+교회 전세보증금 1000만 원, 이 돈 3000만 원은 당장 만들어 드릴 수 있습니다. 그리고 우리 교인들이 2000만 원 정도 만들 수 있습니다. 그리고 제 매형이 기업은행 지점장인데 부족한 것은 대출받아 드릴 수 있습니다."

바로 답신이 왔다.

내가 원하는 조건, 아니 하나님께서 말씀하신 조건에 꼭 맞는 답

목회 이야기

신이었다. 계약은 일사천리로 진행됐다. 기도하는 목회자에게 정말 하나님은 어느 교인이 헌금을 얼마 할 것인지, 어느 외부인이 얼마나 도와 줄 것인지 일일이 알려 주셨다. 정말 놀라운 것은 조금도 틀리지 않으셨다. 하나님은 이미 누가 얼마 할 것인지, 누가 전혀 안 할 것인지, 누구는 겨우 1만 원 하고 시험들 것인지 다 알고 계셨다. 모든 것이 하나님의 말씀대로, 그대로 다 이뤄졌다.

더욱 놀라운 것은 '하나님! 저 사람은 돈도 많고 친분도 있는데 적어도 100만 원은 도와주지 않을까요?' 했는데 '아니다!' 하시면 영락없이 아니었다.

또 '하나님 제 모교회는요? 제가 그 교회 부흥에 일등공신인데 아직까지 한번도 도움 안 받았는데, 이때를 위해 손 한 번 벌리지 않았는데 얼마나 받을 수 있겠습니까?' 했더니 '아니다. 한 푼도 안 줄 것이다.'

"그 말씀대로 조금도 틀림없이 그대로 되었다."

"오! 놀라워라!"

집에 내려갔더니 어머니가 그러셨다.

"야, 영교야! 우리 목사님께 말씀드리자. 그럼 조금이라도 도와주지 않겠니? 장로님들께 말씀드리자!"

"어머니! 가지 않을래요. 우리 하나님이 절대 안 도와줄 거라 하셨어요."

어머니가 화를 내시면서 자꾸 가보자고 하셨다. 마지못해 따라나섰다. 결과가 뻔한 데도 말이다. 역시 하나님이 말씀하신 대로 단 한 푼도 도움을 받지 못했다. 차라리 안 간만 못했던 것이다. 하나님은 너무나 정확하신 분이시다. 하나님이 계시하신 대로, 말씀하신 그대로 일원짜리 하나 안 틀리고 그대로 되었다. 그래서 그 교회 건물로 이사를 할 수 있었다.

어떤 목사가 기독교 신문에 하나님과 대화했다고 말한 목사들이 있더라. 어떻게 그럴 수 있느냐면서 말도 안 되는 것처럼, 마치 그런 목사는 잘못된 이단 목사인 것처럼, 자기는 아직까지 하나님과 한번도 대화를 하지 못했다고, 그것이 옳은 것처럼 쓴 글을 본 적이 있다.

'모르면 말을 하지 말지….'

모세는 하나님과 대면하여 말하던 자라고 했는데 오늘날도 하나님은 그 사랑하는 종과 대화하심을 알아야 할 것이다. 그때 그 대화가 그냥 내 생각이었다면, 내가 신도 아닌데 어떻게 누구는 1만 원, 누구는 10만 원, 그렇게 일일이 다 맞혔겠나. 하나님은 조금도 틀리지 않으셨다. 3층 건물을 세 얻어서 이사한 지 2년 만에 우리는 다시 정주교회의 옛 건물을 구입해서 성전을 이전했다.

붕어빵 장사

"이에 유다와 베냐민 족장들과 제사장들과 레위 사람들과 무릇 그 마음이 하나님께 감동을 받고 올라가서 예루살렘 여호와의 전을 건축코자 하는 자가 다 일어나니"
(스 1:5)

우리 교회에는 어른 교인이 거의 없었고, 또 헌금할 만한 교인들도 없었다. 학생들이 대부분이었고, 그들 중에서 이제 고등학교를 갓 졸업하고 취업을 한 몇 사람이 100만 원씩 헌금을 했다. 어느 날 유행진 선생이 찾아왔다.

"목사님! 우리 교회 건축헌금을 위해 우리가 뭔가 해야 할 텐데 돈이 없습니다."

"무슨 방법이라도 있어요?"

"그래서 생각한 건데요. 붕어빵 장사를 하려고 합니다."
"네? 붕어빵 장사요?"
"잘만 하면 제법 많이 헌금할 수 있을 것 같습니다."

그래서 붕어빵 기계와 리어카를 사기로 하고 모금을 좀 하고 70만 원 정도는 행진이가 다른 청년에게 개인적으로 빌렸다. 붕어빵 기계와 리어카도 사고 밀가루와 팥을 비롯해 여러 가지 재료도 구입했다. 이제 구워서 팔 일만 남았다고 생각했는데 그게 아니었다. 하루 이틀 정도는 붕어빵 굽는 연습을 해야 했다. 그러다 제대로 구워진다 싶으니까 리어카를 밀고 목이 좋은 곳에 자리를 잡고 붕어빵 장사를 시작했다. 유 선생은 장사를 제법 잘 했다. 이렇게 벌다간 곧 빌린 돈 70만 원도 갚겠구나 생각했다. 그런데 어느 날 유 선생이 걱정이 가득한 얼굴로 찾아왔다.

"목사님! 우리 붕어빵 파는 곳 옆에서 어떤 아줌마가 붕어빵 장사를 하는데 우리 때문에 장사 못해먹겠다고 해요. 어떡하죠, 목사님?"

"그럼 안 되지…. 우리가 가난하고 어려운 사람을 도와줘야 하는데 돕기는커녕 그들의 생계를 위협하면 되겠느냐! 다른 데로 자리를 옮기도록 하자."

학생들이 말하기를
"목사님 목이 좋은 곳은 이미 다른 사람들이 자리 잡고 장사를 하고 있습니다."
"어디로 가야하나요?"

목회 이야기

그래서 어쩔 수 없이 캄캄하고 사람들도 별로 다니지 않는 다른 장소로 옮기게 되었다. 결국 한 달 동안 장사를 하고 계산을 해 보니 그동안 고생하여 번 돈이 재료비를 제하고 나니 이익을 본 게 아니고 손해를 봤다. 그것도 우리가 서로 붕어빵을 많이 사 먹었기에 그 정도였다. 우리 학생 청년들은 날마다 붕어빵을 10개 이상을 먹었다. 어느 날 밀가루 반죽을 하고 팥을 끓이면서 피곤해 사택 토방에 앉아 있는 유행진 집사님께 "유 집사님, 붕어빵 장사를 그만둡시다. 이건 돈을 벌려고 한 것이 아니라 하나님께 이 모습이 기도라고 생각돼서 하자고 한 것입니다." 유 집사님은 내 아내와 함께 사택에서 날마다 팥을 삶고, 반죽을 했다. 그리고 유 집사님은 리어카를 끌고 나가고, 밤늦게까지 고생을 하고, 그리고 다른 청년 학생들도 같이 돕는다고 고생을 했다.

집에서 귀하게 자란 아들인데 하나님의 일을 위해 생전 해보지 않은 붕어빵 장사를 한답시고 그렇게 고생을 하는 것을 보고 참으로 미안했다. 그들의 부모님이 보시게 되면 얼마나 놀라실까? 그리고 교회는 또 얼마나 죄송하게 될까! 그래서 중단을 시킨 것이다. 그리고 계산을 했더니 그동안 번 돈이 거의 없었다. 즉, 손해를 본 것이다. 세상말로 하면 왕창 망한 것이다. 그래도 기계와 리어카는 남았기에 내년에 팔아야지 하고 보관해 두었다. 그걸 팔아야 유 집사님이 빌린 돈을 갚을 수 있기 때문이었다. 이제 날씨가 따뜻해지기 시작하니 더 이상 붕어빵 장사를 할 수 없는 계절이 왔던 것이다.

그리고 다시 그 다음 해 겨울이 와 이제 붕어빵 기계와 리어카를 팔아야지 했는데 찾아보니 없어져 버렸다.

그래서 "애들아, 리어카와 붕어빵 기계 못 봤니?"하고 물어봤다.

종진이 청년이 "목사님! 주일학교 학생 엄마가 필요하다고 해서 줬는데요!"했다.

"아니 그것을 왜 줘! 우리에게 물어보지도 않고!"

"걔네 집이 어려운 거 같아서요. 그냥 창고에 기계가 방치되어 있고, 리어카도 쓸데가 없는 것 같아 그냥 가져가라고 했어요!"

"으이그…. 알았다."

나중에 알고 보니 그 엄마는 장사를 하지도 않고 그걸 처분해서 그 돈을 가져버린 것이다. 이래저래 손해만 봤다. 그때는 비록 가난했지만 신앙생활은 참 재미있었다.

지금의 제자교회인 당시 은광교회는 엄청 가난하고 약한 교회였지만 1억 원짜리 건물을 사서 들어갈 수 있었던 기적은 이런 순수한 교회 사랑과 섬김을 저 위에서 보신 하나님이 복을 주셔서 이루어진 기적이라고 믿는다. 지금도 가끔 생각난다. 온몸에 밀가루 반죽 뒤집어쓰고 리어카를 끌고 가는 청년들, 그 추운 겨울 밤 장사가 전혀 안 되는 어두운 골목에 가득 모인 우리 교회 학생, 청년들….

붕어빵 장사는 순전히 그들의 잔치였다. 자기들이 다 굽고, 자기들이 다 사먹고….

자기들이 세상에서 가장 행복한 사람들이나 되는 것처럼 마냥 즐거워했다. 차가운 밤공기를 녹이는 웃음들이 자지러진다.

"깔깔깔~ 호호호~ 낄낄낄~!"

이전과 다툼

"그러므로 아브람의 가축의 목자와 롯의 가축의 목자가 서로 다투고 또 가나안 사람과 브리스 사람도 그 땅에 거하였는지라" (창 13:7)

지금은 고인이 되신 전주교회 원로목사님이시며 증경 총회장님이신 이대준 목사님을 모시고 주일 예배를 드렸다. 낮 예배와 오후 예배까지 말씀을 전해주신 목사님을 버스터미널까지 택시로 배웅해드리고 돌아오는 길이었다. 터미널에서 교회까지 걸어서 10분 정도 거리라 걸었다. 그런데 갑자기 양쪽 다리 모두에 쥐가 나기 시작했다. 힘든 일을 한 적도 없는데, 주일 예배 말씀도 전하지 않았는데 말이다. 왜 이러지…? 한참 서 있다가 다리가 좀 풀리자 걸어오면서 생각했다. 왜 다리에 힘이 풀리고 쥐가 나는 거지? 몸에 분명히 이상이 있

목회 이야기

구나! 내일 꼭 병원에 가 봐야겠다.

　다음날 바로 병원에 가서 검사를 받아보았다. B형 간염에 걸렸다는 것이다. 음성이라고 했다. 그런데 입원을 하는 게 좋겠다고 했지만 당시 교회 이전 문제로 어려운 시기라 망설일 수밖에 없었다. 교회 이전 문제로 어려운 시기였다는 것은 바로 이런 상황을 겪고 있었던 시기였기 때문이다. 교회 이전으로 생긴 다툼 문제의 실상은 이렇다. 우리가 건물을 사서 옮긴 교회에는 그 교회에 다니던 교인 중 일부가 남아 우리와 합류했다. 그런데 그들이 우리 어린 학생들을 때리고 혼내고 괴롭히곤 했다. 당시 우리 교회에서 나와 함께 간 교인이라고는 대부분이 어린 학생들이었고 어른이라고 해야 남자 한 분, 여자 서너 분 정도였다. 거기에다 개척교회 교인이라 신앙이 약한 분들이었다. 그런데 그 교회 남은 교인들은 신앙생활을 한 지도 오래됐고 키 크고 힘이 센 남자들도 있어서 우리 학생들로서는 상대가 못됐다. 그렇지만 할 수만 있다면 같이 합하여 한 교회를 이뤄보려고 노력을 많이 해보았다.

　그러나 교인들끼리 갈수록 간격이 커져 가는 것을 알게 됐다. 그것도 어린 학생들과 어른들 사이에 말이다. 그들 뒤에는 그 교회 전임 목사님이 있고, 그 목사님은 미국에 갔다가 돌아와 임지가 없어서 기도 중이라는 사실을 알았다. 당연히 절대로 하나가 될 수 없었다. 이 일을 통해 내가 깨달은 것은 두 부류의 교인들을 합치려고 할 때 뒤에 움직이는 목사님이 계시면 절대로 하나가 안 된다는 것이다. 솔직히 나는 우리 교회에는 어린 학생들뿐이니까 그들과 같이 힘을 합하면 큰 교회를 이룰 수 있겠구나 하고 내심 기대도 했었다. 그리고 먼저 믿은 나이 드신 어른들이 가르쳐 주고 끌어 준다면 우리 교인들이 참 좋아하겠다는 생각도 했다.

　청년 시절 강진교회에서도 이와 비슷한 경험이 있었다. 그때도 우리 교회는 어린 학생들뿐이었다. 침례교회에서 나온 교인들이 우리 교회로 와서 학생들과 함께하면서 교회가 크게 부흥됐었다. 그런데 여기는 날마다 전쟁 중이다. 그들은 자기들 교회니까 나가라고 하고, 우리는 우리가 돈을 주고 샀으니 분명히 우리 교회라고 하니까, 패가 나뉘어 날마다 싸우게 된 것이다. 그들의 주장은 이랬다.

"목사님이 사택 팔아 넣은 돈은 해드릴 테니 그 돈 2000만 원만 받아서 그냥 목사님만 나가시면 됩니다. 목사님은 아직 젊고 얼마든지 좋은 교회로 갈 수 있으니 그냥 가시는 게 좋겠습니다. 그럼 우리는 우리 최신석 목사님을 모시겠습니다."

　우리 교회는 이미 7000만 원 전액을 모두 지불한 상황이었는데도 2000만 원만 받고 나가라니 이게 말이 되는 소리인가? 그리고 이사를 오자마자 힘들여 해온 그 많은 교회 일은 또 어떻고 하란 말인가. 기존에 없었던 중층을 철근과 시멘트 공사로 30평 정도 마련해 식당 겸 유아실, 교육관을 만들고 계단도 만들었다. 그리고 의자도 새로 구입하고, 에어컨도 설치하고, 앰프 스피커도 새로 구입하고, 페인트칠도 하고, 천장 공사도 했다. 그때 그들이 우리가 처음 정주교회(지금은 명성교회)에 지불한 7000만 원만 주겠다고 했어도 미련 없이 그냥 떠났을 것이다. 그러니 감정의 골이 깊어지지 않을 수 없었다.

　처음 우리가 정주교회 옛 건물을 사려고 할 때 그들 중 한 사람

이 우리 교회 교인들에게 은광교회에서 이 건물을 사면 자기들이 십일조만 드려도 이자는 충분히 감당할 수 있다며 사라고 권했다. 그리고 우리는 계약을 추진해 성사시켰다. 며칠이 지나지 않아 그들이 한 무리로 나를 찾아와서 '오지 마시라, 이제라도 해약하시라, 그렇지 않으면 가만두지 않을 것이다'라며 협박에 가까운 말들을 남기고 갔다. 그러려면 처음부터 우리 보고 사지 말라고 했었어야지 말도 되지 않는다.

사태가 이렇게 되자 내가 남의 교회 일에 끼어들어 싸울 일이 아니라는 생각이 들어 우리와 건물 매매 계약을 한 정주교회 목사님을 찾아갔다.

"목사님! 어제, 남은 교인들이 나를 찾아와서 만류했습니다. 계약을 해약하려고 합니다. 돈을 돌려주시면 안 될까요?"

그 목사님 교회는 지금 한창 건축이 진행 중이라 돈이 없었던 모양이었다.

"안 돼요! 계약은 계약이에요! 절대로 안 돼요!"

"……."

"재판을 하려면 하세요! 법으로도 내가 이깁니다. 계약금은 절대 돌려줄 수 없습니다."

나는 겨우 서른넷, 그 목사님은 쉰이 다 되신 대선배 목사님이셨다. 우리 교회 치리목사님이셨으며 지방회에서도 어르신이시라 어쩔 수 없이 해약 문제는 없었던 일로 끝났다. 내가 입원을 해야 함에도 선뜻 입원할 수 없었던 것은 그 남은 교인 중 일부가 우리 어린 학생

목회 이야기

들을 닥치는 대로 때린다는 사실을 알고 있었기 때문이다. 그런 와중에 어린 학생들만, 힘없는 어린 교인들만 놔두고 담임목사가 입원한다는 것은 사자 입에 어린 토끼를 돌보라며 놔두는 꼴이라는 생각이 들었다. 그래서 입원을 하지 않았던 것이다.

그리고….

모든 것을 하나님께 맡기고 열심히, 최선을 다해 목회에만 집중했다.

나는 간염 상식이 없었기에 고생을 사서 한 꼴이 됐다. 이전과 변함없이 수련회를 인도했다. 열심히 안수기도 하고, 찬송 인도하고, 기도회도 인도하고 그랬다. 찬송을 인도하다 보면 너무 힘들어 '아! 죽겠구나. 너무 힘들구나!' 싶어도 '목사가 죽도록 충성해야지' 하는 마음에 멈추지 않고 더욱 열심을 내어 찬송 인도를 했다.

학생들 중에 아예 생둥이들은 기도도 잘 하지 않는다. 기도가 터질 때까지 죽도록 안수를 해야 했다. 어떤 여학생은 정말 힘들었다. 나는 그 여학생을 30분 동안 안수를 했다. 비록 졸업하고 다른 교회에 갔지만 나중에 그 여학생은 목사 사모가 되었다.

건강할 때는 괜찮았지만 몸이 아프니까 힘이 많이 들었다. 그래도 그렇게 수련회를 인도했다. 그리고 몸이 아파 힘이 들어도 교회 일은 멈추지 않았다. 아니 멈출 수가 없었다. 오래된 건물이라 페인트를 칠하고, 수리하고 일을 참 많이 했다. 무엇보다 천장에 페인트를 칠하는 일은 가장 힘이 부치는 일이었다. 그렇게 힘들고 힘들어도 '죽도록 충성해야 한다'는 일념으로 열심히 페인트를 칠했다. 거기에다 어느 여자 집사님이 학원을 운영하시는데 벽이 너무 더러워졌다고 하셔서 찾아가 페인트칠을 해드렸고, 또 다른 교인이 멀리 이사를 간다고 해서 이삿짐도 열심히 날라드리고, 그러면서도 내 몸은 내가 돌보지 않고 말이다.

　간염에 걸린 환자는 초기에 반드시 쉬어야 하는데, 내겐 그런 상식조차 없었다. 그래서 만성 간염환자로 진행됐던 것이다. 지금 생각해 보니 그때 잠시만이라도 쉬었더라면 몸이 이렇게 망가지지는 않았을 것이며 간이식까지 가는 상황은 오지 않았을 것이다. 어느 날 새벽 교회에 가 보니 의자 30개에 우리 청년과 학생들이 다 하나씩 차지하고 잠을 자고 있었다. 그 남은 교인들이 온다고 해도 앉을 자리를 없애야 한다는 생각에서 그랬다고 했다. 원래 우리 어린 학생들은 그런 아이들이 아니었는데 결국 서로 싸우는 꼴이 돼버렸고 교회는 싸움판이 된 것이다.

　할 수 없이 그들, 정주교회에서 남은 교인들의 대표인 여자 집사님을 찾아갔다. 그랬더니 거품을 물고 욕을 했다. 학생들이 싸가지가 없다고 하기도 했다. 그러다 내 편을 들어주는 말도 했다.
　"목사님! 이런 모든 일이 목사님 교회를 연단시키는 하나님의 뜻입니다. 그래야 믿음이 자라고 교회가 부흥할 것입니다. 그리고 결국 목사님 교회가 이길 것입니다."
　"……."
　"그런데 학생들 참 싸가지가 없어요. 싸가지가 등등의 말을 했다."
　하나님이 그 사람의 입술을 통해서 당신의 말씀을 하신다고 생각했다.

'이런 경우를 양신 역사라고 해야 하나….'

교회 다툼이 시작된 지 1년이 지났다. 남은 교인들의 대표가 찾아왔다.

"목사님! 우리가 나가겠습니다."

"……?"

"목사님이 '우' 하라면 우리가 '우' 하고 목사님이 '좌' 하라면 우리가 '좌' 하겠습니다."

사실 그 말도 썩 반갑지는 않았다. 솔직히 마음조차 피곤했던 내겐 '아이고, 가려면 가고 말려면 말든가'라는 생각밖에 없었다.

다툼이 길어지다 보니 내 마음은 이렇게 정리돼 가고 있었다. 다투고 있는 두 무리를 한 무리로 만들어 교회를 안정시킨 후 1년쯤 지나면 그들이 나를 원하든 원하지 않든 상관없이 임지를 옮길 생각이었다. 그렇게 하지 않고 내가 나가게 되면 우리 교회 어린 학생들은 교회를 떠나 흩어질 수밖에 없을 것이란 걸 잘 알기 때문에 이들을 지키려는 뜻에서 결심한 속 깊은 생각이었다.

예수님이 삯군은 늑대나 곰이 나타나면 양을 두고 도망간다고 하셨다. 나는 결코 삯군이 되지 말아야겠기에 우리 어린 학생 교인들을 지켜 주어야 했던 것이다. 1년 만에 교회에 평화가 찾아왔다. 그들, 남은 교인들은 그 교회 전임자 최신석 목사님을 모시고 온누리교회를 개척했으며 7년 후에 교회를 건축했다. 그리고 우리 교회는 그들보다 1년 늦은 8년 만에 교회를 건축했다.

미안하다, 성민아!

"육에 속한 사람은 하나님의 성령의 일을 받지 아니하나니 저희에게는 미련하게 보임이요 또 깨닫지도 못하나니 이런 일은 영적으로라야 분변함이니라"(고전 2:14)

한 번은 학생이 한 명 등록했는데 얼굴이 너무나 험상궂게 보였다. 마치 사람을 죽이든지 자기가 죽든지 할 것처럼 보였다. 그래서 학생회 교사로 있는 유행진 선생님에게 그 학생을 특별히 부탁했다.

"저 애는 저대로 놔두면 큰일 날 아이니까, 선생님이 특별 관리 좀 해 주세요."

유 선생님은 같이 음식도 먹고, 같이 잠도 자고, 같이 기도도 하면서 그 아이를 위해 많은 헌신을 하셨다. 그 학생은 차츰 얼굴도 밝아지고 신앙도 들어갔다. 그런데 시기동교회로 교회가 이사한 뒤에 그 시기동교회에 남아 있던 예전교회의 신자에게 학생들이 좀 얻어 맞는 일이 일어났다. 화가 난 이 학생이 어느 날 나를 찾아왔다.

"목사님! 제가 저 키 큰 집사님인가 뭔가 하는 사람을 새벽기도 나올 때 칼로 찔러 죽여 버리겠습니다."

"뭐? 뭐라고? 너 무슨 그런 큰일 날 소리를…. 그럼 안 돼!"

그런데 어느 날 새벽에 그 학생이 교회 뒤에서 권투 자세를 취하고 휙휙 허공에 주먹을 날리고 있었다. 내가 보니까 멈췄다. 그 후 교인들 사이에서 그 애가 무서워 교회를 못 나오겠다는 말이 퍼졌다. 안되겠다 싶어 그 학생을 다시 불러 타일렀다. 들은 체도 않고, 심지어 이런 말까지 했다.

"목사님! 제가 깡패 형들을 많이 알고 있는데요! 제가 부탁하면 저 사람들 다 쓸어버릴 겁니다."

"뭔 소리여! 너 나 죽일 일 있냐?"

그런데 갈수록 이상해지더니 정신이상 증세까지 보이기 시작했다. 밤에 며칠이고 잠을 안자고 정읍 시내를 돌아다니기도 한다. 전도한다며 성경책을 들고 다 잠자는 캄캄한 밤에 길에 서서 소리를 고래고래 질러대기도 했다.

"예수 믿어라! 안 믿으면 지옥 간다!"

심각한 정신장애가 왔다고 판단하고 전주에 아는 병원까지 데리고 가 치료를 해 주었다. 그 청년은 결코 귀신들린 것은 아니었다. 그 애 형이 내게 이렇게 말했다.

"내 동생은 이번이 처음이 아닙니다. 몇 년 전에도 그랬습니다."

내가 그 아이를 데려와 기도를 해 주었더니 며칠째 잠을 못 잔 아이가 잠에 빠졌다. 그리고 집에 돌려보냈다.

다음날 그 집 식구들이 찾아와서 부탁했다.

"목사님! 집에는 도저히 둘 수가 없습니다. 애가 무섭습니다. 목사님이 데리고 있을 수는 없겠습니까?"

그 즈음 나는 간염과 당뇨가 동시에 발생해 몹시 힘들어할 때였다. 병원에서 의사가 입원을 권하는데 교회 사정이 워낙 급박해서 입원을 못하고 있었다. 도저히 그 애를 데리고 있을 만한 형편은 못 됐다. 그래도 한 번 데리고 있어보리라 마음먹고 데려왔다. 한 일주일 정도 데리고 있었더니 눈에 띄게 많이 좋아졌다.

그런데 여기저기 교인들 사이에서 말이 많았다. 여학생들이 무서워서 교회를 못 나오겠다고 했다. 어른들까지도 무서워 교회에 못 오겠다고 했다. 그런 상황에 더는 교회에 둘 수가 없었다. 하는 수 없이 그 애를 가족들에게 데려가 형편을 이야기해 주고 이렇게 말했다.

"다른 사람들이 무서워하니까 교회에 둘 수가 없습니다. 그 대신 제가 매일 기도해 드리겠습니다."

그런데 다음날부터 그 애가 교회에 걸음을 하지 않았다. 궁금해서 전화를 했더니 신령하다고 소문난 경기도의 어느 기도원에 보냈다고 했다. 아마 집에 데리고 있기가 무서워 식구들도 감당하기 어려워서 보낸 게 아닌가 짐작했다.

"아! 그래요? 저는 기도하겠습니다."

그리고 그 애 상태가 궁금해서 한 달 후 다시 그 집에 전화를 해 보았다.

"지금 아이 건강 좀 많이 좋아졌습니까?"

"기도원에서 우리 아들을 위해 기도해 준다고 했는데… 아들이 죽었습니다."

"네?"

"심각한 군대귀신이 들어갔으니 금식기도 해야 한다며 아이에게 밥도 안 먹이고 묶어 놓고 만날 때리고… 그러다 결국 죽었습니다."

"……."

"목사님이 우리 아들을 교회에서 계속 데리고 계셨으면… 그랬다면 우리 아들이 안 죽었겠지요."

나를 원망하는 어머니의 목소리는 젖어 있었다.

정신이상이 심각하면 약간은 귀신들린 것 같은 모습도 보인다. 그러나 그런 경우 귀신들린 사람을 다루듯이 치료하면 안 된다. 병원 정신과 치료를 받아야 한다. 그리고 기도를 자주 해 줘야 한다. 한 번에 낫는 경우보다는 자주 기도해 주면서 상태를 살펴야 한다. 시간을 두고 치료해야 한다. 그런데 그런 경우 보통은 군대귀신 들어간 것으로 착각하기도 한다. 그리고 병원 치료도 하지 않고 심하게 다루면 더 악해지기만 한다.

그 부모님과 그 학생에게 얼마나 미안하든지… 그때 상황에선 나로서도 어쩔 수가 없었지만 그래도 많이 미안했다. 오랫동안, 그리고 지금도 가끔 그 학생 얼굴이 떠오른다. 그리고 눈물이 흐르기도 한다.

"미안하다 성민아! 미안하다 성민아! 내 사랑이 많이 부족했구나!"

여호와의 불기둥

"여호와께서 그들 앞에 행하사 낮에는 구름 기둥으로 그들의 길을 인도하시고 밤에는 불 기둥으로 그들에게 비춰사 주야로 진행하게 하시니"(출 13:21)

새로 터를 잡은 시기동 교회 주변은 여자들을 두고 장사하는 술집골목이었다. 술집 골목에 인접한 교회는 전도하기가 매우 어렵다. 교인들이 이런 말을 쉽게 한다.

"목사님! 제 남편이 교회 옮기래요. 술집골목에 아이들을 데리고 다니는 것이 자녀 교육상 좋지 못하대요."

이른바 홍등가이기 때문에 골목 입구에 '청소년 금지구역' 경고판이 세워져 있다. 사실 그런 지역에서 교회 학생회와 청년회가 부흥한다는 것은 거의 기적에 가까운 일이다. 사택이 교회와 함께 있어서 교회 주변에는 우리 아이들의 친구도 거의 없었다. 어쩌다 한둘 겨우 있으면 술집을 경영하는 주인의 아이들이었다. 교회가 좁은 골목길에 있다 보니 교인들이 승용차를 가지고 오면 주차할 곳도 마땅찮을 뿐만 아니라 골목길을 드나들다 담벼락이나 전봇대에 긁혀 흠집이 생기곤 했다. 교회 차도 마찬가지로 사방 성한 데 없이 온통 긁힌 흠집 투성이었다.

그래서 어느 날부터 술집 문을 닫고 골목길을 넓혀 달라고 하나님께 100일 새벽기도를 드렸다. 새벽마다 기도했다.
"하나님! 술집들 문 닫게 하소서! 골목길을 넓혀 주소서!"
그리고 여리고 기도도 1월 첫 주에 일주일간 했다.
새벽기도가 끝나면 교인들과 함께 캄캄하고 추운 겨울날 눈을 밟으며 술집 골목을 돌면서 마음속으로 기도하며 외쳤다.
"무너져라! 무너져라! 술집들아!"
교회에 돌아와 다시 큰 소리로 부르짖어 기도했다.

그러던 어느 날 국가에서 유흥가와의 전쟁을 선포했다. 술집들은 영업을 못하게 됐다. 밤에 나가 보니 그 홍등가였던 거리가 캄캄했다. 교인들도 깜짝 놀랐다.
"목사님! 정말 우리들의 기도대로 술집들이 문을 닫았어요!"
모두가 기뻐했다.
더욱 놀라운 일도 벌어졌다. 골목에는 목재소가 있고 목재소 옆에 여인숙이 하나 있었는데 늘 술 취한 남자들과 술집 여자들이 들락거렸다. 그 여인숙은 바로 교회 입구에 있었다. 그래서 항상 교회 청년 자매들이 교회 오기가 무섭다고들 했다.

어느 날 "불이야!" 소리가 들리나 했더니 곧 이어 소방차가 출동하는 소리가 '앵앵' 들렸다. 사람들이 시끄럽게 떠드는 소리도 들리고 야단이었다.

"여보! 밖에 불 났나봐!"

"뭐? 어디서…?"

구경 중에 불구경이 제일 재미있다고 나는 밖으로 뛰어나갔다. 목재소에서 시뻘건 불길이 치솟으면서 사방에 열기가 번졌다. 불은 삽시간에 목재소를 태우고 순식간에 여인숙으로 옮아붙었다. 걷잡을 수 없이 하늘로 높게 치솟은 불길은 여인숙마저 삼켜버렸다. 불길이 얼마나 높이 솟으며 타올랐던지 전봇대보다 높이 솟아올랐다.

'여호와의 불기둥도 저랬을까….'

사실 그 여인숙은 도시계획에 따라 소방도로가 확장되면 뜯겨야 할 집이었다. 시 예산이 확보되지도 않았고, 여인숙은 괜찮은 돈벌이를 버리기는 싫었을 것이고 그래서 그 자리에서 오랫동안 여인숙 영업이 계속돼 왔던 것이다.

그 후 여인숙 사장이었던 분이 나를 찾아왔다. 다시 그 땅에 건물을 지어야 하는데 도시계획상 도로 위에는 건축을 할 수 없었으므로 도로를 (자기 땅을) 10센티미터 정도 물고 건물을 지을 생각인데 눈 좀 감아줄 수 없겠느냐고 했다. 만일 교회 목사인 내가 이의를 제기하면 건물을 지었다가도 부숴야 한다고 하면서 말이다.

목회 이야기

"목사님! 조그만 가게라도 만들 수 있도록 한 뼘 정도만 허락해 주세요!"

사실 그 땅은 우리 교회에 재산권이 있는 게 아니었는데도 오히려 땅 주인이 건물을 짓게 땅 권리와 아무런 상관없는 나에게 허락을 해 달라고 하니 놀라운 일이었다. 하나님의 영권이 그가 사랑하시는 교회와 함께 하시니 오히려 내가 땅 주인같이 된 것이다.

그 사장은 그 자리에 조그만 가게를 하나 냈다. 우리 교회 골목은 크게 넓어졌다. 이젠 차가 들락거려도 긁혀 흠집 나는 일이 더는 생기지 않았다.

그 홍등가 술집들은 우리가 그 교회를 이전할 때까지 그렇게 몇 년 동안 영업을 제대로 하지 못했다. 우리가 떠난 후 다시 가보니 몇몇 가게만 문을 열어놓고 홍등을 켜놓은 채 겨우 영업하고 있었다.

며칠 전 그 근방에 살고계신 권사님이
"목사님 지금은 그 술집 다 없어졌어요!" 하신다.

술집 여자들

"간음하는 여자들이여 세상과 벗된 것이 하나님의 원수임을 알지 못하느뇨 그런즉 누구든지 세상과 벗이 되고자 하는 자는 스스로 하나님과 원수되게 하는 것이니라"
(약 4:4)

교회가 술집골목과 가까이 있다 보니 웃지 못 할 일이 많이 생겼다.
　내가 무슨 일로 밤에 나가면 여자들이 여지없이 옷을 잡아끌었다.
"오빠 놀다 가!"
그럼 다른 아가씨가 그런다.
"야! 은광교회 목사님이야!"
그리곤 부끄러운지 얼른 들어가 버린다.
아가씨들이 낮에 빨래하고 있는 모습은 그저 평범한 여성들로 보

목회 이야기

인다.

그러나 밤만 되면 정말 아름다운 여성으로 바뀐다.
그때 교회에서 청년들이 자주 썼던 유행어가 있었다.
"속지 말자, 화장발! 속지 말자, 조명발! 속지 말자, 사진발!"
청년들이 이 유행어를 서로 주고받으며 웃음을 터뜨리곤 했다.

그런데 한 술집 주인 여자가 교회에 나왔다. 그분은 여의도 순복음교회 집사였다고 한다. 미용사 자격증도 있고 오랫동안 미용실을 했는데 별로 돈을 벌지 못했다. 그래서 술집을 시작했다는 것이다.
그 여자는 1년에 보통 1억 원을 번다고 했다. 20여 년 전이라 그 당시 1억 원은 정말 큰돈이었다. 그리고 술집에서 일하는 여자들을 전도해서 데리고 왔다.

그녀는 어느 날 나를 찾아와 기도를 부탁했다.
"목사님! 기도해 주세요! 아가씨 2명이 도망을 가버렸어요!"
나는 마음속으로 '아이고, 그거 잘됐다'고 생각했다.
그리고 그 다음 주일날 다시 찾아왔다.
"목사님! 목사님이 기도해 주셔서 2명 중 1명이 돌아왔어요!"
그러면서 내게 그 아가씨를 가리켰다.
"목사님! 돌아온 탕자예요!"
"……?"

'돌아온 탕자'라니 참 어이가 없었다.
한 번은 그 여자가 아가씨 다섯을 데리고 찾아왔다.

"목사님, 우리 아가씨들 안수기도 좀 해 주세요!"
"예, 알았습니다."
그리고 아가씨들에게 물었다.
"혹 세례는 받았습니까?"
그러자 다섯 중에 3명이나 세례를 받았다고 했다.
"학교는요?"
그 중 3명이나 고졸이었다.
너무나 마음이 아팠다.
나는 그 아가씨들의 머리에 손을 얹고 기도했다.
"주여! 어찌해야 하옵니까? 용서하여 주소서! 안타깝습니다. 너무나 많이…."
5명의 아가씨는 내 다리를 잡고 엉엉 울어댔다.
정말 불쌍하고 안타까웠다. 나 자신에게 화가 막 나기 시작했다.
'나보고 어쩌라고 말이다.'

다음 주일날 그 아가씨들은 당당히 앞좌석에 앉았다.
나름대로 제일 얌전한 옷을 입고 교회에 왔겠지만 정말 설교하면서 눈을 그쪽으로 둘 수가 없었다. 교회에서 야외예배를 가면 거기까지 따라왔다. 내 앞에 앉아서 음식을 먹고 있는 그 술집 여성들을 정말 두 눈으로 제대로 보기가 민망했다. 그래도 내게 보내주신 양이니 밀어낼 수가 없었다. 나는 스스로 마음을 추스려 위안을 찾고자 했다.
'이런 여성들만 상대하면서 목회하는 목사님도 있다는데… 어찌겠나?'

목회 이야기

어느 날은 또 그 여자가 찾아와서 그런다.
"목사님! 제가 교회 앰프와 마이크, 스피커 헌금할 게요!"
"네, 알겠습니다."

그렇게 가볍게 대답하고 새벽에 기도를 드렸다. 거룩한 하나님의 말씀이 선포되는 스피커와 앰프 마이크를 더러운 돈으로 구입해 하나님의 말씀을 전해서는 안 되겠다는 생각이 들었다. 새벽기도를 마치자마자 바로 광주에 가서 앰프와 스피커, 마이크를 모두 사와서 설치했다. 그랬더니 그걸로 시험에 들었는지 그 이후 교회를 나오지 않았다.

'그러든지 말든지….' 정말 미웠다.

햇볕 좀 주세요!

또 추수하기 석달 전에 내가 너희에게 비를 멈추어 어떤 성읍에는 내리고 어떤 성읍에는 내리지 않게 하였더니 땅 한 부분은 비를 얻고 한 부분은 비를 얻지 못하여 말랐으매 (암 4:7)

시기동 교회는 그 교회 바로 옆에 사택이 있었다. 그런데 블록 건물에 슬레이트 지붕이어서 여름에는 정말 뜨거웠다. 그 집은 천장과 지붕이 하루 종일 햇빛에 달궈졌다. 그래서 낮에도 뜨거웠지만 밤에도 뜨거웠다.

밤에도 몇 번이나 샤워를 해야만 잠이 들 수 있었다. 다행히 지하수는 너무나 시원해서 샤워를 하면 몸이 식었다. 그래서 잠이 들었다가 너무 더워 다시 일어나 샤워를 했다. 그리고 다시 잠이 들고,

목회 이야기

어떤 땐 아예 밤새 샤워하고 잠자고, 샤워하고 잠자고, 샤워하고 잠자고, 결국 새벽기도 마치고 오면 이제 집이 식어 그때부터 잠이 들곤 했다.

교회 안과 2층 교육관은 너무 더워서 예배를 드리기가 어려웠다. 이사 갔을 때는 사실 순전히 어린 학생들뿐이었기에 대부분 성물 구입을 내가 감당해야 했다. 에어컨을 본당에 2대, 2층 교육관에 1대 설치했지만 사택에는 설치할 돈이 없었다.

어느 날 다시 뜨거운 여름이 찾아왔다. 그래서 겁부터 덜컥 났다. 금년 여름은 어떻게 보내나! 그런데 그해에는 이상하게 구름이 매일 끼었다. 그리고 가끔 낮에는 시원한 폭우도 쏟아졌다. 아! 하나님은 나를 시원케 해 주시려고 온 나라에 구름을 몰고 왔나 할 정도였다.

뉴스에서는 금년은 예전에 없던 이상기온 현상이 일어나고 있다고 했다. 특히 일조량이 부족해서 벼가 알갱이가 없고 쭉정이만 있다는 것이다. 여름도 다 지나가고 이제 벼가 익을 수 있는 가을날도 며칠 안 남았는데 걱정이다. 그래서 기도했다. 하나님 나 때문입니까? 제가 참으렵니다. 햇빛 좀 비춰주세요! 그러자 갑자기 하늘이 걷히더니 햇볕이 쨍쨍 내리쬐기 시작했다. 예전에 없던 가을 더위가 시작되었다고 또 뉴스에 나온다. 그리고 그해 우리나라는 예전에 없던 대 풍년을 맞았다.

지금도 가끔 생각해 본다. 하나님 나 때문이었습니까? 설마 나 하나 시원케 해 주시려고 그러시진 않았겠지요! 지금도 우리 집에는 에어컨이 없다.

지금은 아파트에 사는데도 이상하게 우리 집은 바람이 잘 안 통한다. 여름밤에 밤새 잠 못 자고 고생하는 이야기를 설교시간에 했더니 처남이 장모님께 그 이야기를 듣고 에어컨을 사라고 큰돈 500만원을 주었다.

그럼에도 에어컨을 사지 못하고 간이식 비용에 보태려고 통장에 넣어 두었다. 지금은 간이식을 했건만 아직도 우리 집에는 에어컨이 없다. 금년에는 에어컨을 사야 할 텐데 우리야 괜찮지만 연로하신 아버지와 어머니까지 고생하실 텐데 금년에는 어떻게 시원케 하시려나.

더운 여름 내내 매미는 줄기차게 울어대고 우리 집 선풍기는 밤새 돌아간다. 그러다 어떻게 여름이 또 지나갔다. 이제 또 가을도 막바지에 접어들었다.

이제 와서 생각해 보니 나는 참된 목사인 게 분명하다. 지금 우리 교회는 방마다 에어컨이 있다.

하나, 둘, 셋, 넷, 다섯, 여섯, 일곱, 여덟, 아홉….

앞으로 나를 가짜 목사라고 하지 마세요.

내 집에는 지금까지도 에어컨이 없으니까!

살고자 하면 죽고

"자기 목숨을 얻는 자는 잃을 것이요 나를 위하여 자기 목숨을 잃는 자는 얻으리라"
(마 10:39)

'언제까지 이곳에 계속 머물러 있어야 하는가. 벗어나야 할 텐데 말이다.' 시기동에서 머무는 동안 교회 건물이 너무 낡았고 주차 공간도 부족했고 무엇보다 차량이 좁은 골목길을 드나들기가 어려웠다. 또 교회 주변에 술집이 많아 목회 환경이 좋지 않은 곳이었다. 교회가 어두운 이곳에 머물러 있는 한 부흥하기는 어렵다는 판단에 밝은 환경을 찾아 나가야 하는데 마음만 간절했지 적절한 방법을 쉽게 찾을 수 없었다.

　시기동에 이사 온 지 3년 만에 부모님이 다시 아파트를 하나 사

주셔서 이사를 했다. 새로 이사한 아파트에서는 우리 교회를 바라볼 수 있었다. 주변 빌딩은 높고 아름다운데 우리 교회는 초라하기 짝이 없었다. 그때 다윗의 고백이 들려왔다.

"나는 백향목 궁에 거하는데 하나님의 궤는 휘장 가운데 있도다."

이곳에서 목회한 지 얼마 지나지 않아 내게 더 큰 교회로 옮길 기회가 있었다. 그런데 새로운 목사가 오면 절대로 교회를 밖으로 이끌고 나갈 수 없을 것 같다는 생각이 들었다. 어쩌면 윤 목사가 이런 술집 골목으로 교인을 데리고 왔다고 원망할 것 같기도 했다. 은광교회를 구성하는 교인 대부분이 학생 때부터 나와 자란 청년들이었다. 청년들은 나와 함께 교회를 세워보겠다고 다짐하고 정읍에서 공부하고, 정읍에서 취업해 평생을 바쳐 교회에 충성하고자 하는 이들이었다. 청년들은 50명 정도 됐다. 축구팀을 3개나 만들 정도로 부흥됐다. 그런데 그 중심에 있는 목사가 출세를 목적으로 다른 곳으로 임지를 옮겨버리면 배신감을 느끼고 뿔뿔이 흩어질 것이 불 보듯 뻔했기 때문이다.

교회에는 7년 동안 적은 예산을 아끼고 모으고 하다 보니 8000만 원이란 거금이 비축됐다. 그런데 국제통화기금(IMF)에서 긴급지원을 받아야 했던 외환위기가 오면서 은행 이자가 뛰었다. 은행에서 한 달 이자가 100만 원 정도 나왔다. 어렵게 살던 나는 이렇게 많은 이자가 나오자 그동안 못 갔던 성지순례도 한 번 가보고 싶었고, 대학원 공부도 더 해서 학위 하나쯤은 더 받고 싶었다. 이런 희망과 기대가 그리 나쁘지는 않았다. 어느 날 새벽예배를 마치고 집에 가는 길이었다. 그날도 그런 즐거운 생각을 하면서 걸음을 옮기는데 하나님이 갑자기 말씀하셨다.

"살고자 하면 죽을 일이 생기고, 죽고자 하면 살 일이 생긴다!"

나는 그 음성이 교회 터를 구입하라는 말씀으로 들렸다. 그러나 그 시기에 땅을 구입한다는 건 잘못하면 죽는 길일 수 있다. 외환위기로 은행 대출이자가 천정부지로 솟아 있었다. 땅을 구입하면 은행 빚을 져야 하고, 은행 빚을 지게 된다면 이자 부담이 엄청날 것이기 때문이다. 기도하면서 교인들에게 새 성전을 지을 터를 구입하자는 이야기를 꺼냈다.

마침 적당한 땅이 매물로 나와 있었다. 좋은 위치에 적당한 땅 150평을 평당 150만 원 정도에 구입할 수 있었다. 나는 그 땅을 성전 터로 달라고 하루 한 번씩 매일 교회에서 기도를 드리기 시작했다. 우리가 가진 돈은 턱없이 부족했고 교인들이 어린 학생들과 청년들뿐이어서 건축헌금을 기대할 수 없는 교회 실정이기에 도저히 이 땅을 구입할 수가 없었다. 당시 오직 방법은 하나뿐이었다. 돈이 모자라면 가진 돈에 맞춰 살 수 있도록 땅값을 떨어뜨리는 것이 유일한 방법이었다. 매일 새벽기도가 끝나면 그 땅을 밟으며 기도를 드렸고, 저녁예배가 끝나면 나 혼자 조용히 찾아가 기도를 드렸다.

"하나님! 이 땅 가격이 70만 원으로 떨어지게 하소서! 그리하면 우리가 살 수 있겠나이다."

그렇게 기도한 지 딱 1년 만에 정말 놀랍게도 그 땅이 평당 70만

목회 이야기

원으로 떨어졌다. IMF사태로 부동산 시장이 얼어붙게 되자 땅값이 떨어졌다. 평당 70만원에 팔겠다고 부동산에서 연락이 왔다. 됐다 싶었다.

'이 산지를 우리에게 주셔서 감사합니다.'

그래서 교회의 교인들과 그 땅을 계약하기로 결정했다. 나는 계약 전날 저녁에 그 땅을 다시 찾아가 혼자 조용히 기도를 드렸다.

"하나님 이 땅을 사기로 결정을 내렸습니다."

이렇게 감사기도를 드리고 있는데 갑자기 성령님이 내 마음에 다른 말씀을 하셨다.

"여기가 아니다!"

웬일일까? 사실 그 앞에 큰 아파트 단지가 있고, 우리 교인들도 다 좋아하고, 이곳을 보고 가신 다른 목사님들도 정말 좋은 자리라고 기뻐하고 칭찬하는 땅이었다. 그런데 갑자기 성령이 제동을 거신 것이다. 그래서 다시 그 땅을 둘러보았다. 다시 둘러보니 새롭게 뭔가가 보였다.

'이리로 올 바엔 차라리 그 자리에 그대로 있어도 무방하겠구나.'

이런 내 생각에 성령께서 더 큰 생각을 주셨다.

"기왕에 교회를 옮길 거면 사통팔달의 입지조건이 좋은 큰길가로 옮겨라!"

이 땅을 보기 전에 한 번 봤던 이 땅보다 더 넓고, 위치가 더 좋은 땅으로 성령이 지시하시는 것이었다.

그 땅은 500평으로 넓기도 했지만 가격 또한 평당 200만 원으로 만만찮은 규모라서 보자마자 포기한 곳이었다. 그래도 성령의 지시

하심에 따라 어쩔 수 없이 다시 부동산을 통해 그 땅에 대해서 물어보았다. 땅 주인이 평당 150만 원을 요구한다는 것이다. 요즈음 경기가 좋지 않아 50만 원을 깎아서 부른 가격이라고 했다. 다시 그 땅을 향한 기도를 시작했다. 이번에는 평당 60만 원을 목표로 정하고 기도했다. 그렇게 기도한 지 한 달 후 땅주인에게 연락이 왔다. 평당 60만원에 팔겠다고 했다.

우리가 현재 동원할 수 있고 앞으로 감당할 수 있는 예산을 최대치로 산정해 보았다. 500평을 다 수용하기에는 아무래도 무리라는 판단이 섰다. 그래서 그 중 340평 정도를 2억 원에 계약하기로 했다. 당시 교회에서 비축한 8000만 원, 온 성도들, 몇 명의 어른 신자들과 어린 청년들의 헌금 6000만 원, 그리고 금융권에서 7000만 원을 대출 받아 2억 1000만 원을 확보했다. 땅값으로 2억 원을, 기타 제세공과금으로 1000만 원을 지불하고 드디어 기다리던 성전 터를 구입했다.

그런데 성전 터를 구입한 뒤 기뻐하며 감사하는 것도 잠시였다. 아내가 갑자기 정색을 하고 나에게 다가왔다.

"목사님! 이제 더는 교인들에게 헌금을 강요하지 마세요. 만약 목사님이 계속 교회 성전을 건축하자고 강조하면 전 다른 교회로 나갈 겁니다! 지금까지 목사님이 교인들에게 돈 이야기 하는 것이 제일 듣기 힘들었습니다. 지금까지 장년 교인들이 목사님을 배반하고 떠난 것도 다 돈 때문에, 부담이 되어 그런 것 아니겠어요?"

내 아내는 참 유순하고 인품이 있고 사랑이 많은 사람이지만 어떤 땐 무서우리만치 두려운 부분도 있다. 아내의 지적이 다 옳았다.

목회 이야기

할 말이 없었다.

개척교회 교인들은 혼자 알아서 시험에 드는 경우가 많다. 담임 목사는 교회 건축이나 돈 들어갈 만한 일을 전혀 생각하지 않는데도 눈치 빠른 교인들은 지레 돈 문제로 부담이 되는 것이다.

"알았소! 앞으로 절대 교회 건축하자는 말 않을 게요!"

아내와 약속했다.

이것으로 그치지 않고 교회 앞에서도 광고를 했다.

"여러분! 이제 성전 터를 구입했으니 빚은 천천히 갚아 나갑시다. 때가 되면 이 건물을 팔아 1억 원 정도 마련해서 조립식으로 간단히 교회를 짓겠습니다."

그리고 며칠 후 교인 한 분이 찾아왔다.

"목사님! 당장 성전 건축합시다! 제가 1억 원을 헌금하겠습니다."

나는 대답하기 전에 마음속으로 기도부터 먼저 했다.

"하나님! 어떻게 해야 합니까?"

순간적으로 성령께서 나에게 하시는 말씀을 또렷하게 들을 수 있었다.

"이 신자는 약속한 헌금을 상당히 하겠지만 다 하지는 못 할 것이고, 결국 시험 들어 너를 떠날 것이다."

"……."

"지금 이 교인의 약속은 진심이다. 내가 감동을 시킨 것이다. 그러나 그의 믿음이 감당하기가 어려울 것이다."

"그럼, 어떡해야 합니까?"

"네가 하지 않으려고 하니까 내가 이 사람을 시켜서 너를 충동질

하고 있는 것이다. 지금 건축하지 않으면 10년 내에는 교회를 건축하기 어려울 것이다. 그러니 하려면 지금 해라!" 하고 성령이 내 마음에 말씀을 하시는 것이었다.

어느 주일날 건축헌금 약정이 이뤄졌다. 교인이라고 해야 대부분이 청년들인 데도 약정 금액은 총 8억 원이나 됐다. 내 앞에서 개인적으로 1억 원 내겠다고 했던 그분이 갑자기 1억 원을 하겠다고 나서자 다들 '1000만 원 이상은 해야지' 하는 분위기에서 이뤄진 것이다. 건축헌금 약정 목록을 분석한 집사님들이 이렇게 판단했다.
"목사님! 5억 원 확보는 가능하겠습니다."
하지만 내 판단은 그들과 달랐다. 많아야 3억 원, 사실상 그 정도도 어려워 보였다.

교회 건축이 추진됐다. 건축헌금 한 푼 없는 형편에 오히려 빚만 7000만 원 있고, 교회 건축을 주동하고 나서는 건축위원장이 때가 되면 시험에 들 것이란 것까지 뻔히 알면서도 앞으로 닥칠 수많은 우여곡절을 품고 출발했다. 대지 130평에 총 건축면적 320평 정도의 3층 건물로 설계했다. 기도로 시작된 건축은 반드시 완성된다. 하나님은 계시하신 대로 조금도 틀림없이 진행해 가셨다. 그리고 훌륭하게 완성하셨다.
건물이 완공되자 감격스러운 입당예배를 드렸다. 입당하고 보니 건축비용으로 총 5억 3000만 원 정도 들어갔고 총 2억 4300만 원이 빚으로 남았다. 당시는 건축경기가 얼어붙어 일거리가 없던 상황이라 건설회사 사장이 도왔다. 일이 없어 노느니 차라리 싸게 지어

주겠다고 해서 매우 저렴한 비용에 건축을 마무리할 수 있었다. 제대로 비용 쳐주고 그 정도 지었다면 모르긴 해도 10억 원은 족히 들었을 것이다. 그 당시 큰처남이 다녔던 서울 큰나무교회는 우리보다 더 작은 규모의 건물을 지었는데 15억 원이 들었다고 했다. 물론 지역이 서울이라는 점을 감안하더라도 우리와는 비교할 수가 없었다.

건축을 위해 기도하는 중 다음과 같은 기도제목이 떠올랐다.

첫째, 돈이 없으니 저렴하게 건축하게 하소서
둘째, 저렴하게 짓는다고 조립식이나 약하게 건축하지 않고 튼튼하게 짓게 하소서
셋째, 튼튼하다고 우직하게 짓는 것이 아니라 아름답게 건축하게 하소서
넷째, 아름다운 건물에 치중한 교회를 보면 쓸모가 별로 없는 공간이 많기 때문에 아름다울지라도 실속있게 건축하게 하소서

그리고 난 조감도를 보고 지어질 성전 모습을 직접 유화로 크게 그려 교회에 걸어놓고, 또 건축 설계도를 보고 모형도를 직접 만들어 전시하고 성도들을 독려했다. 정말 성전을 건축하고 보니 그 기도제목대로 건축이 완성된 것이다.

지금 생각해도 그 가난하고 어린 청년들과 함께 저축돼 있는 돈도 없이 빚만 있었는데 어떻게 이런 아름다운 성전을 지었는지 생각하면 할수록 하나님의 크신 은혜라고 밖에 할 수 없다. 또 한 가지 오병이어의 기적 체험에 감사할 뿐이다. 그 이듬해 우리 교회는 정읍에서 가장 아름다운 건물로 선정되어 대상을 받았다. 교회 건축

을 마친 목회자는 공통으로 교회 빚 청산에 골몰하게 된다. 나는 부채상환 10년 계획을 세웠다. 다들 형편이 어렵기 때문에 5년 동안은 이자만 갚아 나가고, 이후 5년 동안은 원금과 이자를 동시에 상환하기로 마음먹었다. 그래서 주일날 교회 앞에서 광고를 했다.

"여러분! 아름다운 우리 성전을 건축하느라 수고가 많았습니다. 이제부터 5년 동안은 이자만 갚아나가겠습니다. 그리고 5년 후부터 원금과 이자를 함께 갚아나가겠습니다."

계획대로 5년간 이자만 갚아가다가 만 5년이 되자 원금을 상환하자고 교인들에게 다시 말했다. 그리고 다시 5년 동안 이자와 원금을 갚아나갔다. 건축한 지 꼭 10년 만에 우리는 하나님의 은혜로 우리가 지은 아름다운 성전을 하나님께 헌당하고 감사의 예배를 드렸다.

공중 나는 새도 (참새 한 마리도)

"참새 두 마리가 한 앗사리온에 팔리는 것이 아니냐 그러나 너희 아버지께서 허락지 아니하시면 그 하나라도 땅에 떨어지지 아니하리라" (마 10:29)

"유 집사님, 참 아깝네! 산재보험을 약 2000만 원 가까이 넣어야 하니 돈도 없는데….."

"목사님, 그래도 넣어야지요!"

"그렇기는 한데… 가서 넣기 전에 나한테 꼭 전화 좀 해요!"

"왜요?"

"그러니까… 그냥…. 내가 기도하고 말씀드릴게요. 교회에 돈도 없잖아요. 우리 하나님이 만일 넣지 말라고 응답 주시면 안 넣게."

그리고 나는 교회에서 기도하는 중에 마음에 확신이 왔다. 그리고 성령님이 나에게 말씀하셨다.

"공중 나는 새도 하나님이 허락지 않으면 땅에 떨어지지 않는 것이란다."

잠시 후 회계 담당 유 집사에게서 전화가 왔다.

"목사님, 전주 산재보험 넣는 기관 앞에 왔습니다. 어떻게 할까요?"

"집사님, 그냥 돌아오세요. 산재보험 넣지 말고!"

"예, 알았습니다."

"우리 하나님이 나한테 그러시는데 공중 나는 새도 내가 허락지 않으면 땅에 안 떨어진데요! 그러니까 내 말만 믿고 그냥 와요!"

"목사님! 알겠습니다!"

처음 건설회사와 계약하면서 산재보험은 교회에서 넣기로 했다. 그런데 막상 산재보험을 넣으려고 보니 당시 1800만 원 이상이 든다는 것이다. 가뜩이나 빚으로 건축을 하는데 참 아깝다는 생각이 들었다. 또 당시 넣을 그만한 돈도 거의 없는 실정이었다. 그러나 혹시 건축하다 사고라도 나면 교회가 큰 낭패를 볼 일이기에 반드시 산재보험을 넣어야 했다.

그날 나는 유 집사와 작심하고 산재보험을 넣지 않았던 것이다. 오랫동안 나와 함께했던 분이라 내 말의 뜻을 알아들었다. 내 뜻에 따라 가입을 취소하고 그냥 돌아온 것이다. 유 집사는 산재보험을 넣지 않고 그냥 돌아옴으로써 2000만 원을 아낀 셈이 됐다.

건축이 진행되는 가운데 일하는 사람들이 그 높은 곳, 좁은 벽체 위를 무거운 자재를 양손에 들고 걷는 정도가 아니라 뛰어 다니는데, 그것을 볼 때마다 기도했다.

"하나님! 지켜주세요!"

아마도 그 사람들은 교회가 산재보험에 든 줄 믿고 뛰어다녔나 보다. 혹 떨어져 다치거나 죽더라도 산재보험금이 나올 것으로 생각하고 있는 것처럼 보였다. 건설회사 사장도 그날 유 집사가 전주에 산재보험을 넣으러 가는 것을 확인했다. 아무도 산재보험을 안 넣은 줄 아는 사람이 없었다.

나중에 생각해 보니 산재보험을 안 넣은 것은 정말 어리석고 미련한 행동이란 걸 깨닫게 되었다. 만일 사고라도 나면 교인들이 목사가 어리석어서 일냈다고 말할 것이며 하나님과 영적 교제도 없이 마치 영적 교제가 있는 것처럼 거짓을 말했다고 할 것이다. 그러면 2000만 원보다 더 큰 시험이 올 텐데 하는 생각이 들자 걱정이 되기도 했다.

하지만 당시에 돈이 너무 없었으니까, 순전히 빚으로 건축을 해야 했으니까 2000만 원은 우리에겐 거금이었으며 너무 아까운 돈이었다. 그래서 난 무릎으로 하나님께 더욱 간절히 기도했다.

"하나님! 일하시는 분들 머리카락 하나도 상하지 말게 하여 주소서!"

다행히 건축이 다 마무리될 때까지 단 한 사람도 손가락 하나 다치는 사람이 없었다. 하나님이 건축 기간 내내 아무런 사고도 나지 않게 하셔서 정말 고스란히 2000만 원을 벌었던 것이다. 건축이 완성되고, 입당하고 2년쯤 지나 전주 산재보험 담당 직원이 전화를 했다.

"여보세요! 제자교회지요? 저는 산재보험 담당 직원인데요, 제자교회 건축 산재보험을 안 넣었네요! 이제라도 넣어야 합니다."

"네? 건축 끝난 지가 언젠데요…."

"끝났어도 반드시 넣어야 합니다."

"뭘 넣어요, 넣긴…."

"안 돼요! 산재보험은 공사가 끝났다고 해도 꼭 넣어야 합니다."

"나 돈 없어요! 지금 어렵습니다. 내고 싶어도 돈이 없어 못 냅니다."

막무가내로 못 낸다고 버티고 실랑이를 하다 결국 전화가 끊겼다. 또 다음날 또 전화 오고… 또 며칠 후 전화 오고, 또 한 달 있다 전화 오고….

"여보세요, 이미 끝난 것을 왜 나한테 내라고 합니까?"

"목사님! 만일 건축 중에 사고가 났다면 이제라도 다 받을 수 있습니다."

"네? 보험도 넣지 않고 사고가 나도요?"

"그럼요! 그러니 넣으세요!"

"우리는 사고 난 적 없습니다."

나중에 알고 보니 이 산재보험은 교회 측에서 내는 것이 아니고 건설회사 측에서 내야 하는 것이었는데 처음부터 내가 그걸 몰랐던 것이다. 건축계약을 할 때 산재보험은 교회에서 내야하는 것으로 계약서를 작성했던 것이다. 그런데 산재보험료 책임이 있는 건설회사가 부도를 내고 회사 이름을 창조건설에서 신창조건설로 바꿔버렸다. 건설회사가 왜 자꾸 부도를 내고 새로 설립하는지 그 이유는 잘 모르겠지만 아무튼 산재보험 측에선 반드시 우리 교회 건축과 관련된 보험금을 받아내 서류 정리를 해야 했나 보다. 그런데 받을 건설사가 공식적으로 사라졌으니 교회 측에 전화를 한 것이다.

생각해 보면 건축헌금 2000만 원을 내가 기도로, 믿음으로 헌금한 것과 같다는 생각이 들었다. 실제로 어리석고 미련한 일을 했지만, 그래도 난 성령의 음성을 듣고 믿음으로 확신하고 움직인 것이다. 그땐 정말 큰 확신이 있었다.

"내가 허락지 않으면 공중 나는 새 한 마리도 땅에 떨어지지 않는다."

여보! 찾았어!

"구하라 그러면 너희에게 주실 것이요 찾으라 그러면 찾을 것이요 문을 두드리라 그러면 너희에게 열릴 것이니 구하는 이마다 얻을 것이요 찾는 이가 찾을 것이요 두드리는 이에게 열릴 것이니라"(마 7:7-8)

건축 관련 계약서를 작성하고 회계집사들에게 이렇게 당부했다. "건축 비용은 건축업자에게 절대로 직접 지불하지 말고 반드시 은행 계좌를 통해서만 지출하세요. 그리고 절대로 여러 은행을 이용하지 말고 반드시 한 은행만 정해서 지출하시기 바랍니다."

그렇게 당부한 이유는 내가 서울에서 신학대학을 다닐 때 전도사로 파트 봉사를 했던 교회에서 건축 때문에 시험 든 일을 목격했기 때문이다. 교회에서는 분명히 건축 비용 5000만 원을 지출했고, 회계집사도 분명히 건축업자에게 돈을 지출했다. 그런데 회계 집사가 어쩌다 영수증을 받아놓지 않은 실수를 범했다. 나중에 건축업자가 그 돈을 받은 적이 없다고 잡아떼자 교회 안에서 크게 문제가 됐다. 그 당시 5000만 원이라면 어마어마하게 큰돈이었다. 회계집사는 분명히 5000만 원을 줬다고 하고, 건축업자는 안 받았다고 하는데 교회 재정에서는 5000만 원이나 되는 건축헌금이 지출 처리돼 돈이 그만큼 없어진 것이다. 교인들 사이에 급기야 이상한 소문이 돌았다.

"회계집사가 생활이 어려워서 자기가 개인적으로 쓰고 업자에게 줬다고 거짓말하는 것이 아닌가?"

이렇게 되자 교회에서는 회계집사와 가족들을 의심하기도 했다. 이 일을 거울로 삼아 그렇게 큰돈 지출은 반드시 은행이나 농협을 이용해 단일화 된 창구로만, 그것도 꼭 그 자리에 있는 그 은행에서만 지출하라고 했던 것이다.

"예를 들면, 정읍 시기동 국민은행이면 시기동 국민은행에서만, 수성동 전일 상호신용금고면 수성동 전일 상호신용금고에서만 지출하도록 하십시오!"라고 했다.

그러나 건축업자는 건설 현장에서 회계집사들에게 지금 당장 돈 좀 달라고 하면서 거듭거듭 말을 하면 은행을 통하지 않고 바로 그 자리에서 그냥 믿고 줘 버릴 때가 있다. 현장이라서 영수증을 받기도 어려워서 그 자리에서 바로 영수증을 받지도 않고 말이다.

"집사님, 영수증 받았어요?"

"아니요."
"지금 당장 가서 받아와요!"
"예!"
그리고 받아오면…,
"집사님, 당장 이걸 장부에 풀로 붙여요! 지금 해요."
"예!"

이런 일이 여러 번 일어났다. 사장이 참 이상했다.
갑자기 돈이 필요하다며 달라고 해서 찾아다 주면 항상 영수증 써줄 생각은 하지 않았다. 그럼 난 집사들을 다그치고, 그리고 영수증 받아와서 장부에 붙이고를 반복했다. 그래서 웬만하면 은행 계좌를 통해 지출했다.
그리고 당시 회계집사들은 송금 거래도 한 은행을 정해 놓고 하는 게 아니라, 국민은행에서도 송금하고 농협에서도 송금하고 신용금고에서도 송금했다. 그런데 건축이 마무리되고 건축비용 지출을 마무리한 뒤 1년쯤 지나 건설회사 사장이 전화를 했다. 아직도 미수금 2000만 원이 있다는 것이다. 우리는 분명히 다 지급했는데 미수금이 2000만 원이나 있다니 말도 되지 않는다. 사장은 속히 보내라고 했다. 그래서 장부에 붙은 은행지로입금 영수증과 사장이 직접 써 준 영수증을 다 살펴봐도 정말 2000만 원 지출을 증빙할 영수증이 없었다. 참으로 이상했다. 장부를 모두 확인해도 정말 다 지출했는데 왜 없을까? 2000만 원 영수증이 어디 갔을까. 일일이 장부와 영수증을 비교해 나갔다. 건축 중반기쯤에 재정에선 분명히 2000만 원이 나갔는데 영수증은 없었다. 당시에 장부를 확인해 보니 불과 며칠 사이에 2000만 원이 연속 2건 적혀 있었다. 그리고 그 중에 한 건의 영수증이 없었다. 그래서 한 번 지출하고 두 번 기록했던 걸까? 그렇다면 그건 순전히 우리 쪽 실수다. 아무리 그렇게 생각하려 해도 2000만 원이라면 거금이다. 이 정도 거금의 기장을 틀리게 적을 수 있을까. 그리고 통장 잔액에서 분명히 2000만 원이 며칠사이로 연속 2회 지출된 기록도 있다. 건설사 사장 말대로라면 우리 회계집사나 내가 돈을 먹은 것으로밖에 설명이 안 된다. 그러나 장부와 통장이 그럴 수 없다고 증명하고 있다.

그래서 지출되었지만 영수증이 없는 그날짜의 영수증을 찾기 위해 집사님들과 은행을 찾아갔다. 국민은행, 농협, 신용금고를 다 뒤져도 지출한 근거는 찾을 수 없었다. 아! 꼼짝없이 우리는 2000만 원을 더 지출해야 할 상황이 온 것이다. 하는 수 없이 교회에 와서 아내에게 말했다.

"은행을 다 뒤져봐도 없어!"
"그럼, 이제 어떡하죠?"
"이젠 정말 빚도 내기 힘들고, 교인들이 헌금할 능력도 없는데."
그러자 아내가 이렇게 말했다.
"교회에 가서 다시 한 번 찾아볼까요?"
"회계집사님들이 열심히 찾아 봤대요. 그런데도 없는 걸 어쩌나."
"그래도 혹 모르잖아요. 제가 가서 찾아볼게요."
나도 같이 갔다. 그래서 우리 둘은 교회에 가서 찾아보기 시작했다. 먼저 장부의 기록과 영수증을 다시 맞춰 보았다. 건축 장부뿐만 아니라 재정장부나 다른 장부까지 다 뒤졌다. 그래도 나오지는 않았다. 그런데 집사람이 소리쳤다.

"여보! 여기 있다!"
"뭐…? 정말이야? 어디?"
아내가 너무 기뻐서 얼굴이 빨개가지고 그런다.
"당신, 이거 내가 찾았으니 2000만 원 나한테 갚으세요!"
"그래요, 그래… 내가 맛있는 것 사줄게!"

교회 사무실에 책장이 여러 개 있었는데 아내가 한 책장의 가장 아래 작은 서랍 귀퉁이에서 찾아냈다.
그러니까 회계집사들은 그 영수증을 받아서 장부에 붙이지 않고 놔두었는데 장부를 꺼내면서 빠졌는데 다행히 영수증이 서랍 속에 빠져 있었던 것이다. 그리고 잊어버린 줄도 몰랐던 것이다.
영수증을 찾고 보니 세상에나… 메모지 가로세로가 4센티미터 겨우 되는 아주 작은 종이에 건설업자 사장이 깨알 같은 글씨로 '2천만 원 영수함'이라고, 정말 성의 없이 써준 영수증이었다. 나쁘게 생각하면 그냥 잊어버리기를 원하기라도 한 것처럼 말이다. 그래서 기억을 더듬어 한참 생각해 보았다. 그리고 기도했다.
"하나님! 생각나게 하소서!"
어느 날 설계사와 건설사 사장을 불러 함께 식사하면서 회계집사님들도 동행했다. 그런데 식사 중에 건설사 사장이 그런다.
"오늘은 은행을 통해서 주지 말고 꼭 직접 주세요!"
그럴 만한 이유가 있는가 보다 하고 나는 집사님들에게 이렇게 말했다.

목회 이야기

274_275 하나님은 살아계신다

"그렇게 하세요. 그 대신 영수증을 지금 써 주세요!"

우리는 수표로 지불했으며 그 자리에서 영수증을 받았다. 그리고 회계집사에게 당부했다.

"장부에 꼭 부착하세요!"

아! 이제야 그 일이 생생히 기억났다. 아내가 기적처럼 찾은 그 영수증 원본은 바로 장부에 부착하라고 회계집사들에게 말씀드리고 사본을 건설사장에게 보냈다.

그 후 얼마 안 되어 어느 교회 장로님과 그 교회 권사님 몇 분이 찾아와서는 그 건설회사 사장님이 제자교회를 소개해 주어 왔다고 했다. 그리고 그 사장님이 지금 자기 교회도 건축했다고 했다. 한참 이런저런 이야기를 나누는 중에 장로님이 자기 교회를 건축하고 건축비를 다 지출한 줄 알았는데 4000만 원을 덜 지출했더라는 것이다. 그래서 나중에 추가로 지출하느라고 정말 힘들었다는 이야기를 하시면서 뭔가 석연찮았다는 모습을 보였다. 말씀은 안 드렸지만 속으로 생각만 했다.

"아차 이분도 당했구나!"

나중에 이 건설회사 사장이 가까운 정읍성결교회 건축도 맡게 되었다. 그 교회 장로님이 내게 물었다.

"윤 목사님! 저 건설회사 사장님 믿을 만합니까?"

"건설회사 사장은 다 똑같습니다. 절대로 사람을 믿지 마세요!"

"반드시 한 은행만 정해서 그 은행 창구로만 건축비를 지불하세요!"

목회 이야기

그리고 우리 교회가 당한 이야기를 참고로 말을 해주었다.
"절대로 사장 자필로 작성한 영수증 따위는 받지 마세요!"
건축을 계획 중인 교회는 절대로 건축업자는 믿지 말라는 것이다. 물론 좋은 분도 많겠지만 혹 교회가 건축업자 때문에 낭패를 보는 일이 종종 있기 때문이다.

어디서 비가 새나요

"아브람이 엎드린대 하나님이 또 그에게 일러 가라사대"(창 17:3)

상동의 3층 전세교회에서 시기동으로 교회 건물을 사서 이사를 갔다. 교회가 건축된 지 30년이 넘어서 그런지 비만 오면 샜다. 비가 새는 곳에는 곰팡이가 슬고 퀴퀴한 냄새가 나고 때가 까맣게 끼었다. 지붕에 올라가 봐도 어디서 비가 새는지 알 수가 없었다. 그 전에 계셨던 곽 목사님도 자꾸 비가 새기에 아무리 잡으려고 해도 잡히질 않았다고 하셨다. 그래서 하나님 앞에 기도할 문제라 생각하고 철야기도를 드렸다.

"하나님! 하나님! 성전에 비가 새나와 큰일입니다. 비가 새는 것을 잡게 하여 주소서!"

그러자 비가 많이 오는 날 천장을 뚫고 비새는 곳을 찾으면 되겠구나 하는 생각이 떠올랐다. 어느 비가 많이 오는 날 사다리를 놓고 천장으로 올라가 합판을 뜯어내고 지붕을 올려다보았다.

여기저기, 사방 곳곳에서 비가 새고 있었다. 적어도 대여섯 군데나 되는 듯했다. 비가 새는 것으로 확인된 그곳에 표시를 해 두고 내려와 다음날 날이 갠 후 슬레이트를 구입해와 교체했다. 방수페인트를 칠하고 실리콘을 발랐다. 모래에 시멘트와 방수페인트를 섞어서 바르면서 지붕 수리를 끝냈다. 그러고 난 뒤 다시 이사 갈 때까지 비가 아무리 많이 와도 비가 새는 법이 없었다. 하나님은 그렇게 하찮은 것, 세밀한 것까지 가르쳐 주시는 분이시다.

우리는 새 성전을 건축하고 이전했다. 그 다음 해에 큰비가 오는데 교회에 가 보니 교회 바닥이 한강이었다. 얼마나 비가 많이 샜던지 본당에도, 1층 만남실에도, 복도에도 물이 흥건했다. 비가 새도 보통 새는 게 아니었다. 아예 철철 넘치는 수준이었다. 교회를 건축한 건설회사 사장한테 전화해도 답이 없었다. 지붕 위에 올라가 아무리 찾아봐도 도무지 알 수가 없었다. 그때부터 비만 오면 긴장이 됐다. 물건을 옮기고, 고인 물을 퍼내고, 물에 젖은 물건을 말려야 했다.

그러던 어느 날. 아! 옛날 교회에서도 비가 샜지 않았는가. 그때 내가 철야기도를 드렸는데 하나님이 계시해 주셔서 비가 새는 곳을 잡았는데 말이다. 그 생각이 나서 또 철야기도를 드렸다. 그랬더니 하나님이 여지없이 비가 새는 곳을 보여 주셨다. 집사님 한 분과 지붕에 올라갔다. 비가 새는 곳 하나님이 계시하신 한 곳을 가리켰다.

"집사님! 여기를 막아요. 집사님 여기서 비가 샌대요."

"목사님, 비가 새는 것은 절대 못 찾는답니다. 아무리 고쳐도 또 샌답니다."

그러면서 내가 지적한 한 뼘 정도 되는 곳을 실리콘으로 막았다. 그러나 아무리 봐도 그곳에서 그렇게 비가 시냇물처럼 샐 리가 없었다. 그렇게 비가 샐 만큼 보이지도 않았다.

그러나 지금까지 10년 동안 신기하게도 비가 새지 않았다.

물론 가끔 엄청난 태풍이 불고 비가 내리치면 다른 곳에서 약간씩은 새기도 한다. 또 철야기도를 드려야 하는가 말이다.

"하나님 어디서 비가 새는지요? 가르쳐 주세요!"

목회 이야기

내가 왜 갚아? 내 것도 아닌데…

"오늘날까지 날이 오래도록 너희가 너희 형제를 떠나지 아니하고 오직 너희 하나님 여호와의 명하신 그 책임을 지키도다"(수 22:3)

교회 건축을 할 때 일반적으로 산정하는 일종의 건축 공식을 소개하고자 한다. 이는 절대적인 것은 아니지만 통상적인 교회건축의 공식이다.

- 건축은 보통 건축헌금이 계획 금액의 3분의 1이 모아지면 시작한다.
- 약정 금액 중에서 실제 나오는 헌금은 많이 나와야 3분의 1 정도로 본다.
- 실제 건축비는 계획보다 3분의 1이 더 든다.
- 건축이 끝나고 나면 교인들 가운데 3분의 1이 줄어든다.

―그리고 교회 헌금도 상대적으로 3분의 1이 줄어든다.

　　이 공식대로라면 10억 원짜리 건축을 계획하는 교회는 3억 원 정도 모아지면 건축이 시작된다. 교인들이 약정한 헌금이 7억 원이라면 2억 3000만 원 정도밖에 안 나온다고 보면 된다. 그리고 교회 실제 건축비용은 13억 5000만 원 정도 발생한다. 건축이 끝나고 나면 남는 부채가 약 8억 2000만 원이 되는 것으로 계산된다.

　　10억 원짜리 건축을 계획할 때는 교인들이 그래도 열심이 있는데 건축이 끝나고 나면 이래저래 건축헌금 때문에 시험이 되어 교인들은 보통 3분의 1이 줄어든다고 보면 된다. 과거에는 건축만 하면 부흥하는 시절도 있었지만 지금은 그렇지 않다. 그렇게 교인들이 떠나고 나면 교회 헌금도 3분의 1이 줄어들게 된다. 그래서 힘들고 고단한 교회 역사는 그때부터 시작되는 것이다.

　　어떤 교회는 이렇게 남은 빚이 그 교회 건축을 시작한 목사님이 그 교회에서 은퇴할 때까지 남아 있는 경우도 있다. 그렇게 되면 목사님의 '퇴직금'도 거의 없다고 보면 된다. 그뿐만 아니라 '사례비'조차도 제대로 받기 어려울 경우도 있다. 결국 교회 빚 갚느라고 힘들게 목회를 마치게 된다. 교회가 감당해야 할 선교, 구제, 힘 있는 목회는 꿈도 못 꾸게 된다.

　　처남 부부가 러시아 선교사로 나갔다가 안식년을 맞아 잠시 귀국했다. 3개월 정도 머물다 귀임하기 전 내게 그랬다.

　　"윤 목사님! 한국 교회 큰일 났어요!"
　　"왜?"
　　"가는 교회마다 보통 빚이 20억 원 정도 있었어요!"

목회 이야기

"뭐하다 그렇게 많이 빚을 졌대?"
"뭐, 다 건축하다 그랬겠죠. 20억, 30억 원은 보통이에요. 휴… 그걸 어떻게 다 갚나?"

그래서 내가 노랠 불렀다.
♬태산을 넘어 험곡에 가도 '빛' 가운데로 걸어가면, 주께서 항상 지키시기로 약속한 말씀 변치 않네…♬

"뭘 염려할까? 노래도 있는데….”
"하하하, 깔깔깔… 아, 그 '빛'이 그 '빚'이었구나!"
"얼마나 어려우면 빚도 없냐? 빚도 능력이야! 자산은 부채 플러스 자본이잖아. 부채도 능력이야. 아무나 20억, 30억 원 빚지나. 은행에서 믿을 만하니 빚 주지! 선교사님! 별걸 다 걱정하시네… 걱정하지마!"

건축 중에는 반드시 한 가지 어려움은 찾아온다고 한다.

-목사님이 아프시든지…
-교인이 시험 들어 많이 떠나든지…
-업자에게 사기를 당하든지…
-주변 사람들로부터 교회 건축을 방해받든지…
-교회 건축헌금 관리가 제대로 안 돼 돈이 엉뚱한 데로 새든지…

오랫동안 목회를 해 보셨던 장인 목사님은 교회 건축하려는 나에

목회 이야기

게 염려스럽게 다가오셨다.

"윤 목사야! 건축 안 하면 안 되겠나?"

"아버님… 왜요?"

"으응… 그동안 내가 건축한 목사님들 중에 결과가 좋은 분을 한 번도 못 봤기 때문이지."

그래도 교회가 역사가 깊고, 장로님들이 훌륭하면 잘 되겠지만 나 같은 경우는 그야말로 개척교회요, 교인들이 너무 어려서 누구보다 힘든 결단을 했던 것이다. 그것도 빚만 있는데도 건축을 시작했다. 장년은 거의 없어서 어린 청년들과 건축을 시작했다. 그래서 목사는 아프고, 청년 교인들은 많이 떠나고, 시골교회 청년들은 시골에 머무를 수가 없다. 대학진학을 위해, 취직을 위해, 결혼을 위해 이 핑계 저 핑계로 열에 아홉은 곧 떠나게 되어 있다. 그렇게 되면 결국 건물만 있고, 신자도 없는 교회가 되기 십상이다. 그런데 거기다 빚까지 있다면 얼마나 힘들까?(실제로 청년들 대부분이 교회를 떠났다. 그것이 우리교회의 현실이기 때문이다.)

빚은 발생했는데 갚을 능력은 없고…. 나는 그 빚을 갚으려고 정말 애를 많이 썼다. 남들이 보면 하찮은 빚일지 모르지만 나에겐 엄청나게 큰 빚이었다.

그러다 어느 날 다른 교회 목사님과 식사하던 중 그 교회 목사님도 나처럼 건축을 했던 터라 여쭤 봤다.

"목사님은 교회 빚 얼마나 있어? 갚느라 힘들지?"

"왜 내가 갚아? 내 것도 아닌데…."

"……."

그리고 그 목사님은 얼마 안 돼 다른 교회로 임지를 옮겼다.

지금 나는 그 목사님의 말을 곱씹어본다.

'맞아, 맞아… 참 지혜로운 말이야! 그런 방법도 있었구나! 난 왜 이렇게 바보 같을까?'

"내가 왜 갚아? 내 것도 아닌데…."

참 무서운 말이다.

이런 자세로도 목회를 할 수 있다는 것이 신기하기만 하다. 나는 결코 그럴 수 없다.

목회 이야기

참, 마음대로 안 되네

"밭은 세상이요 좋은 씨는 천국의 아들들이요 가라지는 악한 자의 아들들이요 가라지를 심은 원수는 마귀요 추수 때는 세상 끝이요 추숫군은 천사들이니" (마 13:38-39)

또 한 번은 어떤 청년이 자기 어머니와 함께 교회에 왔다. 소문에 목사님이 귀신을 잘 쫓아낸다고 해서 찾아 왔다는 것이다. 들어보니 아들이 귀신들린 지 2, 3년 됐는데 쉽게 낫지를 않아 내게 왔다는 것이다. 상담을 하는데 몹시 힘들어 하는 모습이었다. 대학을 다니다가 아파서 중퇴했고 정신 건강이 좋지 않아 직장 생활도 못한다는 것이다. 상담을 하고 검진을 해 봤더니 귀신들린 것이 아니라 일종의 정신질환을 앓고 있었다. 안정이 안 되는지 자꾸 손을 움직이고 고개를 흔들어댔다.

"어머님, 이 청년은 귀신들린 게 아닙니다. 정신 이상 증세입니다. 정신 이상이라 해도 그리 심각한 것 같지는 않습니다. 기도하면 쉽게 나을 수 있습니다." 그날부터 기도하기 시작했다. 한두 번 기도했는데 깨끗이 나았다.

그 후 청년은 정말 재미있게 신앙생활을 했다. 청년회 회장까지 맡아 봉사했다. 물론 직장 생활도 잘 해냈다.
어느 날 그 청년이 찾아와 다른 교회에 가서 신앙생활을 하겠다고 했다.
"왜 그러는데?"
"아는 선배가 자기 교회에 와서 같이 일하자고 해서요."
"그래도 이 교회에서 좀 더 봉사하면 좋을 텐데…."
"몸도 다시 아프기 시작했고요. 그리고 새롭게 마음을 고쳐먹고 열심히 해 보려고요."
"내가 볼 때는 몸이 전혀 이상하지 않는데? 그리고 이상하면 더욱 가지 말아야지! 그래야 내가 기도해 줄 수 있잖아!"
그런데 이미 결정한 일이라 어쩔 수 없다고 했다. 그러고는 교회에 나오지 않았다.

얼마 후 그 청년의 매형이라는 사람이 내게 전화를 했다.
"목사님! 우리 처남이 신천지에서 추수꾼으로 다닙니다."
"뭐라고요…?"
"그리고 내 아내까지 같이 다니기 시작했습니다. 목사님이 심방 오셔서 내 처남을 좀 돌이켜 주시면 안 됩니까?"

목회 이야기

"그 정도라면… 글쎄요… 제가 간다고 내 말을 듣겠습니까?"

"목사님! 꼭 좀 내 처남을 만나 주십시오. 부탁드립니다."

"그러지요. 만나는 보겠습니다."

하필 그때 내 몸에 심각한 이상 증세가 나타났다. 복수가 너무 심해서 그 다음날 바로 광주 병원에 입원하게 됐다. 결국 서울대병원에서 간이식 수술을 받았으며 회복하느라 근 1년 이상이 흘러버렸다. 어느 날 우리 교인 한 분이 그 청년의 근황을 들려주었다.

"그 애가 추수꾼이 되어 정읍시내에서 전도하고 다녀요!"

참 내 마음대로 안 된다.

어떤 아이는 고치고 싶어도 안 되고, 어떤 아이는 고쳐 주었는데 더 큰 문제가 발생하고….

그래서 얻은 결론은 모든 일은 하나님이 허락하셔야 이뤄진다는 것이다.

추수꾼의 침투

"내가 떠난 후에 흉악한 이리가 너희에게 들어와서 그 양떼를 아끼지 아니하며 또한 너희 중에서도 제자들을 끌어 자기를 좇게 하려고 어그러진 말을 하는 사람들이 일어날 줄을 내가 아노니 그러므로 너희가 일깨어 내가 삼년이나 밤낮 쉬지 않고 눈물로 각 사람을 훈계하던 것을 기억하라" (행 20:29-31)

목사에게는 새 교인이 등록하는 것이 제일 기쁜 일이다. 어느 주일날에도 한 분이 새 교인으로 등록했다. 여수가 고향이라고 한 그분은 교사임용고사에 합격했고, 자기 여자 친구도 정읍에서 교사를 하고 있어서 정읍에 왔다는 것이다. 자기도 곧 정읍으로 발령 날 것이며 자기 아내 될 사람도 곧 함께 데리고 오겠다는 것이었다. 더욱이 자기 집안은 순교자 집안이라고 했다. 그것이 참 기뻤다.

목회 이야기

그분이 등록 후 2달 정도 다니고 있을 때였다. 어느 날 저녁, 갑자기 그 교인이 이단 신천지의 추수꾼이라는 생각이 들었다.

'아니, 무슨 이런 똥딴지같은 생각을 다 하지?'
그리고 또 한참 후 막 잠을 자려고 누웠는데 똑같은 생각이 또 났다.
'어허… 참 난 왜 이렇게 쓸데없는 생각을 다 하지?'

곧 잠이 들었다가 새벽기도 시간에 맞춰 막 일어나는데 갑자기 또 그 청년이 이단이라는 생각이, 이번엔 더 강하게 났다. 그제야 난 '하나님이 어제부터 세 번이나 말씀하시는데 내가 모른 체 한 건 아닌가' 하는 생각에 정색을 하고 무릎을 꿇고 하나님께 기도드렸다.

"그럼, 하나님! 정말 그 사람이 이단이라면 자세히 가르쳐 주세요."

수상하다는 생각이 마음속에서 떠나지 않는다.
'왜? 그렇게 신앙이 좋다면서 주일 대예배만 나올까?'
'왜? 두 달이 다 되었는데 여자 친구는 안 데리고 오는 걸까?'
'그러고 보니 그냥 형님 집에서 산다고 해서 심방도 못 가봤다.'
'아내와의 대화를 돌이켜봤더니 아내도 이상하게 생각했다.'
"하나님이 그 청년이 이단이라고 하신다니까!"
"그래요? 그러고 보니 그 사람이 여수 사람이라면 전라도 사투리를 쓸 텐데 전혀 사투리 쓰는 것을 못 봤어요!"
나는 속으로 '참 이상하다. 여수 사투리를 고치는 것은 쉽지 않는데 어떻게 표준말만 쓸까?' 하고 생각했다.

또 한 달 전쯤에 아들 승식이와 함께 둔치에서 워킹을 하고 있었는데 아침에 젊은 여성 35명 정도와 젊은 남성 10명 정도가 운동을 하고 있었다. 얼핏 30대와 40대 초반으로 보였다. 그리고 보통 그 나이라면 아침에 아이들이라도 함께 있을 텐데 아이들도 없고 이상했다. 한참 바라보다가 이런저런 생각에 잠겼다.

'왜? 아침에, 어디서 저런 젊은 사람들이 둔치에 나와 운동을 할까?'
'쉬는 날도 아닌데! 저 사람들은 도대체 뭐하는 사람들일까?'
'직장인들이라면 지금쯤 직장에 다 출근할 시간이며 가정주부들이라면 지금 한창 남편 출근길, 자녀 등굣길 보살핀다고 정신없이 바쁠 시간인데….'
'사업하는 사람들이라면 이미 가게 문을 열어야 할 시간인데….'
'저런 젊은 30-40대 남녀들이 도대체 이 시간에 왜 저기에 있지….'

이런 궁금증을 갖고 이런 생각도 해 봤다. '저런 젊은 사람들이 교회에 나오면 참 좋겠다.' 그런 생각을 하면서 계속 보고 있으려니 얼마 전 새로 등록한 바로 그 친구가 거기에 함께 있다가 내가 쳐다보니까 꾸벅 절을 했다. 그런데 왠지 좀 멋쩍어하는 듯 보였다.
"응? 운동 나왔어?"
그리고 그냥 지나가면서 속으로 생각했다.
'아~! 학교 선생님들인가 보다. 선생님 되실 분들과 함께 운동 나오셨나 보다.'

목회 이야기

292_293 하나님은 살아계신다

그런데 기도하는 중에 그 사람들이 수상하다는 생각이 들었다. 그럼 그 사람들은 누구일까? 맞아! 이 친구는 여수가 고향이라 정읍에 아는 사람들도 없을 텐데 이상하다. 그리고 그 아침에 선생님들이 둔치에서 운동할 리가 없는데. 만일 한다면 학교 운동장도 얼마든지 있는데 말이다.

나는 집사님들에게 그 청년이 과연 교원임용고사에 합격했는지, 정읍교육청에 알아보라고 했다. 교육청에 확인한 결과 그런 사람이 없다는 것이다. 그리고 집사님 한 분이 사실은 그들과 성경공부를 한 지 1달 정도 됐다는 것이다. 그 이단 청년이 그 집사님에게 찾아와 '자기에게 성경을 가르쳐주신 엄청 존경하는 교수님이 있다. 마침 그분이 정읍에 오게 되어 청년들과 함께 성경공부를 하고 싶어 하시는데 공부할 방이 없다. 자기 집을 좀 빌리면 어떻겠느냐?'하고 제안했다는 것이다. 그래서 그럼 그렇게 하라고 했다고 한다. 그런데 성경공부가 이상한 방향으로 가서 수상하다고 생각했다는 것이다. 나중에는 마치 그 모든 일이 오로지 그 집사님 자신을 공부시키려고 하는 것 같다는 생각이 들었다는 것이다.

또 다른 집사님도 그 청년을 본 적이 있다고 했다.
"목사님! 그 청년이 순복음교회에서 나오는 걸 봤어요."
"네? 그래요? 왜 순복음 교회에서 나왔을까요?"
나중에 알고 보니 그 청년은 우리 교회와 순복음교회에 동시에 등록했으며 주일 낮 예배는 우리 교회에서, 그리고 오후 예배는 순복음교회에서 참석하며 추수꾼 활동을 하고 있었던 것이다. 그제야

목회 이야기

그 청년은 추수꾼이 확실하다는 판단을 할 수 있었다. 그래서 그 청년을 이단으로 확인하고 쫓아낼 수 있었다. 그리고 순복음교회에 전화를 했다. 한두 달 전에 교회에 새로 등록한 사람들 중에 이러이러한 사람이 있느냐고 확인해 봤다. 다행히 그 사람은 없다고 했다. 이단이 들어간 것 같으니 조심해야 할 것 같다고 말해 주었다.

그런데 얼마 후 그 교회에서 이단 관련 부흥성회를 열었다. 특별히 추수꾼 관련 전문 강사를 모셨는데 그분이 바로 그 청년을 알아보았다고 한다.
"너… 누구지? 너 오늘 나한테 딱 걸렸어."
그 청년은 재빨리 도망가 버렸다고 했다. 그 청년이 바로 추수꾼이었다는 사실이 밝혀졌다. 그러니까 아침에 정읍 둔치에서 함께 족구하고 배구하고 운동을 하던 그 젊은 남녀 50여명은 정읍에 파송된 추수꾼들이었다. 그 청년이 우리교회에 등록할 때 같이 등록했던 또 한 자매가 있었는데 그도 추수꾼임이 밝혀져 스스로 나오지 않게 되었다.

그리고 얼마 전 다른 교회 교인이 새벽기도를 열심히 나왔다. 한 서너 달은 그렇게 열심히 새벽기도를 안 빠지고 나왔다. 그런데 그 여자가 추수꾼이 아닌가 하는 생각이 또 들어서 깊이 생각해 보았다. 40대 중반 정도로 보이는 그 여자는 새벽기도에 참석하기는 하되 설교 말씀은 전혀 듣지 않고 멍하니 앉아 있는 것 같은 느낌이 들었다. 또 하나님 말씀에는 관심이 없는데 간증 같은 것을 하면 듣고 놀라고 은혜 받는 것 같이 보였다. 그래서 교회에서 그 여자가 혹 추수꾼이 아닐까 염려되었다. 그날 설교 도중에 원고에도 없었던 추수꾼 이단을 비판하기 시작했다. 그날도 신천지 교주 이만희를 신랄하게 비난했다. 그리고 이만희에게 조종을 받아 좋은 교회를 어지럽히고 착한 교인을 꾀는 짓을 하는 미련하고 어리석은 인간들은 지옥 불구덩이 중에서도 가장 깊은 곳에 빠질 거라고 했다. 그랬더니 그날 바로 제자교회는 자기와는 안 맞는다고 하며 미안하다고 나가더니 다시는 나오지 않았다.

설교 원고에도 없는 이단 비판을 수단으로 추수꾼을 밝혀내 스스로 떠나게 만든 것은 그 전에 이미 그런 비슷한 일을 경험을 했기 때문이다. 한 번은 주일 예배 시간에 신천지 교주 이만희를 신랄하게 비난했다.

"여러분! 이만희는 곧 늙어가 몇 년 못살고 죽을 것입니다."

"얼굴 늙은 것 보세요! 그가 하나님이면 늙겠습니까? 말도 잘 못합니다. 버벅댑니다. 말도 못하는 인간… 그게 하나님입니까?"

"그런 어리석은 거짓말쟁이 사기꾼한테 속아 인생을 망치는 미련한 사람이 참 많습니다."

쉬지 않고 계속 비난했다.

갑자기 어떤 중년 신사가 버럭 성질을 내더니 예배 도중에 나가버렸다. 한 2-3분 뒤에는 여자가 뒤쪽에서 쓱 일어나더니 나가버렸다. 예배가 끝난 뒤 '그 사람들이 추수꾼이었구나' 라는 생각이 들었다.

성령은 우리에게 자꾸 말씀을 하신다(계 2: 7, 11, 17, 29; 3: 6, 13, 22). 귀 있는 자는 성령이 교회들에게 하시는 말씀을 들으라고 하시는데 우리는 참 미련하기에 그 말씀을 잘 듣지 못한다. 하나님이 몇 번을 말해도 알아듣지 못하니 얼마나 답답하시겠나.

보아도 알지 못하고, 들어도 깨닫지 못하니까요. 그러므로 안약을 사서 눈에 발라야 하지 않을까(계 3:18).

나를 어떻게 보고 사기를 쳐?

"내 아들아, 네가 네 이웃의 손에 빠졌은즉 이같이 하라. 너는 곧 가서 겸손히 네 이웃에게 간구하여 스스로 구원하되 네 눈으로 잠들게 하지 말며, 눈꺼풀로 감기게 하지 말고, 노루가 사냥꾼의 손에서 벗어나는 것 같이, 새가 그물 치는 자의 손에서 벗어나는 것 같이 스스로 구원하라." (잠 6:3-5)

신학대학을 간 아들 승식이가 기숙사가 안 돼서 방을 얻어 나가야겠다고 전화가 왔다. 어떡하나 고민하고 있는데 며칠 후 아들과 함께 아들 선배가 찾아 왔다. 키도 195센티미터 정도 되는 거구였고 얼굴도 참 착하게 생겼다. 그런데 나이는 아들보다 9살 정도 더 먹어 32살 정도 되는데 승식이를 친동생같이 생각한다는 것이다. 그리고 같이 방을 얻어 자취를 하면 열심히 새벽기도도 함께 나가고 영어 지도도 해 주겠다는 것이다.

　이 친구는 승식이와 함께 같은 대학 영어선교학과를 다니고 있으며 집이 가난해 대학을 오랫동안 다니고 있다고 했다. 그리고 선교사가 되는 것이 그의 꿈이라고 했다. 내가 신학대학원을 다닐 때 천호동성결교회 안창건 목사님 교회에서 있었다고 하니까 자기도 그 교회 출신이라고 했다. 어머님은 지금도 그 교회 집사님이시고, 어렸을 적부터 그 교회 다닌다는 것이다. 학교를 휴학할 때마다 회사를 다니는데 지금도 그 회사 일을 하고 있다는 것이다. 국내에서 중고 자동차와 자동차 부품을 수출하는 그런 회사라는 것이다. 또 아들은 아들대로 친형처럼 잘 대해 준다고 자랑했다. 나와 아내는 승식이에게 좋은 형이 생겼다며 기뻐했다.

　그래서 서울에 방을 하나 얻어 함께 자취를 하도록 해 줬다. 그런데 월세가 60만 원이나 들어가니까 승식이가 30만 원을 분담해야 했다. 나로서는 부담이었다. 그 선배를 불러 월세 중 일부라도 전세로 돌려 월세를 감면 받아야겠다고 제안했다. 2000만 원 정도면 월세 30만 원은 안 내도 된다고 해서 그 돈을 주기로 했다. 그런데 승식이에게 2000만 원을 주려고 하는데 이상하게도 마음이 많이 불안했다. 그래서 열 번, 스무 번은 아들에게 당부했다.
　"너, 꼭 이 돈 직접 네 손으로 직접 주인에게 드려라. 그리고 부동산 아저씨 도장도 꼭 받아야 한다."

　내가 올라가 직접 계약을 해야 했는데 그때 내 몸은 이미 심각하게 아픈 상태였다. 간경화가 심각해서 멀리 다녀 올 수 없었다.

그렇게 당부한 뒤 아들을 보내놓고도 이상하게 계속 마음이 불안했다. 아들이 계약 잘 했다고, 직접 집 주인에게 돈을 전달했고 부동산 아저씨 도장을 받은 계약서도 받아 놨다고 전화가 왔다. 그런데도 안심이 안 돼 몇 번이고 다그쳐 물었다.

"사실이지?"

서울에 볼일이 있어 간 김에 아들 자취방을 들른 적이 있었다. 룸메이트 선배가 직접 자가용을 끌고 와 내게 점심도 사주고 배웅까지 했다. 돌아와서 아내에게 털어놓았다.

"참 이상하네. 당신 그렇게 생각 안 해? 내가 알기로는 서울 경기도 태생은 절대 남에게 밥 같은 거 잘 안 사! 그리고 이렇게 정이 가게 배웅하고 그런 사람 없어! 나는 저 녀석이 이렇게 밥 사고 배웅하고 하는 것이 무슨 연막전술 같아…."

그리고 승식이가 군대 문제로 학교 휴학서를 내고 내려올 때 그 계약서를 가지고 오게 했다. 계약서에는 아무런 이상이 없었다. "원 부동산" 도장도 큼직하게 찍혀 있었다. 한 달 정도 지나면 방 계약 기간이 끝난다. 그런데 주일날 아침에 교회 예배를 인도하기 위하여 걸어가고 있는데 갑자기 막 사기 당했다는 생각이 강하게 들었다. 그런 일이 참 오랫동안 여러 번 반복됐다. 그럴 때마다 편하게 생각하려고 애를 썼다.

'무슨 일이 있겠어? 그 선배는 참 착하게 보이던데… 장래 선교사님 된다는데 학교에서 전액장학금을 받을 정도로 공부도 잘한다는데… 그리고 새벽기도도 잘 다닌다는데… 내가 왜 자꾸 쓸데없는 생각을 하지?'

그렇게 생각을 애써 정리하고 또 해도 자꾸 그런 생각이 나서 많이 괴로웠다. 사실 나에게 그 돈 2000만 원은 매우 귀중한 돈이었다. 간 이식을 언제 해야 할지 몰라 오래전부터 모으고 모은 돈이었다. 그런데 그날 주일날은 그 생각이 너무 강해서 혹시 하나님이 말씀하시는 건데 내가 그 말씀을 무시하고 있는 것은 아닌가 하는 마음도 들었다. 그래서 그 주간 수요일 오후에 그 계약서에 나온 "원부동산"에 전화를 했다.

"여보세요? 부동산이시죠?"
"예, 그런데요. 뭘 도와드릴까요?"
"우리 아이가 대신 드린 그 집 전세금 2000만 원 언제 돌려받을 수 있죠?"
"전세금이요? 우린 그거 받은 적 없는데요?"
"아니, 내가 2000만 원 드린 계약서도 있는데요?"
"그럴 리가요! 지금까지 꼬박 꼬박 월세 59만원씩 받았거든요! 여기 있네… 월세 받은 증거… 그런 적 없어요!"
'아뿔싸!'

염려로만 끝나고, 절대 일어나지 말아야 할 일이 터지고 만 것은 아닌가 해서 가슴이 철렁했다. 바로 그 선배한테 전화를 했다. 목소리를 애써 낮추고 점잖은 목소리로 말했다.

"아니 전세금을 돌려 받을 수 없다니 그게 무슨 말이냐?"
"목사님, 걱정 마세요! 아마 무슨 착오가 있었나 봅니다. 그리고 제가 목사님께 상담 받을 일이 있어서 지금 내려가려던 참인데요.

부동산 들러보고 가겠습니다."

한참 후 부동산에서 전화가 왔다.
"아! 네 죄송하네요. 제가 착각을 했습니다. 저희들이 하도 많은 집을, 한 5000세대 이상을 관리하다 보니 사무직원이 실수하게 됐습니다."
"그게 정말입니까?"
"네, 그렇습니다."
그리고 다시 그 선배한테 전화가 왔다.
"목사님! 지금 내려가는 중입니다. 그리고 집 전세금은 걱정 마세요!"
"그래 전화로 말하지, 무슨 일인데 그래?"
"아니요, 직접 내려가서 목사님께 상담 받고 싶습니다. 예언의 은사가 있으신 분하고 꼭 상담을 하고 싶었습니다."

한두 시간 지나자 갑자기 또 '지금 사기 당하고 있다'는 생각이 들어 불안해지기 시작했다. 다시 그 선배한테 전화를 했다.
"지금 어디지?"
"예, 대전 정도 내려왔습니다."
"그래? 눈도 오고 길이 미끄러우니까 조심해서 내려와!"
"굳이 왜 내려와? 전화하지…."
"아니요, 꼭 찾아뵙고 싶었어요! 그냥 얼굴도 뵙고 싶고요!"

한참 후 아내에게 말했다.

"여보! 괜찮겠지?"

그러니까 아내는 이렇게 말했다.

"그래요! 설마… 그 선배가 우리 돈을 사기쳤겠어요? 참 착한 학생이잖아요. 당신 왜 쓸데없는 생각을 해요? 그리고 부동산이 그렇게 말했으면 됐지."

우리 아내는 나와 오랫동안 살면서 내가 얼마나 성령님과 깊은 대화를 하는지를 잘 알고 있다. 그래서 그렇게 말하면서도 내심 불안해하는 눈치였다.

그러자 내가 말했다.

"아니야, 쓸데없는 생각이 아니야. 하나님이 지난 1년 동안 쉬지 않고 말씀하셨어!"

그때서야 확신이 섰다.

'맞아, 그렇게 오랫동안 말씀하셨는데도 내가 못 알아들었구나!'

그래서 다시 전화를 걸었다.

"지금 어디야?"

"여기 태인이네요. 이제 10분 정도면 가겠는데요."

이제까진 '승식이 선배님' 하고 불렀는데 이젠 도저히 그렇게 부를 수 없었다.

"야! 자식아! 너…."

"……."

"너, 이 자식… 나를 어떻게 보고 사기를 쳐?"

"목사님, 가서 직접 말씀드리겠습니다."

"이 나쁜 자식… 내가 너를 얼마나 믿었는데… 네가 그럴 수가 있어?"

"목사님, 죄송합니다. 잘못했습니다."

어이가 없다. 염려하는 일이 현실이 되어버렸다. 아마도 내가 원부동산에 다시 전화로 확실히 알아냈다고 생각했는가 보다.

아내는 그때서야 놀란다.

"어머나! 이 일을 어째? 그 돈 당신 간 이식하게 되면 꼭 필요한 돈인데."

사실 이런 걱정을 아내에게 여러 번 털어놓을 때마다 애써 '여보! 그런 일 없을 거예요' 하면서 날 안심시키곤 했었다. 그런데 이번에는 그런 전화를 듣고 몹시 당황하는 표정이다.

룸메이트 선배란 녀석은 잠시 후 집에 들어와 내 앞에 무릎을 꿇었다.

"목사님! 죄송합니다."

"너 어떻게 사기 쳤냐?"

"사실은 인터넷뱅킹으로 집 주인에게 돈을 보낸 것처럼 승식 전도사님을 속였습니다."

"그럼, 이 계약서는…?"

"네! 도장도 제가 위조한 것입니다. 그런 것을 해 주는 데가 있거든요!"

"그럼, 어떡할래?"

"제가 앞으로 두 달 안에 다 갚겠습니다."

"그럼 여기에 네 자필로 다 써라. 어떻게 사기 쳤는지, 어떻게 갚을 것인지."

그 녀석이 글을 다 썼다.

"지금 수요일 밤 예배니까, 난 예배드리러 가야겠다. 넌 그냥 올라가라. 내가 서울로 올라가서 널 봐야겠다."

그렇게 그 녀석을 보내놓고, 아무리 시간을 내려고 해도 시간을 내서 올라갈 수가 없었다. 이제 모레면 성탄절, 그리고 송구영신예배, 신년기도회, 특별새벽기도 주간 등이 짜여 있다. 둘째 현식이가 다음 주에 군 입대를 하고, 또 일주일 후 승식이가 군 입대를 하고 스케줄이 꽉 짜여 있다.

도저히 시간을 낼 수가 없었다. 시간을 내려면 한 달 보름 정도 지나야만 올라갈 시간을 낼 실정이었습니다.

"한 달 보름 후 내가 서울에 올라가마. 그때까지 돈을 안 주면 부천경찰서에 너를 사기죄로 고발할 것이다."

그런데 그날 밤 삼일저녁 예배를 드리러 가려고 하니까 성령님이 또 내게 말씀하셨다.

"오늘 밤 당장 올라가 경찰에 사기죄로 신고를 하면 받을 수 있고, 지금 안 가면 절대 못 받는다. 그 녀석이 정신 차리고 나면 어렵게 된다."

"여보 빨리 짐 싸! 삼일예배 드리고 바로 올라가라고 하나님이 말씀하시네. 지금 안 가면 못 받는대!"

예배를 마치고 바로 야간 기차를 타고 서울로 갔다. 서울에 도착해 그 친구에게 전화를 했다.

"지금 어디야?"

"눈이 많이 와서 대전 정도밖에 못 왔습니다."

목회 이야기

"나 지금 부천에 왔네! 부천 남부경찰서에 자네를 사기죄로 고발하려고 하니 내일 아침 9시까지 부천 남부경찰서로 오게나! 안 오면 그냥 감옥에 쳐 넣어 버릴거여!"

"네, 알겠습니다."

부천 남부경찰서에서 그 다음날 만나 형사 앞에서 진술서를 쓰게 되었다. 그래서 결국 그 돈 2000만 원을 받아냈다. 악어 목구멍에 다 털어 넣은 돈을 다시 끄집어낸 것처럼 건져낸 것이다.

"내 아들아. 네가 네 이웃의 손에 빠졌은즉 이같이 하라. 너는 곧 가서 겸손히 네 이웃에게 간구하여 스스로 구원하되 네 눈으로 잠들게 하지 말며 눈꺼풀로 감기게 하지 말고 노루가 사냥꾼의 손에서 벗어나는 것같이, 새가 그물 치는 자의 손에서 벗어나는 것같이 스스로 구원하라."(잠 6:3-5)

그리고 1년 후 간이식을 할 때 이 돈이 요긴하게 쓰였다.
나는 하나님이 그렇게 말씀해도 못 알아듣는 멍텅구리 종이란 것을 깨달았다.
나중에 승식이에게 물어봤다.
"그 친구, 새벽기도 열심히 다니니?"
"아니요, 처음에 한 1주일 그랬어요!"
그러니까 그 녀석이 승식이와 나를 안심시키기 위해서 잠시 천사 같은 행동을 했던 것이다.

"야 너도 나하고 똑같네"

"사람이 감당할 시험 밖에는 너희에게 당한 것이 없나니 오직 하나님은 미쁘사 너희가 감당치 못할 시험 당함을 허락지 아니하시고 시험 당할 즈음에 또한 피할 길을 내사 너희로 능히 감당하게 하시느니라" (고전 10:13)

시기동 교회에 이사 간지 8년 만에 교회가 상동에 성전 부지를 구입하고 건축이 시작되었다. 그래서 우리가 당시 예배드리고 있던 교회 건물을 팔게 되었다. 정읍에서 약간 외곽지역에서 세 들어 목회하고 계신분이 우리교회를 사고 싶어 찾아 왔다.

　나는 그분을 평상시 매우 좋게 봤다. 58년생 나보다 한 살 어린데다 그 늦은 나이에 늦깎이로 신학을 하고 개척교회를 하는 그 모습만 봐도 측은하고 대견하게 보였다. 과부 속은 홀아비가 안다고 같은 개척교회 목사라 어떻게든 돕고 싶었다.

목사님 그 교회 건물을 저희교회에 팔면 어떻겠습니까?

그럼 적어도 1억 원은 주셔야 합니다. 그래서 둘이는 계약서를 썼다. 목사끼리의 계약이라 법적인 것이나 세세한 것은 그리 중요하게 여기지 않았다.

그래서 계약금 백만 원 받고 계약서를 써 주게 됐다. 그런데 중도금이 8천만 원이라면 그날이 되어 한 천만 원을 가지고 와 며칠 내로 꼭 다 주겠다고 하여 중도금이라고 천만 원을 받았던 것이다. 그렇게 몇 번을 나누어서 중도금이라고 주었는데 모두해서 한 5천만 원을 받았다.

그리고 우리가 아직 이사를 안 가고 있는데 어느 날 찾아와

"목사님! 교회를 좀 수리해야 하는데 허락해 주세요!"

"그래야지요!"

그리고 그 다음날 그 목사님이 포크레인을 가지고 와 사택 건물을 다 부수고, 2층으로 올라가는 계단을 부수고, 뒤에 있는 방까지 다 부스고 얼마 전 돈을 몇 백만 원을 들여 푸세식 화장실을 수세식으로 고쳐 사용하고 있는데 그 새 화장실까지 다 부수는 것이다. 아예 예배만 간신히 드리도록 하고 아무도 못 있게 만드는 것이다. 그래도 순진한 나는 '왜? 부수지?' 생각하면서도 그러려니 하고 있었다. 이렇게 되자 우리교회 신자들이 말하기를

"목사님 계단이 없어 2층에 올라갈 수가 없네요!"

"목사님 화장실이 없어 너무 불편해요!"

그래도 난 우리가 불편해도 참자고 신자들을 다독거렸다.

"여러분 곧 우리는 새로 건축한 아름답고 훌륭한 성전으로 이사를 가니 조금만 참읍시다."

그러나 지금생각 해 보면 건물이 다 완성 되었으니 빨리 꺼지라는 뜻이었던 것 같다. 더욱이 그냥 돈도 절반만 주고 밀고 들어와 차지하려는 속셈이었던 것이다. 나중에 안 일이지만 교회는 그게 법적으로 가능하다는 것이다. 차지하고 예배드리고 있으면 임자라는 것이다. 그리고 중도금 명목으로 일부를 받았으니 우리가 권리주장을 할 수 없다는 약점도 있음을 나중에야 알았다.

어느 날 저녁 삼일 밤 예배드리기 전에 전화가 왔다.
"목사님 밤 예배 끝나고 만납시다."
"그래요? 예배 끝나고 목사님 교회로 가겠습니다."
그런데 이상하게 내 마음속이 불안해지기 시작했다. 삼일저녁 예배를 마치고 그날 아무래도 이상해서 교인들에게 부탁을 했다.

"여러분 집에 가지 말고 저를 위해 기도해 주세요! 지금 우리교회로 이사 오실 교회 목사님을 뵈러 가는데 이상하게 내 마음에 걱정이 옵니다."
"……."
교인들은 나를 이상하다는 듯이 쳐다본다. 그러나 그래도 안심이 안 된 나는
"유행진 집사님 나 좀 따라와!"
"예 알았습니다."
그래서 유행진 집사님을 데리고 갔다.

목회 이야기

둘이 교회 문을 노크하고 들어갔더니

그 교회 목사님이 가죽잠바를 떡 입고, 가죽 장갑을 딱 끼고,

"아! 목사님, 교회에서 이야기하기 뭐 그러니까 저기 앞에 다방에 가서 이야기 합시다." 한다.

"그래요…"

그리고 우리는 그 목사님을 따라 다방으로 걸어갔다. 여기 저기 여러 사람들이 다방에 앉아 있었다.

그 목사 떡 의자에 앉더니만 "목사님 우리 둘이만 할 얘기가 있으니 집사님은 보내시지요!" 한다.

그래서 "집사님 먼저 가세요! 무슨 일 있겠어요?" 그리고 집사님이 가고나자 바로, "야 새끼야! (그리고 주먹을 내 눈앞에서 획획 지나가게 휘두르면서) 네가 의자를 준다고 해가지고 안 줘 목사가 한 입으로 두말해?" 한다.

생각해보니 계약서를 쓰면서

"목사님 내 생각은 의자도 다 드리고 가고 싶습니다. 그러나 신자들에게 물어보고 허락하면 그렇게 할 것입니다." 하고 말했던 기억이 난다.

그리고 신자들에게 물었더니

"안돼요! 목사님 이 의자는 산지 얼마 안 되었고, 가서도 꼭 필요한 의자입니다."

그래서 어쩔 수 없이 그 목사에게 "성도들이 안 된다고 합니다" 하고 얼마 전에 통화했던 기억이 난다.

그런데 오늘 그 목사님은

"야 새끼야!" 하면서 주먹으로 날 휘둘러 치는 흉내를 낸다. 주먹

이 내 면상 앞으로 휙휙 지나간다. …… 지금 같으면 껄껄 웃어버리고 말았을 텐데… 그때만 해도 아직 10여 년 전이라 혈기가 있었든지 벌떡 일어나 그 옆에 벽을 주먹으로 때렸다. 그러자 그 목사 왈, "야 너도 나하고 똑 같네" 하면서 낄낄 웃는다.

"똑같아 똑같아 … 낄낄낄… "

그 다방 아주머니가

"왜 이렇게 시끄러워요? 누가 영업방해를 해요. 빨리 나가세요!… " 한다.

그래서 밖으로 나와 엘리베이터를 타고 나가려는데 .. 이 목사님 딱 뛰어 들어온다.

방금 전까지 다방 안에서 깡패처럼 행동했던 사람이

내 앞에서 토끼처럼 순하게 서 계신다. …… 정말 한 대 갈겨버리고 싶었다. 내려오면서 얼마나 화가 나든지 엘리베이터 안에서 단 둘이 있을 때

"너 내 앞에서 한 번만 더 까불면 옥수수 다 뽑아버려!"

내가 무서웠든지 아무소리 못하고 정말 바보처럼 서 있었다. 사실 그런 언어는 내 평생에 처음으로 썼다. 그리고 엘리베이터에서 내려와 밖에 나가 서로 헤어지면서 또

"살고 싶으면 조심해!"

내가 무서웠든지 조심스럽게 내 앞에서 사라진다.

교회 와서 무릎을 꿇고 하나님 앞에 기도했다.

"하나님 왜? 이런 일이 생겼습니까?" 하고 물었다.

그리고 생각해보니… 그때 내 성질을 건들어서 한 대만 때리면…

"아이고 목사가 사람 잡네.."

목회 이야기

하고 드러눕고, 병원에 입원하고…아예 날 형사고발해서 재판을 하고 결국 그 건물 값 안 받겠다는 신자들 약속을 받아 내어 교회 건물을 거저먹을 심보라는 것을 깨달았다.

"아! 그렇구나………………………………"
"사람 많은 다방에서 때리면 증거가 확실하니 내 성질 건들어서 한 대 맞으려고 했구나!"

내 판단이 확실한 것은 그 목사님의 그 다음 행동이 정반대였어! 엘리베이터 안에서도 길에서도 바보처럼 말 한마디 대답 못하고 서 있었어!
생각이 여기까지 미치자 정말 화가 났다. 그렇게 되면 우리 교회는 얼마나 큰 시험이 되겠는가? 속없는 우리 교인들은 "우리 목사님이 깡팬가?"하고 시험들께 뻔하다. 어찌나 화가 나든지…. 끙끙 참는데 견딜 수가 없었다.
"아! 어떻게… 그것도 목사가… 거룩한 하나님의 교회를 상대로! … 그런 악한 행동을.."
도무지 이해가 안 왔다. 도무지 용서할 수가 없었다.

그 다음날 일찍 그 목사님으로부터 전화가 왔다.
"안녕하세요 목사님!"
너무 너무 겸손한 목소리로 정말 조용하고 가느다란 목소리로
"저기요 목사님! 전주 법원에 가서 우리가 반드시 그 교회 값을 다 드리겠다고 공증을 써 드릴테니 이사 가게 해 주세요!.."한다.

어찌나 황당하든지... 정말 화를 끙끙 참았다. 며칠 후 내 앞에 그 교단 이름을 쓴 봉고차가 지나가자 갑자기 내 마음이 불안해지고 그 차를 보는 것 조차 싫은 마음이 생기는 것이다.

아! 난 깜짝 놀랐다. '목사의 마음에 그 교단의 교회 이름을 보고 몹시 싫은 마음이 생기다니!'

목회 이야기

목사가 쓰러지고

쓰러진 목사

"너는 내일 일을 자랑하지 말라 하루 동안에 무슨 일이 날는지 네가 알 수 없음이니라"
(잠 27:1)

교회 건물을 파는 과정에서 일어난 그런 화나는 일이 있은 지 거의 한 달 동안 분노를 참느라 무척 애를 썼다.

어느 날 새벽에 새벽기도를 마치고 기도하는 중에 갑자기
"왜? 이렇게 힘들지…?" 난 꼼짝할 수가 없었다. 나중에 안 일이지만 B형 간염이 간경화로 발전됐고 더 악화되면서 피가 역류해 목에서 터진 것이었다.

나는 오로지 예수님과 교회밖에 모르고 그저 앞만 보고 달려왔

다. 그런데 어느 날 쓰러졌다. 교회 건축을 하고 큰 행사인 성전 입당예배를 드리고 바로 이어 부흥성회도 열었다. 그리고 또 그런 속상한 일이 있었다.

어느 날 새벽 새벽기도를 마치고 강대상에서 무릎을 꿇고 기도를 하고 있었다. 그런데 갑자기 온몸에 힘이 빠지고 너무 힘들어 말도 안 나오고 몸도 움직일 수 없었다.
아내와 유 집사가 한참 이야기하는 것 같더니 내가 조용하니까 기도하는 줄 알고 야속하게도 그냥 나가버렸다.
제발 '여보, 목사님! 지금 안가요?'라고 말을 좀 걸어줬으면 했는데 둘은 그냥 나가버렸다.
"여보!" 하고 부르는데 소리가 나오지 않았다. 그래서 "유 집사님!" 하고 부르는데 마음뿐이고 역시 소리가 나오지 않았다.
어쩔 수 없이 그냥 그렇게 앉아서 오랜 시간이 흘렀고 그날 점심 때가 돼서야 간신히 일어날 수 있었다.
그리고 바로 설 연휴가 시작됐다. 부모님도 오시고, 교인들도 세배하러 오고, 아내와 두 아들 모두가 즐거워하는데 아프고 힘들다고 말을 하면 분위기를 깨버릴 것 같아 도저히 그렇게 할 수가 없었다. 그런데 난 말로 표현하기 어려울 만큼 몹시 힘이 들었다.
'설을 쇠고 나면 병원에 가 봐야지 하고 생각했는데….'

설도 지나고 주일날이 돌아오자 예배 인도를 했다. 다시 힘을 내 설교를 했다. 그리고 점심시간에 내가 밥을 사겠다며 남전도회 회원들과 함께 가까운 식당에서 식사하고 있는데 갑자기 배가 막 불러왔

목사가 쓰러지고

다. 입에서 비린내가 나면서 토하고 싶었다. 나중에 안 일이지만 이번이 두 번째로 목에서 피가 터졌던 것이다. 그것도 동시에 세 군데 터진 것이다. 피가 갑자기 많이 나와 위로 들어가니 배가 막 불러온 것이었다. 피가 멈추고 산 것은 기적이었다.

모두 음식을 먹고 있는데 토할 수 없어 화장실로 갔다.

"으~윽~웩!"

화장실에서 토해 보니 붉은 선혈이 쏟아져 나왔다. 많은 양의 피를 토하고 나니 어지러워 도저히 일어날 수가 없었다. 간신히 일어나 화장실에서 나와 식사비를 계산했다.

"집사님! 빨리 가자."

"목사님 어디 안 좋으세요?"

모두 놀라서 나오자 억지로 괜찮은 척했다. 집사님 차에 탔다. 갑자기 온 세상이 밝고 하얀 빛으로 환해졌다. 나중에 안 사실이지만 사람이 죽을 때는 뇌에서 어떤 호르몬이 나오면 고통이 감소되고 온 세상이 환해진다고 한다. 간경화로 목에서 피가 터지면 대부분 죽는다고 한다. 아파트 앞까지 왔는데 도저히 차에서 내려 엘리베이터를 타고 집에 갈 수가 없었다. 엘리베이터를 타면 약간의 흔들림에도 토하고 쓰러질 것 같았기 때문이다.

집사님이 내릴 생각을 않고 있는 나에게 물었다.

"목사님! 병원으로 모실까요? 아님 집으로 가실래요?"

잠시 생각했다.

"아~ 병원으로 가야 하나? 지금 내가 아파 누워 있을 상황이 아닌데 어떻게 하지."

그리자 다시 집사님이 물었다.

"목사님! 병원으로 모실까요?"

나는 잠시 주춤하다가 결심했다.

"네, 그럽시다."

"어느 병원으로 모실까요? 정읍 아산병원으로 갈까요, 아님 전주로 갈까요?"

"전주 예수병원으로 갑시다."

그래서 그날 주일 오후에 난 전주 예수병원 응급실에 실려 갔다. 콧구멍으로 호스를 하나 쑤셔 넣고, 또 하나의 호수를 목구멍으로 쑤셔 넣는다. 콧구멍으로 약물을 집어넣으니 목에서 피가 올라온다.

"아~."

견딜 수 없이 아프고 참기 힘들었다. 목구멍으로, 콧구멍으로 호수를 집어넣고 약물을 부어대니 말도 할 수가 없었다. 너무 아파 그냥 눈에서 눈물이 막 나왔다. 손발을 휘저으며 온몸을 버둥거리며 아픔을 견뎌야 했다. 위 속에 고여 있던 피를 다 뽑아내고 또 다시 카메라가 달린 줄을 집어넣고 식도 사진을 찍었다. 나중에 인턴들이 와서 사진을 보여 주었다. 그 사진에는 목에 구멍이 3개나 뚫려 있었다. 그리고 젊은 인턴들은 다행히 피는 멈추었으나 아주 위험한 상황이라고 했다. 나중에 안 사실이지만 그 정도 여러 개가 동시에 터지면 100%는 죽는다고 했다.

그리고 그날 밤 늦게 담당 의사가 찾아왔다. 술에 취해 건들거리면서 말했다.

목사가 쓰러지고

"내일 수술 할 게요!"

사실은 그 시간에 해야 했는데 술에 취해서 못하는 것 같았다. 그래서 내가 물어보았다.

"앞으로 내가 어떻게 됩니까?"

"차츰 복수도 차고, 간 혼수도 생기고, 목에서 피가 다시 쏟아지면 죽을 수도 있습니다."

"그럼 예방하는 방법은 없습니까?"

"예방이요? 불가능합니다. 터지면 와야죠!"

그리고 나가버린다.

옆에서 떨고 있는 아내에게 말했다.

"여보! 저 의사에게 나를 맡길 수가 없네. 환자를 보고 죽는다는 소리나 하고, 예방도 못한다고 하니 더 큰 병원으로 가야겠네 빨리 서둘러요."

그날 밤 바로 앰뷸런스로 서울아산병원으로 가기로 했다. 서울에서 나의 입원 소식을 들은 동생과 누나가 전주 예수병원까지 찾아왔기에 같이 서울로 가게 되었다. 그날 저녁엔 눈도 많이 내렸다. 큰아들은 중학교 1학년인데 물끄러미 나를 쳐다보았다. 둘째는 초등학교 2학년이었다. 아이들이 너무 어리다. 무엇보다 아내가 불쌍하게 보였다.

'내가 이대로 죽으면 저들은 누가 돌봐줄까! 개척교회 하느라 돈도 한 푼 없고 빚만 있는데.'

눈이 펑펑 내려 중부고속도로 가기는 어려울 것 같아 호남고속도로로 돌아서 밤새 앰뷸런스를 타고 서울아산병원 응급실에 도착했다. 빈 병실이 없어 응급실에서 무려 1주일을 지냈다. 교인 몇 사람도 병원까지 따라왔다. 힘이 너무 없어 눈도 뜰 수 없었다. 목소리만 듣고 '누가 왔구나' 하고 알지만 눈을 뜰 수 없어 보지 못했다. 몸무게가 한 달 만에 무려 30킬로그램이나 빠졌다. 뼈만 앙상하게 남았다.

식도경화술이라고, 목구멍에 줄을 집어넣어 주사로 약물을 투여해 구멍 난 곳을 막아주는 수술을 받게 된 것이다. 이 수술은 우리나라에서 오직 한 군데 서울아산병원에서만 할 수 있었다. 지금은 그 의사가 나이가 들어 못하게 되자 이젠 한국에서 그 수술을 할 수 있는 곳이 없다. 지금은 아산병원에서도 다른 병원과 똑 같이 그냥 구멍 난 곳을 풍선으로 막는 시술을 한다. (식도결찰술) 이것은 일시적인 것이라 결국에는 터지게 된다. 몇 번에 걸쳐 이 수술을 받았다. 얼마나 아프고 고통스럽던지 죽을 맛이었다. 수술을 받을 때마다 예수님의 십자가 고통을 생각하면서 견뎌냈다.

수술을 받고 나면 보름 동안 목구멍 수술 부위가 점점 부어오르다가 다시 보름이 지나자 수술 부위가 가라앉았다. 밥도 먹지 못하고 죽만 먹으면서 삼키면 목이 많이 아팠다. 그리고 잦아지면 또 수술을 받았다. 최근까지 12년 동안 무려 40여 번 받았다. 나처럼 이렇게 오랫동안 식도경화술을 받은 환자는 아마 없을 것이다. 그래서 5년쯤 되자 내가 수술 받을 때는 다른 여러 명의 인턴 의사들이 함께한다. 인턴들 앞에서 담당 의사는 나를 가리키며 이렇게 말한다.

"이 환자는 특별한 환자입니다."

"아직까지 버틸 수 있었던 것은 이 다리 근육 좀 보세요 매우 탄탄합니다."

나는 당시 스포츠맨이었다. 운동을 정말 좋아했다. 축구, 족구, 배구, 탁구, 볼링, 등산 등 운동을 다 좋아했다. 하나님이 "운동을 해라" 하고 말씀하신 것도 있지만 교회가 학생 청년들로 구성되어 있어서 그들과 함께 하다 보니 더 운동을 열심히 하게 된 것이다.

나중에 동생이 내게 이렇게 말했다.
"내가 의사 선생님께 '형이 살 수 있습니까' 하고 물었더니 '보통 많이 살면 2-3년 살아요' 하더라."
실제로 주변에 나처럼 치료받던 환자 대부분이 빨리 갔다.

입원한 지 1달 보름 만에 퇴원해 집으로 오게 됐다. 유 집사님이 아산병원까지 와서 운전을 해 주었다.
"여보! 나 교회 먼저 가 보고 싶다!"
정읍에 내려와 집에 가기 전에 먼저 교회로 차를 몰게 했다. 차 안에서 교회 건축 현장을 보았더니 건설회사 강 소장이 마무리 작업에 한창이었다. 이미 입당예배를 드렸지만 아직도 할 일이 남아 있었던 것이다.

"이제 집으로 가게…."
차에서 내려 교회로 걸어갈 힘이 없어 차에서 내려 보지도 못하고 집으로 향했다. 집으로 가는 차안에서 이런 성경구절이 생각났다.

"나를 주 앞에서 쫓아내지 마시며." (시 51:11)

난 그날 예수님이 성전에 들어오지 말라고 하는 것 같은 아픔을 느꼈다. 그 이후로 거의 한 달 동안 교회에 가 볼 수 없었다. 내가 이대로 죽는다면 교회를 다른 목사님에게 뺏기겠고 우리 아내, 예쁜 우리 아내도 다른 남자에게 뺏기겠지. 이런 생각이 들다가도, 아니지… 목사가 죽으면 교인들은 새 목사 만난다고 좋아하겠고 목사님들도 좋은 임지 생겼다고 좋아하겠지.

무엇보다 혼자 슬프게 울고 있을 내 아내를 생각하면 불쌍하고 가련하다. 목사 사모는 정말 불쌍한 사람이다. 목사가 죽고 나면 사모는 아무런 능력이 없다. 직장도 없고, 돈도 없고, 자녀들만 남는다. 어떻게 살아갈 도리가 없게 된다. 만일 내가 아내 먼저 죽게 된다면 죽기 전에 꼭 이렇게 말해줄 생각이다.

"여보! 좋은 사람 만나 꼭 결혼해. 그리고 행복해! 알았지?"

숨 멈추고… 숨 쉬세요

"사람이 무엇이관대 주께서 크게 여기사 그에게 마음을 두시고 아침마다 권징하시며 분초마다 시험하시나이까 주께서 내게서 눈을 돌이키지 아니하시며 나의 침 삼킬 동안도 나를 놓지 아니하시기를 어느 때까지 하시리이까 사람을 감찰하시는 자여 내가 범죄하였은들 주께 무슨 해가 되오리이까 어찌하여 나로 과녁을 삼으셔서 스스로 무거운 짐이 되게 하셨나이까" (욥 7:17-20)

힘든 시술을 받을 때마다 난 스스로 다짐한다.

"제가 시술을 받을 때마다 나를 위해 기도하지 않고 주의 성전을 위해 기도하겠습니다."

의사가 무자비하게 호수를 집어넣고 바늘로 약물을 투여할 때, 너무 아파서 견디기 힘들 때마다 기도했다.

"하나님! 우리 교회 빚 속히 갚게 하소서!"
　수술할 때마다 '하나님! 아프지 않게 하소서!', '힘든 수술 잘 감당하게 하소서!' 하고 기도하고 싶어도 꾹 참았다. 의사가 목에 호스를 집어넣을 때는 너무 아파서 눈에서 눈물이 다 나온다.

　수술할 때면 의사와 간호사도 긴장하며 시술한다.
　"숨 멈추고… 바늘 앞으로…."
　의사가 지시하면 나는 숨을 멈추고, 간호사는 바늘을 준비한다.
　"하나, 둘, 셋, 얍!"
　"됐습니다. 숨 쉬세요 잘 참으시네요!"
　"자~ 다시 숨 멈추고… 바늘 앞으로…."
　그럼 간호사들이 준비한다.
　"하나, 둘, 셋, 얍!"
　"숨 쉬세요. 어허~ 이렇게 힘들어 하시면 못합니다. 그럼 더 힘든 걸 해야 합니다. 자~ 참아요, 참아… 아파도 참으세요. 네~ 잘 참으시네요."
　눈에서는 눈물이 내 의사와 상관없이 마구 흘러나온다. 또 기도한다.

　"하나님! 우리 제자교회 빚 속히 갚게 하소서!"
　그렇게 수백 번 기도를 드렸다.
　식도경화술을 받고 침대에 실려 한쪽 복도 구석에 있을 때면 입에선 계속 피가 나온다. 나도 모르게 눈물이 한없이 흐를 때 아내는 나를 붙들고 기도한다.

목사가 쓰러지고

또 울고… 그리고 기도하고….

울려고 우는 게 아니라 너무 아프니까 저절로 눈에서 눈물이 나왔다.

"하나님! 우리 교회 빚 속히 갚게 하시고, 반드시 부흥하게 하소서!"

난 오로지 하나님의 교회만을 위해 기도하고 기도했다.

간호사들이 침대를 밀고 병실에 데려주면 또 아픔이 시작됐다. 조금만 몸을 움직여도 머리가 깨지는 것처럼 아팠다. 침만 삼키려 해도 아팠다. 집으로 퇴원하면 목이 점점 부어올라 약 보름 동안 지속된다. 한 달은 지나야 부기가 빠지기 시작한다. 두 달이 지나면 다시 입원해 시술을 받아야 한다. 여기를 막으면 저기가 터지려 하고 또 저기를 막으면 여기가 터지려 한다. 목 입구에서 터지려는 것을 막으면 위 가까운 곳에서 터지려 하고 참으로 힘들다.

그렇게 12년 동안 수없는 시술을 받다 보니 음식을 삼키면 여기 저기에 걸려 한참 기다려야 내려간다. 보이지 않는 고통이 나를 삼키려든다.

처음 쓰러지고 난 뒤 5년 정도 지나서였다. 어느 날은 다리가 부어오르더니 차츰 복수가 차올랐다. 병원에 갔더니 결국 간이식을 권유했다. 간이식이란 누가 간을 준다고 그냥 쉽게 할 수 있는 게 아니다. 무엇보다 비용이 만만치 않다. 초기 비용이 무려 1억 2000만 원 들어간다. 그뿐인가 그 후 2년 동안 또 1억 원 정도 들어가고 그 다

목사가 쓰러지고

음해부터 매년 그만큼 들어간다. 개척교회 목사가 어디서 돈이 나와 그 많은 비용을 감당하고 간이식을 할 수 있겠는가? 오기로 참고 깡으로 버틸 수밖에 없다.

복수가 차올라 처음에는 발목에 쥐가 나더니 몇 년 지나니까 이젠 옆구리까지 쥐가 올라왔다. 쥐가 날 때면 숨도 못 쉴 만큼 아팠다. 신음을 참으려고 아무리 이를 악물어도 소리는 어느새 이를 비집고 새 나갔다.
"으~악, 으~아아아~악~."
통증이 심해지자 수건을 입에 물고 방바닥을 주먹으로 내리쳤다. 온몸에 땀을 뻘뻘 흘리면서 참아내려고 발버둥을 쳤다. 통증이 잦아질 때까지 말이다. 그런데 심한 통증을 동반한 쥐가 한 번 나게 되면 무려 12시간 이상 지속됐다. 밤 10시쯤에 시작되면 다음날 10시까지는 계속 되었다. 욥을 깊이 생각하는 시간이 이어진다. 욥의 절규가 나의 절규가 된다.
"아~! 차라리 태어나지 말 것을… 아~! 차라리 태어나지 말고 죽었다면 좋았을 것을…."
그때마다 욥보다 더 경건하게 참아보려고 애를 썼다. 기도하며 다짐했다.
'절대로 하나님을 원망하지 말자. 절대로 원망하지 말자!' 아무리 기도하고 다짐해도 인간으로서 참을 수 있는 한계치를 넘다 보니 저절로 신음이 나오고 호소가 나왔다.
"하나님! 아파서 죄송해요! 아파서 죄송해요! 하나님…."
"으아~아악~ 으아아~~ 살려줘! 살려줘…. 아! 죽여주세요! 죽여주세요….”
"죄송합니다. 하나님! 아파서 죄송해요….”

그러다 아픔이 잠시 잦아들고 정신이 좀 돌아올 때쯤 몸과 마음은 지칠 대로 지쳐 손 끝 하나 꼼짝할 수 없고 눈물만 하염없이 흐른다. 애써 눈을 감고 계속 기도한다.
"하나님! 세상에 많은 목사님들이 있습니다. 다 하나님을 사랑하겠지요! 그런데 저만큼 하나님을 사랑하는 목사 있으면 한 번 대 보세요! 이 세상에서 저만큼 우리 예수님 사랑하는 목사 있으면 한 번 나와 보라고 하세요!”
"지금 제가 하늘나라에 가면 하나님도 손해일 것입니다. 저만큼 하나님을 사랑하는 목사가 다시는 이 세상에 안 나올 것이니까요.”
왜 이런 기도를 하는지 하나님은 아신다.
교만한 기도가 아니란 걸 하나님은 아신다.
얼마나 고통스러웠으면 이렇게 기도하는지 하나님은 다 아신다.

시술 대기실은 또 하나의 선교지

"예수께서 들으시고 이르시되 건강한 자에게는 의원이 쓸데 없고 병든 자에게라야 쓸데 있느니라" (마 9:12)

보통 3개월 만에 한 번씩 서울아산병원에서 식도경화술을 받았다. 나중에는 많이 좋아져 6개월 만에 한 번 가기도 했다. 병원에는 늘 병실이 모자라는지 6인실 방이 날 때가 드물었다. 주로 2인실이 난다. 어떤 땐 1인실밖에 없어 울며 겨자 먹기로 엄청 비싼 1인실에도 입원해야 했다. 6인실은 하루 입원비가 보험이 적용되는 비용을 공제하면 1만 원 정도 된다. 그러나 2인실은 16만 원, 1인실은 26만 원이나 된다. 1인실에 입원하게 되면 하루 입원비가 개척교회 목사 여름 휴가비보다 더 많이 든다. 그런 형편이니 병원에 갈 때면 항상 병실 때문에 기도하게 된다. 지금까지 주로 2인실에 갈 수밖에 없었고 어쩌다 한두 번 6인실을 차지할 때가 있었다. 6인실은 물론이고 2인실도 공실이 없을 때 단 한 번 1인실을 이용했다. 그래서 올라갈 때는 이렇게 기도했다.

"하나님! 제가 입원해 있는 동안 전도할 수 있는 사람을 만나게 해 주소서!"

내가 입원하는 병실을 전도하는 방으로 삼았다.

"안녕하세요! 어디가 아프세요?"

"네, 간암입니다. 색정술을 받으러 왔습니다."

묻는 말에 그렇게 대답하는 그들의 얼굴에는 어두운 그림자, 두려움이 서려 있었다. 애써 웃으면서 말을 건넨다.

"저는 목사입니다."

시술 받으러 막 병실을 나갈 때면 손을 잡아주었다.

"염려 마시고 수술 잘 받고 오세요! 제가 기도할 게요."

시술을 마치고 나와서는 나를 보는 얼굴이 좋아 보인다.

"목사님! 이번엔 정말 덜 아팠어요! 정말 쉬웠어요!"

환자와 그렇게 인사를 주고받다 보면 전도할 기회가 온다. 환자도 전도하고 보호자도 전도했다. 내게 전도 받고 예수 믿게 된 김정남씨 부부는 정읍에까지 두 번이나 나를 찾아왔다.

"목사님 덕분에 예수님 믿게 되어 감사합니다. 어떻게 목사님이 나와 함께 한 병실에 입원해서 내가 예수 믿게 되었는지 정말 하나님의 은혜가 너무 큽니다."

332_333　하나님은 살아계신다

입원한 다음날 아침, 일찍 침대에 누워 시술받으러 시술 대기실에 가면 여러 명의 환자를 만날 수 있다. 모두가 침대에 누워 있다. 심지어 열 살 정도의 어린이도 나처럼 식도경화술을 받기 위해 기다리고 있다. 청년들, 아저씨, 아주머니, 할아버지들이 10명 이상 즐비하게 차례를 기다리고 있다.

난 '이때다' 하고 바로 옆 사람에게 말을 걸어본다. 그리고 손을 꼭 잡고 전도를 시작한다.

"안녕하세요! 저는 목사입니다. 제가 위해서 기도 할게요. 잘 받고 나오세요!"

"아~ 그러세요? 감사합니다."

"예수 믿으세요! 이번 시술받고 꼭 교회 다니세요!"

"예, 그래야지요…."

동병상련(同病相憐)이라는 말도 있잖은가. 같은 병을 앓는 사람끼리는 서로 가엾게 여긴다고 했다. 목사인 나도 똑같이 아파서 시술을 같이 받아서인지 모두가 마음을 열어준다. 그래서 그런지 이상하게 단 한 분도 "노" 하는 사람이 없었다.

"목사님, 고맙습니다. 예수 믿을 게요. 그리고 꼭 교회 다니겠습니다."

나는 그 환자분들을 위해 손을 잡고 기도하고 격려해 준다. 간호사들이 오고 침대를 밀면 시술받으러 들어가는 시간이다. 모두가 초긴장 상태다. 바로 그때 등을 두드려주기도 하고 손을 들어 엄지를 치켜세우기도 한다.

목사가 쓰러지고

"파이팅! 잘 받으세요! 제가 기도할게요! 하나님이 지켜주실 겁니다."

그 대기하는 30분 정도의 시간은 그들에게는 절박한 시간이지만 나에겐 전도할 수 있는 절호의 기회였다. 수술 대기실은 나의 또 다른 선교지였다.

"내가 이렇게 아픈 것은, 아마도 이들을 전도하라는 하나님의 뜻인가 보다."

너무 잘 먹어서 아픈 거야

"꿀을 많이 먹는 것이 좋지 못하고" (잠 25:27a)

딸과 병은 자랑하라고 했다. 딸을 자랑하다 보면 배필이 보이고, 병을 자랑하면 처방이 보인다는 말이다.

내게 간경화가 오자 이 사람 저 사람의 처방이 들어오기 시작했다.
"목사님! 간경화에는 그걸 먹으면 효과를 본다고 합니다."
"목사님! 간경화에는 그걸 하시면 효과를 본다고 합니다."
"목사님! 간경화에는…등등."
내가 병이 드니 주변에서 온갖 음식과 약을 소개했다. 소개한 그 종류를 다 합하면 100가지도 넘었다. 심지어 비싼 돈을 들여 직접 사다 준 사람들도 있었다.

나는 하나님 앞에 기도를 드렸다.

"하나님! 무엇을 먹어야 이 병이 나을 수 있겠습니까?"

그랬더니 하나님이 대답하셨다.

"현대인들은 못 먹어서 아픈 것이 아니라 너무 잘 먹어서 아프단다. 무엇을 먹으려 하지 말고 운동을 해라."

그래서 운동을 열심히 했다. 먼저 등산을 시작했다. 그것도 걷는 것으로 만족하지 않고, 산을 뛰어 올라가서 뛰어 내려왔다. 그리고 철봉에서 턱걸이도 많이 했다. 그랬더니 복수도 다 빠지고 살도 오르고 많이 건강해졌다. 어느 날 아산병원 담당의사가 그랬다.

"다 나았습니다. 간염도 음성으로 돌아섰습니다. 의사의 소견으로는 깨끗이 나았다고 선언할 수 있습니다. 그래서 식도경화술도 이제 멈추겠습니다. 다만 1년에 한 번 정도만 검사를 하겠습니다."

주변 사람들도 목사님의 얼굴이 좋아졌고 정말 하나님이 살아계신 것을 목사님을 보고 알겠다며 기뻐했다. 그래서 한 3년 동안 건강하게 다녔다. 먹을 것 다 먹고, 할 일 다 하고, 열심히 살았다.

그런데 정작 본인인 내가 하나님 앞에 기도하면서 '하나님! 정말 다 나았나요?' 하고 물었더니 전혀 대답이 없으셨다. 왜 하나님이 내 병에 대해 말씀하시지 않으시는 걸까? 사실 지난 12년 동안 아무리 내 병에 대하여 기도를 드려도 전혀 묵묵부답이었다. 다른 것은 기도하면 즉각 들어주시고 즉각 응답하셨는데도 말이다. 내 병만큼은 아무 말씀도 하지 않으셨다. 그러다 다시 재발할 수도 있다는 뜻인가 하는 생각이 들어 각별히 조심했다. 언젠가는 다시 발병될 수도 있다고 생각하고 매우 조심스럽게 살았다.

그런데 싱싱한 생굴이 먹음직한 계절이 찾아왔다. 어느 날 석화라고도 하는 생굴을 사서 맛있게 먹었다. 먹을 때까지만 좋았다. 먹고 나서 바로 온몸에 두드러기가 나면서 설사를 심하게 하기 시작했다. 가까운 병원에 가서 주사 맞고 약을 먹어도 낫지 않자 입원치료까지 받았다. 거의 보름 동안을 그렇게 항생제 먹고 주사 맞고 했는데 어느 날 다시 복수가 차오르기 시작했다. 지금 생각해 보면 경험 없는 시골 의사들의 미련한 처방 때문이었다. 바로 다니던 서울아산병원 응급실에 등록이라도 해 놓고 담당 의사를 찾아갔어야 했다. 시골 병원에서 독한 항생제를 매일 세 번씩 여러 개를 먹고 매일 항생제 주사를 맞았다. 그러다 보니 아직도 불안전한 간이 다시 아프기 시작했던 것이다. 나중에는 본격적으로 아프기 시작했다.

목사가 쓰러지고

내가 바로 네 보험이니라

"이 후에 여호와의 말씀이 이상 중에 아브람에게 임하여 가라사대 아브람아 두려워 말라 나는 너의 방패요 너의 지극히 큰 상급이니라" (창 15:1)

개척교회 목회를 하다 보면 무엇보다 경제적으로 항상 어렵다. 그래서 꼭 해야 할 일도 돈이 부족하거나 없어서 뒤로 미루거나 아예 포기하는 경우가 많다. 내가 간이식을 꼭 해야 하지만 돈이 없어서 억지로 견뎌야 하는 것도 바로 그런 경우에 속한다.

그래서 항상 돈 때문에 새벽마다 기도를 했다.
"하나님 월세를 주세요!"
"이번 달 전기세, 그리고 자동차 할부금 내야 합니다."

"하나님 교회가 헐리게 되었습니다. 교회 이전할 돈을 주세요!"
– 건축을 하는데… 빚이 너무 많이 발생했습니다.
"하나님 돈 좀 주세요!"
– 두 아들이 대학을 다닙니다.
"하나님 등록금 주세요!"
제가 간 이식을 해야 합니다.
"하나님 병원비 주세요!"

어느 날은 가만히 생각해보니 내 기도의 70%가 돈 이야기다. 그래서 하나님께 기도했다. "하나님 돈을 몽땅 주셔서 다시는 돈 이야기로 기도하지 않고 '성령 달라', '믿음 달라'는 고상한 기도만 하게 하시면 안 됩니까?" 그랬더니 하나님의 음성이 들려왔다.

"그럼 넌 기도도 안 할 텐데!"

아 어느 날은 로또번호 6개를 가르쳐달라고 기도했다. 인생역전! 새벽기도를 갔다 온 후 무릎을 꿇고 간절히 기도했다. 로또번호 6개 가르쳐 주소서 지금 잠을 자려고 하오니 꿈속에서 가르쳐 주소서! 어떤 양복 입은 신사가 내 앞에서 로또번호 6개를 가르쳐 주겠노라 하면서 크게 숫자가 써진 판을 든다. 24, 그리고 다시 그것을 내려놓고 또 다른 숫자판을 양손으로 들어올린다. 36, "아! 드디어 하나님이 꿈으로 계시를 하시는구나! 저 앞에 서 있는 저 분은 천사가 분명해, 그래 정확히 보고 꿈을 깨면 안 잊어야지! 24, 36, 그래!" 다시 그 사람이 숫자를 또 하나 들었다. 7이다.

목사가 쓰러지고

이때 누가 나를, 막 누가 흔들어 댄다. 그리고 소리 지른다. "여보 일어나 아침 먹어"

24, 36, 7, "아 여보 왜 깨워 조금만 더 자라고 놔두지!" 그래서 다시 누워 잠을 청하며 기도를 했다. "하나님 억울합니다. 내 마누라가 날 깨워서… 다시 잠이 들겠나이다. 연속극으로 꿈을 꾸게 하소서" 아! 다시는 그 꿈을 꾸지 못했다.

어느 주일날 사택에서 교회로 걸어가면서 복수로 차오른 배를 만지면서 하나님께 이렇게 넋두리를 했다.

"하나님! 제가 세상에서 직장생활을 했거나 사업을 했다면 이렇게 돈이 없어 수술도 못하고 가난하지는 않았을 텐데 난 너무 가난합니다. 몸이 아파도 돈이 없어 수술도 못할 정도로 힘듭니다. 하나님 너무하지 않습니까?"

"……."

"제가 언제 목회한다고 했습니까? 난 하지 않겠다고 발버둥을 쳤는데 기어코 시켜놓고는 이렇게 아프게만 하고… 불쌍하지도 않습니까?"

"……."

"그리고… 개척교회 하다 보니 돈이 없어 보험도 하나 못 들었습니다. 보험이라도 들어놓았다면 이렇게 고생하지 않을 텐데 말입니다.

"……."

사실 개인 보험을 몇 번 들긴 했다. 들면 뭐하나. 교회에 일이 생기면 목사가 먼저 희생해야 했기에 그동안 들었던 보험을 해약해야 했고 해지환급금을 받아 헌금했다. 그리고 교회에서 넣고 있던 보험도 해약하고 교회에 모두 넣어야 했다.

"교인들은 목사님! 보험을 해약하면 어떻게 해요! 그냥 계속 넣으면 좋을 텐데요."라고 말한다. 교인들이 그렇게 말은 하지만 어려운 교회 재정 탓에 강하게 반대하진 못 했다.

그리고 난 나름대로 믿음도 있었다. 목사가 아플 거라곤 생각도 못했다. 혹시라도 어떤 어려움이 와도 하나님이 다 풍성하게 책임져 줄 거라는 믿음도 있었다. 그런데 내 믿음이 과신이었나? 세상을 살아가는 지혜는 항상 어려운 날을 대비해야 하는데 무작정 믿기만 했다는 생각도 들었다. 그렇게 살아온 인생을 돌이켜본 것이다. 낙심되는 마음에 다시 하나님께 넋두리를 하게 됐다.

"하나님 제가 목회 안했으면 부자로 살았을 겁니다."
"직장 생활을 해도 이렇게 가난하지는 않았을 겁니다."
"이게 뭡니까? 아파도 돈이 없어 수술도 못하고 말입니다."
그러자 갑자기 하나님의 말씀이 들려왔다.
"뭐? 월급이 적다고 네가 날 원망하니, 지금?"
"네가 세상에서 직장 생활했으면 지금 퇴직해야 할 나이거든…. 그런데 넌 아직도 15년을 더 해먹을 수 있다. 그러니 계산해 보면 결코 적은 게 아니거든…."
"그리고 보험도 못 들어 놨다고 날 원망하니? 정말 필요하면 내가 다 줄 텐데 누굴 원망하고, 뭘 염려하느냐!"
"내가 바로 네 보험이니라!"

목사가 쓰러지고

"………………………………………………?"

"에이 하나님! 지금까지 안 주셨잖아요! 그 많은 돈을 어떻게 주겠습니까?"

교회에 도착해 생각해 보니 내가 너무 어리석었다는 것을 깨닫게 되었다. 강단에 서서 말씀을 전하면서 이 거룩한 직분을 세상 직업과 비교한 죄를 회개했다. 나는 예배 후 저녁에 집에 와 계산을 해 보았다. 친구들은 이제 퇴직을 할 것인데 난 15년을 더 해 먹는다고? 내 계산 실력을 동원해 계산해 보니 결코 적지 않았다. 오히려 더 많았다. 그래서 깜짝 놀랐다.

"내가 바로 네 보험이니라! 필요하면 내가 다 줄 텐데 무엇을 염려하느냐."

그냥 보기만 할 게

"포도주는 붉고 잔에서 번쩍이며 순하게 내려가나니 너는 그것을 보지도 말지어다"
(잠 23:31)

음식을 먹을 때 병원에서 의사가 던지는 유일한 주의사항은 "싱겁게 드세요!"이다.

　물을 마시는 것, 음식을 먹는 것, 그건 나에게 또 하나의 고통이었다. 내가 먹는 음식에는 소금을 아예 칠 수가 없다. 아니 소금 치면 안 된다. 계란을 삶아 먹어도 소금 없이 먹어야 했고, 김치를 담가도 내가 먹을 것은 따로 담가야 했다. 가끔 고기를 먹어도 된장에 찍어 먹을 수가 없었다. 복수가 차면 거의 날마다 갈증이 심하게 일어난다. 심지어 꿈에서도 갈증이 난다. 나는 갈증이 나도 함부로 물을 마실 수가 없었다. 다른 사람이 물을 벌컥벌컥 마시는 것을 보면 얼마나 부러웠는지 모른다. 어디를 가나 차를 마시든지, 물을 마시든지 하는데 난 마음대로 마실 수가 없어 힘들었다.

'아~! 시원한 콜라가 너무 마시고 싶다.'

한 번은 물을 얼마나 마시고 싶던지, 목구멍에 자극을 주고 싶던지 아주 찬 얼음물을 입에 머금고 목구멍만 적시고 마실 수가 없어 뱉어냈다. 그런데 단지 목구멍을 차게 하는 것으로는 성에 차지 않아 아예 뜨거운 물로 목구멍을 적시고 난 뒤 뱉어내곤 했다. 정말 참을 수 없을 땐 목에 화상을 입을 것 같은 뜨거운 물을 마셔버렸다. 어떤 때는 수도꼭지를 틀어놓고 입을 대고 몇 분이고 있기도 했다. 머릿속에는 항상 뜨거운 사막 한 가운데서 길을 잃고 목이 말라 죽어가는 나그네가 떠오른다. 아마도 죽어서 지옥 불에 떨어지면 그렇게 목이 마르지 않을까 생각해본다.

목에 강한 자극을 주고 싶어 미칠 것 같을 땐 심지어 술이라도 마시고 싶었다. 막걸리나 맥주 혹은 소주라도 시원하게 해서 목을 시원케 하고 싶었다. 목사가 무슨 술을 마셔 봤겠냐마는 술 맛도 모르면서도 그렇게라도 목에 자극을 주고 싶을 때가 많다.

하루는 임실에서 어느 국숫집에 들렀더니 할머니가 나를 보고 말을 걸어왔다.

"아저씨도 복수가 심하시네요!"

"어떻게 아셨어요?"
"우리 아저씨가 그렇게 복수가 심하더니 그만 돌아가셨걸랑요!"
"아, 그러셨군요…."
"죽을 때가 되니 그렇게 술을 사 먹더라고요! 아무리 말려도 안 듣더라고요! 그래서 나중에는 죽을 사람이라면 마시라고 놔두자 했어요. 그랬더니 술만 마시다가 가셨어요! 아저씨도 술 못 참지?"

가끔 큰 마트 앞에 가면 술을 진열해 놓은 코너가 있다. 내가 그 앞에 가 한참을 그 술을 들여다보고 있으면 아내가 안타까워하면서 이렇게 말한다.
"여보! 그거 보아도 먹을 수 없는 것들이야."
"알아! 그냥 보기만 할게!"
"……."
"아~! 아이스크림이나 한 입 먹어봤으면."
'간이식 잘 하고 나오면 바로 아내에게 수박 한 통 사 달라고 해야겠다. 그리고 나오자마자 수박 한 통 먹어야겠다.'
'그런데 옆에 있는 사람들이 같이 먹자고 하면 어쩌지? 안 줄 수도 없고, 혼자 먹을 수도 없고… 어쩌지?'
'그래, 아내에게 수박 2통 사 달라고 해야겠다. 그래서 한 통은 나눠 먹으라고 옆에 있는 사람 주고 나 혼자 한 통 다 먹어야지!' 늘 그런 생각이 머리에서 떠나지 않았다.

나를 담당하는 의사는 특별한 의사였다. 대한민국에서 유일한 식도경화술 전문가이다. 긴 줄을 목구멍에 쑤셔 넣어 터질 것 같이 부어오른 곳에 주사기로 약물을 투입해 단단하게 만들어 터지는 것을 예방하는 시술법, 그게 식도경화술이며 그 의사는 그게 전문이다. 처음 응급실에서 시술할 때 내가 많이 힘들어하며 불안한 모습을 보이자 그 선생님은 나를 이렇게 안심시켰다.

"염려하지 마세요! 난 지금까지 15만 번 이상 시술했어요."

이 시술법은 매우 어려운 시술이라고 한다. 의사선생님도 내게 시술하고 나면 "후유~" 하고 한숨을 내쉰다. 몹시 힘들어 보인다.

"나도 참 힘들어요. 환자 분은 정말 시술하기 힘든 부위에서 터지려고 해요. 환자 분도 힘드실 겁니다. 제일 아픈 부분입니다. 또 매우 위험한 부분이기도 하고요."

실제로 한 번은 시술 중에 터져버린 적도 있었다. 선생님은 시술 후 나중에야 그 사실을 이야기하며 심각한 표정을 지으셨다.

"나도 앞이 캄캄했습니다. 다행히 피가 멈추었기에 사신 겁니다."

식도는 매우 얇다고 한다. 그래서 시술하다 조금만 실수를 해도 터져버린다는 것이다. 가끔 영화를 보면 화가 나 소리 지르면 목에서 피가 나오는 장면을 본 적이 있을 것이다. 그만큼 식도가 얇기 때문에 그렇다고 한다. 내가 처음 피가 터지고 서울아산병원 응급실에 입원했을 때 동생이 의사선생님과 상담을 했는데 '2년 넘기기가 어렵습니다'라고 말했다고 한다. 내가 처음 피가 터졌을 때만 해도 우리나라에는 이제 간이식이 막 시작될 때였으므로 곧 죽을 것으로 봤던 것이다.

대한민국 어느 병원이든지 다른 의사들은 모두 터질 것 같은 부위에 풍선을 불어 싸매는 식도 정맥류 결찰술을 시술했다. 이 식도

결찰술은 임시방편이지 완전한 방법은 아니었다. 그러다 보니 결국 터져서 죽게 된다는 것이다. 이 시술은 예방법이라기보다는 터진 후에 터진 곳을 막는 방법이었다.

그러는 가운데 어느 날 이런 생각이 들었다.
'만일에 저 의사가 더는 시술을 할 수가 없게 되면 그때가 바로 내가 간이식을 할 때일 것이다.'
아니나 다를까. 식도경화술을 받으러 서울아산병원에 갔는데 그 의사가 그랬다. 이제는 식도경화술 시술을 하지 않는다는 것이다.
"내가 요즈음 눈이 침침해요! 그리고 몸도 예전 같지 않아요!"
"……."
올 것이 왔구나 싶었다.
"그래서 내가 할 수가 없어요! 그런데 내가 잘 가르친 제자가 있습니다. 한 번 받아보시지요."
그래서 새로 만난 의사는 새파란 여자 의사였는데 그 여의사는 식도경화술을 시술하는 게 아니라 식도결찰술을 하는 것이었다. 그 시술은 그냥 터진 다음에 하는 것인데 지금 그 방법으로 예방을 하려고 하는 것이었다. 하는 수 없이 그날은 식도경화술 대신 식도결찰술을 받았다. 시술 후 마음속으로 이제 하나님께서 이 시술을 더 이상 받지 말고 간이식 수술을 하라고 하시는구나 생각하고 간이식 수술할 마음의 준비를 하기 시작했다.

동생에게 삼성병원이든지 어느 병원이든지 알아보라고 했더니 '형! 그런 시술을 하는 병원은 없어' 하는 연락이 왔다.

목사가 쓰러지고

'그렇구나. 그래 이제 더는 미룰 수가 없겠구나.'

간이식 수술을 해야겠다고 마음을 먹게 되자 우선 마시고 싶은 걸 벌컥벌컥 마시고 싶었다.

"에이 시원한 콜라라도 마셔야겠다."

콜라를 사서 마시기 시작했다. 1.5리터짜리 페트병을 사 오면 며칠 만에 다 마셔버렸다. 작은 콜라병은 병째로 벌컥벌컥 숨도 안 쉬고 다 마셔버렸다.

아내가 걱정스러운 얼굴로 만류한다.

"여보! 그거 안마시면 안 돼?"

"응…. 이번만 마시고 안 마실게."

그러다 잠을 자다가도 새벽에 일어나면 냉장고 문을 열고 1.5리터짜리 큰 콜라를 병째로 들고 벌컥벌컥 마셨다. 그러다 보니 복수는 더욱 더 차올랐다. 결국 간이식을 피하지 못하고 받아들였다.

죽고 사는 것은 내가 결정한다

"여호와는 죽이기도 하시고 살리기도 하시며 음부에 내리게도 하시고 올리기도 하시는도다" (삼상 2:6)

몸 상태가 점점 나빠지자 내면에서는 '이제 간이식을 해야겠구나!'라는 말이 저절로 솟구쳐 나왔다. 일단 그렇게 마음속으로 결정하게 되자 간이식 수술을 맡길 병원을 정해야 했다.

'병원은 어디로 정할까.'

당연히 서울아산병원으로 가야 했다. 간염이 생긴 후 18년 동안 줄곧 그 병원엘 다녔으니까. 그리고 소문에 그 병원은 간 질환에서는 한국뿐만 아니라 전 세계에서 가장 권위 있는 병원이라고 했다.

그런데 문제는 아산병원이 수술비가 제일 비싸다는 게 병원 결정에 걸림돌이었다.
'어느 병원이 제일 쌀까?'
그래서 수술비가 싼 병원을 물색하기 시작했다. 가까운 전남대병원에 가서 해야겠다는 생각이 들었다. 전남대병원을 꺼내자마자 아내와 교인 모두가 반대하고 나섰다.

"목사님! 아산병원으로 가셔야지요!"
"나도 압니다. 그런데…."
하나님이 나에게 말씀을 주셨다.
"사람의 생명은 내가 주관하느니라. 살리고 죽이는 것은 내가 결정한다."
그렇다면 광주로 가든 서울로 가든 그건 크게 상관할 일이 아니다. 내 생명을 결정하는 것은 의사가 아니라 바로 살아계시는 하나님이시니까.

복수가 너무 차니까 앉아 있기도, 누워 있기도 힘들었다. 더욱이 숨쉬기조차 힘들었다. 저녁 늦게 광주로 내려가 전남대병원 응급실로 들어갔다. 우리 처남댁이 그전에 전남대병원에 근무했던 간호사와 통화를 해보더니 이 병원에서도 간이식을 한다는 것을 확인했다. 서울대병원에서 의사가 직접 내려와 간이식 수술을 집도한다고 했다.
'아~! 그렇구나! 그렇다면 전남대병원으로 가도 되겠구나.'
전남대병원을 찾았다.

"어떻게 오셨습니까?"
"예~ 간이식을 하려고 이 병원에 왔습니다. 지금은 복수가 너무 심하니 복수를 좀 빼 주시고 바로 간이식해 주십시오!"

그래서 복수를 빼고, 또 빼고… 보름 동안 복수만 빼냈다.
복수를 거의 다 빼냈는데도, 아무리 기다려도 그때까지 간이식 이야기는 없었다. 복수를 빼고 있는 의사에게 물었다.
"언제 간이식을 할 의사를 만날 수 있습니까?"
"곧 만나게 해 드리겠습니다."
그런 후에도 간이식 담당 의사는 찾아오지 않았다. 그렇게 하다 또 보름이 지났다.
어느 날 답답한 마음에 복수를 빼고 있는 의사에게 다시 물었다.
"혹시… 이 병원에서 간이식 수술 같은 거 한 적 있습니까?"
"없는데요…."
"네…? 그럼, 이 병원에는 간이식 수술을 한 의사도 없습니까?"
"네, 없습니다. 간이식 수술하는 의사는 흔하지 않아요. 전남대병원에는 없습니다."

참! 어이가 없었다.
그동안 인터넷에서 검색해 보니 광주 전남대병원 홈페이지에서 오래전부터 간 이식을 한다는 광고 문구를 띄워놓고 있었다. 그리고 그 병원에 근무했다는 간호사도 서울대병원에서 의사가 와서 직접 수술한다고 했었다. 그런데 아직까지 한번도 그렇게 수술한 적이 없다는 것이다. 그 광고는 허위 광고였다. 나를 그 첫 임상시험용 대상

목사가 쓰러지고

으로 삼았던 것 같다.

그래서 아내와 상의했다.

"여보! 어차피 서울대병원 의사가 와서 한다고 해서 이 병원에 왔으니까 그냥 서울대병원으로 가서 수술을 하는 게 어떨까."

"그래요! 이 병원은 환경도 너무 안 좋고, 간호사들도 너무 불친절하고 당신도 당신이지만 간을 줄 아들도 문제잖아요!"

그래서 전남대병원에서 퇴원하고 일단 교회로 돌아왔다. 복수를 많이 뺐더니 살이 쏙 빠져 뼈만 앙상하게 남았다. 주일날 강대상에 서서 설교를 했다.

"하나님의 눈물"이라는 제목으로 나사로 무덤 앞에서 눈물을 흘리신 예수님 이야기를 전했다. 나도 모르게 좀 큰 목소리로 설교를 했나 보다. 예배 후에 교인들이 이구동성으로 한마디씩 던진다.

"목사님! 그렇게 소리쳐도 괜찮으세요?"

"목사님이 강대상에 서 계셔서 깜짝 놀랐어요!"

"목사님! 우리가 보기에 나이롱환자 같아요!"

서울대병원에 전화로 접수를 마쳤다. 간이식 수술을 받으러 올라가기 전날 남전도회 회원들과 함께 식사를 했다. 다시 교인들은 걱정이 되는가 보다.

"목사님! 아산병원으로 가세요!"

"염려하지 마세요. 서울대병원도 잘 할 겁니다. 그리고 살리고 죽이는 것은 하나님이 하신다고 말씀했습니다."

"그래도…."

"간이식… 그거 엄청 쉬운 겁니다. 하나도 어려운 수술 아닙니다."

"그럴 리가요?"

"저도 연습하면 할 수 있어요. 돼지 한 열 마리 놔두고 한 마리씩 잡아가며 연습하면 사람도 할 수 있을 걸요! 뭐가 어렵겠어요?"

"하하하… 목사님도 참….'

그리고 장모님의 닭 수술 이야기를 해줬다. 저희 장인 목사님이 시골교회에서 목회를 하고 있을 때 동네 아이들이 '사이나'라고 부르는 청산가리를 닭장에 뿌려서 닭이 다 죽게 되었다. 그때 장모님이 한번도 본적 없지만 닭의 배를 갈라 모이주머니를 떨어내고 씻어내 다 살리셨다고 하셨다.

"닭도 수술하면 사는데 사람이 쉽게 죽겠습니까? 걱정하지 마세요!"

그렇게 교인들을 위로 한 다음날 서울대병원에 수술 받으러 입원했다.

섭섭하여 울 때에

"내 영혼아 네가 어찌하여 낙망하며 어찌하여 내 속에서 불안하여 하는고 너는 하나님을 바라라 그 얼굴의 도우심을 인하여 내가 오히려 찬송하리로다 내 하나님이여 내 영혼이 내 속에서 낙망이 되므로 내가 요단 땅과 헤르몬과 미살산에서 주를 기억하나이다" (시 42:5-6)

간이식 하기 직전 전남대병원에 입원해 있는 동안 나는 가끔 울었다. 아파서도 아니고, 슬퍼서도 아니다. 하나님이 너무 섭섭해서 울었다.

난 하나님을 위해 죽도록 충성했는데… 하나님밖에 몰랐는데… 그렇게 열심을 다 했는데… 예수님을 말로도 마음으로도 단 한번도 배반한 적이 없는데…. 왜 그렇게 날 모른 체 하셨을까? 그래서 울었다. 하나님이 너무 섭섭해서 울었다.

　정말 하나님 앞에 기도도 많이 했다. 솔직히 나는 수술하지 않고 완전히 낫고 싶었다. 그냥 운동이나 약물 치료나 의사의 치료로 낫는 것이 아니고 하나님의 권능으로 치료받고 싶었다. 그래서 아픈 사람들에게 '하나님은 능히 치료할 수 있습니다' 하는 간증으로 희망을 심어주고 싶었던 것이다.

　그럴 때마다 찬송가 가사가 떠올랐다.

　"예수 예수 내주여. 섭섭하여 울 때에 눈물 씻어 주시고 날 반갑게 하소서…."

　그래도 결코 하나님을 원망하거나 불평하지는 않았다. 우리 예수님을 만나게 될 일을 생각하면 가슴이 뛰었다.

　"예수님 사랑해요! 제 목숨보다 더 사랑해요!"

　"지금 제가 죽으면 제 몸 밖에서 주님의 얼굴 뵈옵고 기뻐하리라!"

　내 눈에는 새 예루살렘 보석성과 황금길, 생명수가 흐르는 강이 보인다. 생각만으로도 너무나 황홀하다. 다만 내가 살아 있어야 할 이유는 내 사랑하는 가족 때문이었다. 나에게는 양가 부모님이 계신다. 경제적으로 아무 능력이 없고 착하기만 한 내 아내가 있다. 그리고 아직 어린 두 아들이 있다. 내가 죽게 되면 이들은 누가 돌봐줄까. 이렇게 두고 혼자 떠나는 것은 큰 죄라는 생각이 들었다. 그래서 살아야겠다는 생각을 하게 됐다.

　20살 때 은혜 받고 그때부터 토요일 오후, 주일 오후에 항상 전도하러 나가 많은 어린이를 전도했으며 어린이, 학생, 청년들을 만나

목사가 쓰러지고

쉬지 않고 전도하고 가르쳤다. 그렇게 한 지가 30년이 넘었다. 내가 한번이라도 만나 전도한 어린 생명들은 지금까지 셀 수 없을 만큼 많다. 숫자로 따져 보면 모르긴 해도 수천 명은 족히 될 것이다. 그 중에서는 목사가 되어 찾아온 제자들도 상당히 많다. 세월이 많이 흐른 탓에 지금 길에서 만난다 해도 서로 얼굴을 알아보기도 힘들겠지만 나는 믿는다.

'지금 어디서든 열심히 신앙생활을 하고 있을 것이다.'

정읍에 와서 목회할 때도 우리 교회는 학생교회라고 소문났으며 좁은 교회 건물 안에 다 들어오지 못해 밖에 서 있기도 했다. 아예 밖에도 서 있을 수 없어 그냥 돌아가는 학생도 많았다. 주변 목사님들이 내게 조언을 많이 날렸다.

"윤 목사! 학생들은 아무리 전도하고 가르쳐봐야 다 떠나더군!"

"교회 오면 악기란 악기는 다 망가뜨려 놓고… 시끄럽고 성가시기만 해! 그래서 난 그들에게 잘 대해주지 않아!"

"윤 목사 보면 참 대단하다는 생각이 들어요! 그런데 충고 한마디 할게. 학생들은 교회부흥에 도움이 안 돼! 그만 신경 꺼!"

그때만 해도 학생들이 교회마다 가득가득 했던 시절이었다. 시골 교회도 도시 교회도, 개척교회도 기성교회도, 큰 교회도 작은 교회도 학생들이 바글바글 했다. 그래도 난 어떤 솔깃한 조언이나 충고도 무시하고 나만의 각오로 그들을 대했다.

'오늘 왔다가 내일 나간다 할지라도, 일단 나에게 보내준 영혼은 그들이 어리든지, 가난하든지, 교회 부흥에 전혀 도움이 되지 않을지라도 그들에게 최선을 다할 것이다.'

우리 교회 장년 교인들은 몇 명 되지도 않지만 정읍 여기저기 흩어져 살았다. 주일날이면 새벽에 모시러 다니면서 1시간, 교회학교 아이들 데리러 다니면서 2시간, 주일 낮 예배에 또 2시간, 주일 저녁 예배 때 또 2시간 차량 운전을 해왔다. 그래서 주일에만 8시간 이상을 운전을 해야 했다. 차를 몰고 나가서 돌아올 때는 나 혼자일 때가 참 많았다. 한 달에 한 번쯤 새벽기도를 나오는 교인이라도 나는 항상 그 집 앞에, 그 시간에 도착했다.

사정이 있으면 차가 오는 걸 알면서도 나오지 못할 수도 있다. 그러나 차량이 어쩌다가 한두 번 못 가게 되면 반드시 말이 나온다.

"새벽기도를 꼭 가려고 했는데 차가 와야지 말이다."

그나마 그런 신자들도 몇 년 안에 대부분 정읍을 떠난다. 매년마다 야외예배를 가면 전체사진을 찍는데 3년 정도면 거의 얼굴이 90%가 바뀐다. 그럴 수밖에 없는 것은 학생, 청년신자들 위주의 목회였고, 또 매우 젊은 사람들로 구성된 교회였기에 시골목사의 어려움은 어쩔 수가 없었다. 아무리 제자양육을 해도 어쩔 수가 없었다. 가끔은 이런 작은 시골에서 목회하는 것이 못내 아쉬운 생각이 든다.

"좀 더 큰 도시 전주나 광주 대전정도에서만 목회를 했어도 훨씬 나을텐데...."

그래도 나는 날마다 열심히 차를 몰고 정읍시내 골목골목을 다 헤집고 다닌다. 빈 차로 돌아올 때는 그대로 어디론가 도망가고 싶어진다. 그럴 때는 차 안에서 한참 마음을 가다듬어야 했다. 그리고 차에서 내려 교회당 안에 들어가면 어린 학생들이 가득 차 있다. 어

목사가 쓰러지고

리석고 속없는 목사는 이렇게 기도한다.

"하나님! 왜 학생들만 보내줍니까?"
그랬는데…. 요즘은 그런 학생들이 다 어디로 갔다냐? 지금 우리 교회에도 이젠 학생들이 별로 없다. 한국 교회 어디든 학생들이 거의 전멸하는 상태다. 그때 나를 어린 학생들의 목자로 사용해 주셨다는 것을, 이제 철이 들고 보니 정말 감사하지 않을 수 없다. 그래서 그런 생각이 들었다. '이렇게 일찍 데려가시려고… 일찍부터 그렇게 사용하셨나? 그리고 난 비록 개척교회에서 목회하는 무명의 목사지만 하늘나라에 가면 유명하게 되겠지!'

나는 오직 예수님밖에 몰랐다. 살아도 예수, 죽어도 예수, 사나 죽으나 오직 예수!
능욕을 받아도 예수님 생각하고 기뻐하고, 버림을 받고 배반당해도 예수님만 생각하고 울었다. 가난하고 몸이 아파도 예수님만 생각하고 즐거워했다. 그렇게 예수님밖에 몰랐건만 내 몸에 병이 들었다. 지난 18년 동안 나는 병으로 시달렸다. 다른 것은 다 들어주셨으면서도 내 병만큼은 하나님이 침묵하셨다. 끝내 간이식을 결정하게 되자 우리 예수님이 섭섭해서 울었다.

"아빠 미안해하지 마세요!"

"사람이 친구를 위하여 자기 목숨을 버리면 이에서 더 큰 사랑이 없나니" (요 15:13)

나는 모든 목회자가 동일하듯 오직 십자가 복음을 증거하고 주님의 몸 된 교회를 온전히 세우기 위해 헌신했다. 하지만 내 몸을 돌아보지 않아 B형 간염이 악화되어 간경화로 발전하게 되었다. 그것이 더 심해져 나중에는 피가 역류하는 고통을 경험하다가 드디어 12년 만에 서울대학교 병원에서 간 이식 수술을 받았다. 이식 수술 결정은 쉬운 일이 아니었지만 둘째 아들의 간을 이식하는 수술 외에는 다른 방법이 없었다. '그래 수술해야겠다.' 참으로 어렵고, 아버지로서는 정말 고통스러운 선택을 해야만 했다.

우리 둘째 아들 현식이는 어릴 때부터 주사도 무서워하는 겁 많은 아이였다. 아이가 학교에 입학하기 전 아주 어릴 적에는 예방주사를 맞히려고 보건소에 데리고 갈 때면 엄마와 술래잡기를 하곤 했다. 즉 아이는 도망 다니고 엄마는 잡으려고 쫓아가곤 했다. 그럴 때면 장난감 로봇을 사 준다고 약속하고서야 간신히 주사를 맞힐 수 있었다. 초등학교 1학년 때는 선생님이 집에 전화를 하셨다. 예방접종을 해야 하는데 현식이가 사라지고 없다는 것이었다. 부랴부랴 밖으로 나가 보니 현식이는 겁에 질린 얼굴로 아파트 입구에 쪼그려 앉아 있었다. 그랬던 현식이가 이제 어엿한 군인으로 장성해서 아버지에게 간을 주게 된 것이다.

"현식아, 너 어렸을 적에 주사 엄청 무서워했는데 기억하니?"
"네, 알아요! 그런데 주사는 지금도 무서워요!"
"어떡하니 우리 아들. 아빠 때문에 큰 수술을 해야 하는데 주사도 엄청 많이 맞아야 할 텐데!." 그러자
"괜찮아요!"
"겁 안나?"
"겁 안 나요! 지금은 오히려 기쁘고 감사해요! 아빠를 위해 제 간을 줄 수 있다는 게 엄청 기뻐요!"
"아빠가 정말 미안하구나! 아들을 희생시키다니." 이럴 땐 말이 자꾸 막힌다. 어쩔 수 없이 잠시 시선을 천장으로 옮겨 고정시켰다. 그러자 아들이
"아니에요. 괜찮아요. 저는 엄청 기쁜데요." 이 말을 듣고 용기를 내어 아들에게 이렇게 말했다.
"그런데 아들아! 지금 내가 살아야 너희들이 더 좋을 거란 생각을

했어. 지금 아빠가 죽으면 너희들이 비참할 것 같아서… 그래서 어쩔 수 없이 아빠가 너를 희생하게 만들었구나. 만일에 아빠가 지금 죽어도 너희들에게 아무런 어려움이 없다면 그냥 너를 희생시키지 않아도 될 텐데 말이다. 이런 선택까지 하게 돼서 아빠가 미안해." 그때 현식이는 이렇게 말했다. "아빠 미안해하지 마세요!"

내가 처음 피를 토하고 쓰러졌을 때 현식이는 겨우 초등학교 1학년이었다. 그런데 그 어린 아들이 이렇게 장성해서 아빠에게 간을 떼 주기로 결심했으니 얼마나 대견한지 모른다. 현식이를 칭찬하는 아내의 눈 가에도 눈물이 고요히 흐른다. 내가 수술하는 날 아침 수술실 앞에서 현식이의 손을 꼭 잡고 기도했다. 그리고 현식이가 먼저 들어가고 내가 뒤따라 들어갔다. 수술실 밖에 서 있던 아내는 걱정이 잔뜩 서린 모습으로 수술실에 들어가는 나를 향해 손을 흔들어 주었다. 나도 손을 흔들면서 "걱정하지 마!" 하고 수술실 안으로 들어갔다. 마취제를 입에 대고 "열까지 세 보세요" 하는 간호사의 지시에 따라했다.

"하나, 둘, 셋, 넷…."

간 이식 수술을 하는 동안 천국과 지옥을 봤다고 간증하는 분도 있다고 들었다. 실제 친구 목사가 그런 집사님 한 분을 모시고 간증 집회를 한 적이 있다. 나는 그분과 직접 통화도 한 적이 있다. 그래서인지 나도 은근히 기대도 됐고, 그래서 기도도 했다. "하나님! 간 이식 수술을 하는 동안 천당과 지옥을 보게 하소서! 우리 예수님도 보게 하소서!"

목사가 쓰러지고

그렇게 기도하고 나니 수술의 두려움보다 예수님을 만날 생각에 기대가 더욱 컸다. 아! 그런데 기대와는 전혀 달랐다. 꿈도 못 꿨다. 그냥 한숨 푹 자고 일어난 기분뿐이었다. 나중에 아들 현식에게도 물어 보았다.

"현식아, 너 마취 후에 무슨 꿈같은 거 꿨니?" "아니요, 전혀요!" 이때 나도 이런 생각이 들었다. '아, 그렇다면 심각한 마취 상태에서 천당과 지옥을 보고 왔다는 간증은 모두 거짓말이 아닌가? 아니면 사람마다 다른가?' 마취에서 깨어나자 많이 아프고 힘들었다. 먼저 현식이가 걱정됐다. 그래서 아내에게 다급하게 물었다. "여보, 우리 현식이는 괜찮아?" 아내는 웃는 얼굴로 대답했다. "걱정 말아요. 우리 현식이, 아주 씩씩하게 잘 견디고 있어요." 하지만 대견한 아들을 보고 싶어도 서로가 움직일 수조차 없어서 일주일 정도 서로 만날 수 없었다.

수술을 할 때 아내는 아내대로 마음이 많이 아팠으리라 생각된다. 사실 그때 아내도 사랑하는 남편과 아들을 번갈아 돌보느라 몸도 마음도 지칠 대로 지쳐 보였다. 고맙고 미안한 마음에, 몸이 회복되면 반드시 아내를 행복하게 해주리라 다짐했다.

"여보, 우리 현식이 잘 있지?" 이 말에 아내는 아들이 젊어서 그런지 통증을 심하게 느끼는 것 같다고 했다. 또 제 엄마 몰래 가끔 눈물을 훔치더라고 했다. 이런 장면을 목격한 아내는 아들에게 이렇게 물었다. "우리 아들, 아파서 우니?" 그러자 "엄마, 울긴요. 전 하나도 안 아파요. 아빠가 많이 아프실 텐데, 엄만 아빠나 잘 돌봐드려요. 전 괜찮아요." 했다고 한다.

아내의 이야기를 듣고서 나는 아버지로서 현식에게 앞으로 정말

목사가 쓰러지고

잘해줘야겠다는 생각이 들었다. 며칠 뒤 현식이가 허리를 제대로 펴지도 못한 채 영양제병을 달고 내 병실에 들어섰다. 수술 후 일주일 만이다. 와락 반가움이 앞섰지만 다른 한편으론 '나 때문에'라는 생각으로 인해 마음이 짠해 왔다. 현식이가 먼저 말문을 열었다. "아빠, 괜찮아요?"라고 물었다. 그래서 나는 "오~, 아들 왔니? 우리 아들 너무 고맙다. 많이 아프지?"라고 되물었다.

아들의 얼굴을 보자 고마움과 미안함, 안타까움이 함께 밀려와 말을 잇기가 힘들었다. 내가 이렇게 아픈데, 아들이라고 왜 아프지 않았겠나. 그래도 아들은 아무렇지도 않은 듯 태연하게 대답했다. 자기 아빠 마음 편하라고. 그러나 아빠는 그 고통을 다 알고 있다. 아들은 이렇게 말했다. "안 아파요! 전 괜찮아요!" 그래서 나는 "현식아 뭐 갖고 싶은 거 없니? 말해봐라. 너에게라면 지구 절반이라도 주고 싶구나."라고 했다. 아들은 그제서야 "그게 저 핸드폰이요!"라고 했다. 그래 "핸드폰이야 아빠가 당연히 사 줘야지. 근데 그것 말고 다른 거 갖고 싶은 거 뭐 없어?"라고 되물었다. 이에 아들은 "아니요, 없어요. 전 핸드폰만 있으면 돼요."라고 대답했다. 나는 "그래 알았다."고 말했다.

나중에 병원에서 퇴원하자마자 바로 아들에게 핸드폰을 사주기로 한 약속을 지켰다. 자신의 신체 일부를 떼어 준 아들에게 달랑 핸드폰 하나가 어떻게 보상이 되랴마는 그나마 마음의 짐이 조금은 덜어진 듯했다. 또한 내가 병원에 있는 동안 교회를 든든히 지키고 있는 큰아들 승식이 소식을 아내에게 물었다.

"여보, 우리 큰아들 승식이는 교회 잘 지키고 있나요?" 이 말에 아내는 이렇게 대답했다. "네, 잘하고 있어요. 그렇지만 아무래도 힘은 들겠죠. 공익 받으랴, 설교 준비하랴, 예배 인도하랴 동분서주가 따로 없지요, 뭐."

그때 나는 세상에서 가족이란 게 얼마나 좋고 소중한지를 확실히 깨달았다. 가족은 인생의 수레바퀴와 톱니바퀴처럼 서로 맞물려 돌아가면서 서로를 지켜주는 것임을 확실히 알게 됐다. 그래서 스스로 다짐하며 이렇게 기도했다.

"주여! 종이 아버지의 사명 잘 감당하게 하옵소서! 제가 우리 두 아들과 제 아내를 행복하게 해줄 수 있도록 하나님께서 저를 붙드시고 축복하소서! 축복하소서!"

네 치료가 급속하리라

"그리하면 네 빛이 아침 같이 비칠 것이며 네 치료가 급속할 것이며 네 의가 네 앞에 행하고 여호와의 영광이 네 뒤에 호위하리니" (사 58:8)

시계를 보니 2시를 가리킨다. 맞아 의사 선생님이 2시쯤에 수술한다고 했지.. 이제 간이식 수술할 시간이 됐는데도 수술은 하려고 하지 않고 간호사들만 가끔 들어왔다 나가는 것이었다. 그래서 침대 위에 누워 눈을 뜨고 긴장하면서 6시간 정도 기다렸다.
 '왜 아직 수술을 안 하지? 이상하다.'
 그런데 알고 보니 이미 수술은 끝났고 정신이 돌아온 것인데 난 아직도 수술을 하지 않은 줄 알고 있었다. 그러니까 시계가 한 바퀴를 돌았는데 난 몰랐다. 정신을 차리고 보니 온몸에 온갖 호스가 다

연결되어 있었다. 수술 시간은 13시간 정도 걸렸으며 하루가 지나서야 정신이 돌아와 눈을 떴다고 했다.

나중에 의사와 간호사가 들어왔다.
"윤영교 환자분은 복수가 너무 많아서 수술하는데 어려움이 많았습니다. 이제 정신이 듭니까? 물을 자주 드셔야 합니다."
그리고 이어 안 사람과 승식이가 들어왔다. 안 사람이 말하기를
"유 집사님도 왔다 갔어요!"
"으응 언제?"
"아까 들어왔을 때 당신이 우리를 보고 고개를 끄덕거렸는데 몰라?"
아직도 마취가 덜 풀렸던 것 같다. 안 사람과 승식이가 밖에서 얼마나 애타했을까! 얼마나 열심히 기도했을까! 생각하니 미안하고 안쓰럽다.
혼자 누워 있는데 갑자기 성령의 큰 음성이 벼락같이 쩌렁쩌렁하게 들렸다. 그 소리는 귀에 들리는 것이 아니라 온 심령 온 몸에 들리는 음성이었다.

"네 치료가 급속하리라." (이사야 58:8)

나는 가끔 성령의 음성을 듣는다. 그러나 순간 그 음성을 의심해 봤다. 정말 성령의 말씀인가? 아님 내 생각인가? 그런데 내가 환자

목사가 쓰러지고

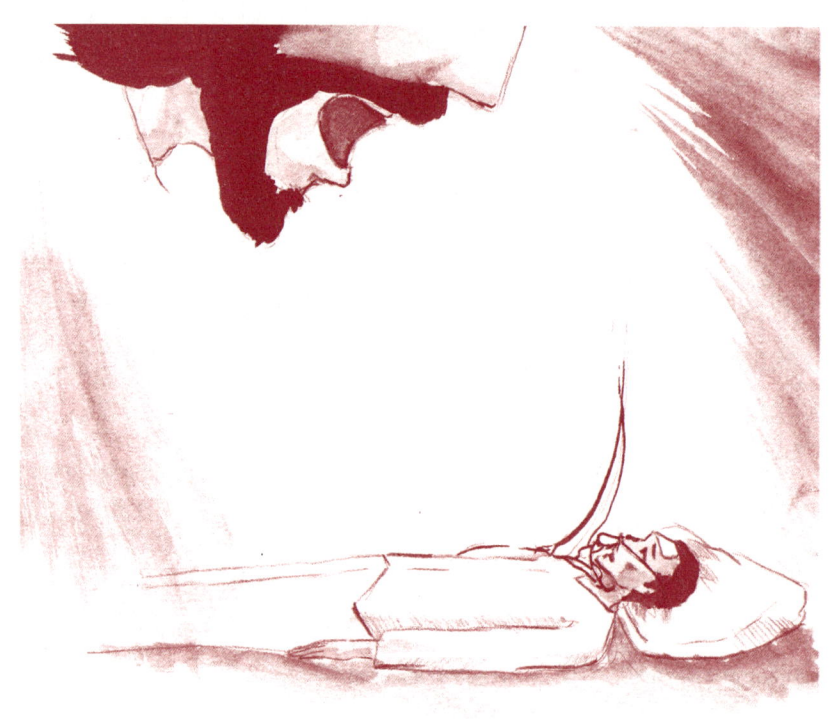

들 병원심방을 가면 위로금을 봉투에 담아 드릴 때마다 써준 글은 '네 치료가 급속하리라'는 이사야서 성경의 말씀이 아니라 그냥 병실에서 흔히 쓰는 글 '빠른 쾌유를 기도합니다.'는 글귀였다. 아 맞다 내 생각이라면 '빠른 쾌유를 하리라'고 들렸을 텐데 이건 분명히 성령의 음성이구나!

나는 지난 12년 동안 이 말씀을 얼마나 듣고 싶어 했던가. 그런데 이제야 말씀하시다니! 그것도 간이식을 하지 않고 낫기를 위해 그렇게 열심히 기도했건만 결국 간이식을 하고 나니 그렇게 말씀을 하시는 것이었다. 수술 후 담당의사가 내 수술기록을 보면서 서울대병원에서 가장 건강한 환자라고 말할 정도였다.

"윤영교 환자 분은 검사 수치들이 간이식 수술을 한 환자 같지 않아요. 모든 게 정상입니다."

목사가 쓰러지고

왜 목사님들이 간이식한 사람이 많나요?

"의인은 고난이 많으나 여호와께서 그 모든 고난에서 건지시는도다" (시 34:19)

서울대병원에서 간이식을 하고 나니 아예 뼈만 앙상하게 남았다. 피골상접(皮骨相接)이란 말은 이럴 때 쓰는 말인가 보다. 2인실이기에 화장실이 바로 옆에 있는데도 거기까지 갈 수가 없었다. 음식도 먹으려고 일어나 앉으려면 아내가 일으켜줘야 가능했다. 입맛이 없어 간신히 죽을 먹었다. 보통 환자가 수술을 받다 숨이 끊어지면 강제로 산소를 공급하기 위해 호스를 코를 통해 목구멍까지 집어넣는다. 그게 목 성대를 건드려 손상됐는지 아무 말도 할 수가 없었다.

아들 현식이는 다른 병실에 입원해 있었는데 아내가 번갈아 가면서 두 환자 시중을 들고 있었다. 서로 너무 아파서 환자들끼리는 가 보지도 못하고 있었다.

아들 안부를 물었다.

"현식이도 잘 있어요! 현식이가 아빠 걱정 많이 해요!"

"밥은 잘 먹어?"

"아니요, 잘 못 먹어요."

"괜찮아? 정말 괜찮아?"

"의사 선생님이 그런데… 젊으니까 당신보다 더 아프다고 그러네요."

옆 침대의 다른 환자가 나보다 1주일 전에 간이식을 하고 누워 있었다. 그분은 일어나 화장실도 가고, 또 사람들과 이야기도 하는 모습이 참 부러웠다. 이야기를 한참 듣다 보니 그분도 목사님이신 걸 알게 됐다. 서울 근교에서 개척교회를 하시는 목사님이시란다. 그분은 아이들이 너무 어려서 사모님의 간을 받아 이식했다고 한다.

그분은 20년 전에 B형 간염에 걸렸으나 그동안 아무런 이상이 없었다고 한다. 음성이었으며 아프지도 않았고 복수도 안 찼다는 것이다. 최근에 힘이 들어 독감인가 하고 감기약을 먹었다고 한다. 그런데 갑자기 황달이 와 입원을 하게 됐는데 간 검사 결과가 심각하게 안 좋아서 서둘러 간이식 수술을 했다는 것이다. 간이 마치 다 썩은 것처럼 되었다는 것이다. 그래서 입원한 지 2주일 만에 수술하게 됐다는 것이다.

내가 중환자실에 있을 때 들어보니 옆방의 목사님도 수술을 받았

목사가 쓰러지고

다고 했다. 그분은 너무 힘들어서 그랬는지 가끔 비명 소리가 들리기도 했다.

"예수님! 살려 주세요!"

그렇게 소리 지르는 소리를 여러 번 들었다. 그리고 교인들이 통성으로 기도하는 소리도 들렸다.

"하나님! 우리 목사님 살려주세요."

인턴의사 중 한분은 정읍이 고향이라고 한다. 그래서 내 직업이 궁금했는지 "선생님 직업이 뭐죠?" 묻자 "목사입니다." 대답했더니 인턴의사 두 분이서 서로 얼굴을 바라보고 웃는다. '왜 웃지?' 부끄럽기까지 했다. 어느 날 간호사가 내게 물었다.

"목사님, 왜 목사님들이 간이식을 많이 받나요?"

"……?"

아! 목사님들이 간이식을 많이 받는가보구나! 그래서 그 의사선생님들이 웃으셨구나!

몹시 부끄러웠다. 나도 궁금해서 하나님께 물어보았다.

"하나님! 왜 목사님들이 간 이식을 많이 받나요?"

"……."

1주일쯤 지나자 침대에서 일어나 천천히 걸을 수 있었고, 2주일이 지나자 제법 걸을 수가 있어서 드디어 아들 병실까지 걸어가서 아들을 만날 수 있었다. 3주일이 지나자 몸에 달린

호스와 주삿바늘을 다 떼어 냈다. 곧 퇴원할 거라는 이야기가 나왔다. 20일쯤 지나자 마침내 퇴원했다.

목사가 쓰러지고

그렇게 목사는 죽음과 싸우고 아픔을 이겨내고 왔건만 교회는 또 시끄러웠다. 뭐라고 자세히 글로 쓸 수 없으니 안타까울 따름이다. 앞에서 밝힌 대로 목회 간증은 쉽게 할 수 없는 것이다. 그래서 목회 간증은 알맹이가 빠진 껍데기일 뿐이다. 모두 다 밝혀 쓰면 읽는 분들에게는 참고도 되고 도움이 될 수 있겠으나 언급되는 누군가에게는 깊은 상처가 될 수도 있기에 이쯤에서 접으려 한다.

일어나 앉지도 못하고 있는데 아~! 언제쯤이면 이 교회가 평안할 날이 올 것인지…. 개척교회는 목회자가 남모르게 흘리는 눈물이 어느 정도가 돼야 일어나 온전히 설까? 다시 또 나는 주먹을 쥐고 다짐한다.

"하나님! 드디어 목회 후반전이 시작되었습니다. 전반전이 끝났고, 휴식 좀 취하려 했더니 휴식시간은 끝났다고, 이제 또 전쟁이 시작되었다고 하나님께서 호루라기를 불어주시는군요! 걱정하지 마세요! 제가 쇳덩어리처럼 단단하게 일어나 태산처럼 우뚝 서서 이 교회를 반드시 반석 위에 올려놓고야 말겠습니다."

"마귀짜슥들아! 까불지 마라! 이 윤영교가 간다. 여기 하나님의 종 윤영교가 간다."

비록 여기저기 상처뿐이지만, 전쟁에 쓰러져 부상병이 되어 잠시 치료받았지만 전천후 선수, 하나님의 용병, 하나님 군대장관 미가엘 천사장과 같이 가장 날랜 군사 윤영교가 말씀의 검을 들고 이제 나아가노라. 반드시 악한 마귀 권세를 깨뜨리고 승리를 쟁취하리라!
　우리 교회 신실한 집사님 한 분이 내게 힘을 실어주신다.

　"목사님! 이제까지 목사님이 하나님을 위해 하신 일보다 이후에 더 많은 일을 하실 것이라는 확신이 옵니다."
　"아멘~!"

세 번째 방법으로 역사하신 하나님

"저가 내 힘을 중도에 쇠약케 하시며 내 날을 단축케 하셨도다 나의 말이 나의 하나님이여 나의 중년에 나를 데려가지 마옵소서 주의 연대는 대대에 무궁하니이다"
(시 102:23-24)

간이식 수술을 받아야 할 상황인데 돈이 없었다. 간이식 수술을 받으려면 병원에 선납금 8000만 원을 내고 대기해야 가능했다. 그런데 수술비용은 보통 1억 2000만 원 정도 들어가지만 수술 후 2년 동안 관리비만 1억 원이 든다는 설명을 들었다.

개척교회 목사는 교회에서 나온 사례비로는 살아갈 수가 없었다. 나는 생활비 대부분을 부모님께 의지하며 살았다. 옛날 시기동 은광교회에서는 아버지께서 교회에 붙어 있는 사택에서 너무 고생한다고 하시면서 아파트 하나를 사주셨다. 그 전에도 아파트를 사 주셨는데 그 아파트는 시기동 교회 건물을 사기 위해 팔아서 교회에 바쳤다. 그런데 아버님께서는 또 집을 한 채 사 주셨던 것이다. 내가 살고 있는 집을 팔면 7000만 원 정도로 수술비 중 일부는 감당할 수 있겠다는 생각이 들었다.

그런데 집을 팔면 어디로 이사를 가야 하는데 수술비로 돈을 몽땅 다 써버리면 이사 갈 집을 얻을 능력이 없게 된다. 더 큰 걱정은 수술비는 그럭저럭 어떻게 마련한다 해도 이후 2년 동안 병원비가 1억 원씩 들어간다는데 개척교회 목사가 무슨 재주로 감당할 수 있겠나.

또 수술 후 부작용으로 갑자기 내가 죽는다면 남아 있는 아이들과 내 아내는 어떻게 살아갈 것인가?

어떤 사람이 '간이식 두려울 것 없다'는 책을 썼다. 그 내용을 보니 간이식 후 감기에 걸려서 보름 정도 입원했는데, 그 병원비가 무려 3000만 원이나 들었다고 썼다. 만일 내가 감기에 걸리면 돈이 없어 그냥 죽어야 할 상황이 올 텐데 그렇다고 나 살자고 용감하게 간이식을 할 수는 없었다. 몸은 죽도록 아픈데 돈은 없고, 그나마 조금 있는 돈을 내 병 치료하겠다고 다 쓰고 가버리면 남은 식구들은 살 수가 없는 것이다.

성경에 "목숨이 음식보다 중하고 몸이 의복보다 중하니라." (눅 12:23) "사람이 만일 온 천하를 얻고도 제 목숨을 잃으면 무엇이 유익하리요. 사람이 무엇을 주고 제 목숨을 바꾸겠느냐." (마 16:26)고 말씀하셨지만 가난하고 병든 가장에게는 목숨보다 때때로 돈이 더 중요할 수 있다는 것을 깨달았다.

당시에 나는 살고 싶은 마음은 없었다. 왜냐하면 천국과 예수님을 생각하면 오히려 황홀할 정도로 기뻤다. 다만 내가 죽으면 내 자식들과 내 아내가 나 없는 이 세상을 어떻게 살아갈 수 있을까 하는 게 고민이었다. 그래서 내가 해 줄 수 있는 것은 조금이나마 더 살아주는 것이었다. 그래야 자식들이 공부를 1년이라도 더 할 수 있을 것이고 자식들이 성장한 만큼 내 아내의 짐을 덜어줄 수 있을 것이란 생각이 들었다.

해결 방법은 딱 세 가지란 생각이 들었다.

첫 번째 방법은 예수님이 직접 성령으로 치료해 주시는 것이다. 그러면 고통도 없을 것이고, 돈도 안 들어갈 것이고, 간증할 거리가 생기니 하나님께 영광을 돌릴 수 있는 제일 좋은 방법이다. 난 정말 그렇게 되고 싶어 간절히 기도했다.

두 번째 방법은 어디서 큰돈이 생기는 것이다.

그래서 수술도 잘 받고 가정도 꾸리고…. 그런데 목사가 무슨 재주로 그런 돈을 만들 수 있을까? 처음 쓰러지고 간이식을 해야 한다고 했을 때 정읍성결교회 전병일 목사님이 교회 헌당을 위해 들어온 헌금 1000만 원 정도를 건축 중에 재정이 어려운 가운데에서도 도와주셨다. 그리고 여러 교회에서 500만 원 정도 도와주었으며 제자 형주가 1000만 원 정도 도와주었다. 참 고마운 분들이다. 그런데 그 돈은 수십 번 입원하면서 병원비와 교통비로, 때로는 자녀 교육비로 거의 들어가 버렸다.

목사가 쓰러지고

세 번째 방법은 수술비용이 기대 이상으로 저렴해지는 것이다

현재까지는 간이식 수술비가 내가 스스로 감당하기에는 불가능한 수준임에 틀림없다. 가난한 목사가 어떻게 억대 수준의 수술비용을 부담할 수 있는가!

그래서 하나님께 간절히 기도했다. 성령으로 치료해 달라고 정말 오랫동안 나와 온 교인들이 함께 기도했다. 12년 동안이나 식도경화술을 받았기에 우리 교인들은 모일 때마다 "목사님 건강 위해 기도합시다"가 기도제목 1순위였다.

결론적으로 하나님은 세 번째 방법을 허락하셨다. 가끔 난 하나님께 이렇게 기도한 적도 있었다.

"하나님! 한국에는 간이식을 해야 하는 사람이 참 많습니다. 그런데 대부분이 가난해서 간이식도 한 번 못 해보고 죽어갑니다. 저 하나쯤이야 성령으로 치료해 주시면 되지 않나요. 그런데 다른 가난한 환자들 처지를 생각하면 참으로 안타까운 일입니다. 그러니 간이식 비용이 많이 내려가 필요한 사람이면 누구나 할 수 있었으면 좋겠습니다."

가끔 방송에서 어떤 사람은 간이식을 했는데 매달 들어가는 비용 때문에 우울증이 와 자살했다는 뉴스를 들었다. 그 심정 정말 알 만했다. 내가 간이식을 받을 때는 건강보험이 많이 적용됐다. 그래서 서울대병원에서 했는데 4000만 원 정도로 간 이식 수술이 가능했다.

병원에서 수술 후 누워 생각해 보니 나 한사람만 아픈 게 아니었

다. 거기에는 수많은 환자가 있었다. 간이식 대기자만 무려 500명이 넘었다. 그리고 목사님도 여러 분 있었다. 하나님은 지난 12년 동안 간경화로 쓰러지고 줄기차게 기도했던 세 가지 방법 중 세 번째를 응답하신 것이다. 내 생각에는 첫 번째인 성령으로 치유되는 것이었는데 하나님은 비용이 저렴해지는 세 번째 방법으로 응답하셨다.

한국에 있는 수많은 암환자와 간이식을 해야 하는 환자들을 위한 특별법이 통과된 것이다. 내가 감사한 것은 대한민국에서 태어난 것이다. 의료 기술도 세계 최고이며 건강보험제도도 세계에서 상위권에 있지 않나. 나같이 가난한 사람들에게는 얼마나 다행인지 모른다.

내가 간이식 수술 받으러 간 후 우리 제자교회 교인들은 자기들끼리 목사님 간이식 비용 헌금을 하자고 서로 약정하고 헌금을 했다. 그 전에 교회 '만남실'을 리모델링하려고 모은 돈을 보태 3000만 원 정도를 주었다. 그리고 러시아 선교사로 나간 처남과 큰처남, 장모님이 도와주셨으며 또 강경에서 목회하시는 처외삼촌 목사님이 도와주셨다. 정읍성결교회 전병일 목사님이 또 200만 원을 도와주셨다. 내가 예상한 초기 간이식 수술비용은 적어도 8000만 원에서 1억 원 정도 들어갈 것으로 예상했는데 병원비가 낮아지고 나를 사랑하는 분들의 지원금 덕분에 예상보다 오히려 돈이 남아버린 것이다.

"그가 여호와의 말씀과 같이 하여 곧 가서 요단 앞 그릿 시냇가에 머물매 까마귀들이 아침에도 떡과 고기를, 저녁에도 떡과 고기를 가져왔고…." (왕상 17:5-6)

하나님 사랑합니다

"주의 성도들아 여호와를 찬송하며 그 거룩한 이름에 감사할지어다 그 노염은 잠간이요 그 은총은 평생이로다 저녁에는 울음이 기숙할지라도 아침에는 기쁨이 오리로다"
(시 30:4-5)

간경화가 심한 나는 당뇨까지 심했다. 그래서 저녁 늦게 혈당 수치를 재보고 너무 높으면 운동을 해야 했다. 아무리 깊은 밤이라도, 아무리 추운 겨울밤이라도, 태풍이 불고 비바람 몰아치는 캄캄한 밤이라도 걸었다. 밤 12시에도, 혹은 새벽 1시에도 밖에 나가 1시간씩 걸었다. 그런데 복수가 심할 때는 걷다가 가끔 다리에 쥐가 나기도 했다. 그러면 꼼짝없이 그 자리에 서 있어야 했다. 발을 살짝만 옮기려고 해도 숨도 못 쉬게 아프기 때문이었다. 그래도 운동을 게을리

하지 않았다. 매일 두세 시간은 걸었다.

　어느 날은 새벽 1시쯤에 잠시 걸으려고 나갔다. 복수가 심해 쥐가 잘 나서 멀리 가지는 못하고 아파트 주변에서만 걷기로 했다. 그리고 아파트에서 2-3분 거리까지 걸어 나갔다.
　갑자기 쥐가 났다. 발을 뗄 수가 없어 그 자리에 그대로 서 있었다. 그렇게 서 있으려니 다리가 아파 왔다. 아픈 다리를 움직이려니 살짝만 움직여도 숨도 못 쉴 만큼 아파 왔다.
　"으윽~" 하고 나오는 신음을 속으로 삼켰다. 추운 겨울밤 혼자 2시간 동안이나 그렇게 서 있었다. 그것도 아파트 바로 2-3분 거리에서.. 날씨는 춥고 화장실도 급하고… 졸리기까지 했다.
　'아~. 휴대전화라도 갖고 나왔으면 아내에게 도움을 요청할 텐데…. 그냥 가까운 주위를 걸을 심산이었기에 휴대전화도 집에 두고 왔다.

　가끔 지나가는 택시는 있었다. '택시라도 잡아타고 갈까'라는 생각도 해봤다. 그러나 '어디로 모실까요?' 하면 '바로 저기 우리 집이요. 저기… 100미터 앞에요'라고 대답해야 한다. 그럼 택시기사가 뭐라고 생각할까? 또 택시기사가 타라고 한다 해도 발을 움직여 택시를 탈 수가 없을 뿐만 아니라 막상 탄다고 해도 다시 내릴 수가 없을 것이다. 그리고 가끔 행인이 지나가기도 했다. 그 사람들에게 도움을 요청할까 하고 생각하기도 했다. 그런데 내가 제자교회 담임 목사인 것을 알게 된다면… 나는 괜찮은데 교회가 웃음거리가 될 수도, 무시당할 수도 있겠구나 하고 생각했다. 나는 그냥 그 자리에서

목사가 쓰러지고

그대로 한 시간을 버티고 두 시간을 버티고 서 있었다.

정읍의 겨울밤은 몹시도 춥고 눈보라가 많이 친다. 그 추운 겨울밤 난 혼자 길에 서서 끙끙거리고 신음을 삼키면서 그렇게 서 있었다. 그렇게 서 있는 그 두 시간, 그 긴 시간에 나는 우리 예수님을 생각했다. 나를 사랑하사 십자가 위에서 오랜 시간 고통을 감수하셨던 우리 예수님을 깊이 생각했다.

찢어질듯 아픈 못 박힌 양손과 양발, 그리고 심각한 목마름, 신음까지도 참고 인내하신 예수님을 생각했더니 오히려 눈물이 뜨겁게 흘렀다.

"예수님! 그때 많이 아프셨죠? 저도 지금 많이 아파요!"
"예수님 그때 많이 외로우셨죠? 저도 지금 많이 외롭습니다."
"예수님 그때 많이 슬프셨죠? 저도 지금 많이 슬픕니다."

나는 그날 밤 그렇게 예수님과 함께 십자가에 매달리기도 하고 추운 겨울밤 길거리에서 둘이서 떨고 외롭게 서 있었다. 그러다 다행히 쥐가 풀리자 천천히 한 걸음씩 걸어 간신히 집에 도착했다. 아내가 자다 말고 일어나 눈을 떴다.

"어디 갔다 이제와? 너무 늦게는 나가지마!"
"으응~ 알았어! 자요!"

간경화의 합병증 중에는 가려움도 동반된다. 그래서 몸에 두드러기가 나는 경우가 있다. 밖에서 활동하는 낮 시간에는 두드러기가 안 나지만 건조하고 따뜻한 아파트 안에 있으면 자주 일어난다. 두드러기가 나면 가려움도 가려움이지만 몸에만 아니라 얼굴까지 빨갛

목사가 쓰러지고

게 된다. 눈 주변도 입 주변도 붉어진다. 머리카락 속도 붉어지고 가렵다.

그래서 늦은 밤 새벽시간에 병원 응급실에 가서 약을 먹고 주사를 맞으면 잦아들기도 한다. 그런데 그 주사와 약은 간에 나쁘게 작용하기 때문에 될 수 있으면 약도 안 먹고 주사도 안 맞아야 한다. 그래서 추운 겨울에 두드러기가 나 몸이 가려우면 보통 찬물로 샤워를 했다. 밤새 잠 못 이루고 30분마다 얼음장같이 찬물로 샤워를 했다. 아 얼마나 춥던지 덜덜 떨면서 찬물로 샤워를 했다.
그러고도 여전히 가려우면 샤워 한 채로 찬 물도 안 닦고 12월의 찬바람이 쌩쌩 몰아치는 베란다로 나가 창문을 열었다. 눈보라가 몰아치고 살을 에는 찬바람이 온 몸으로 몰아쳐 왔다. 숨도 못 쉴 만큼 추웠다. 자동적으로 온 몸이 덜덜덜 떨려왔다. 거기서 팬티만 입고 10분이고 20분이고 서 있었다.

베란다에서 팬티만 입고 찬바람을 맞고 서 있으면 멀리 제자교회 십자가 불이 보였다. 그러면 그 십자가를 보면서 이를 악물고 기도를 드렸다.
"하나님! 우리 제자교회가 크게 부흥되게 하소서!"
"저는 예수님을 내 목숨보다 더 사랑합니다."
"그리고 우리 제자교회도 내 목숨보다 더 사랑합니다."
하고 예수님 사랑함을 진정으로 고백했다.
그러는 나를 안쓰럽게 생각한 아내는 밤이 되면 나를 위해 수건을 물에 적셔 머리맡에 두기도 하고 아예 가습기를 틀어놓기도 하였다.

아무리 춥고 힘들어도 난 병의 고통에 지지 않으려고 애를 썼다. 오히려 그 시간이 하나님 앞에 간절히 기도할 수 있는 기회로 삼았다. 그래서 추운 겨울밤 혼자 길 한가운데 서 있어도, 추운 베란다에서 팬티 바람으로 찬바람을 맞고 서 있어도 늘 이렇게 고백해 왔다.

"하나님! 사랑합니다. 히브리서에서 믿음의 선진들을 하나님께서 이렇게 자랑해 놓으셨더군요. 아벨, 에녹, 노아, 아브라함…. 그러나 하나님 제가 여기 있습니다. 그 어떤 믿음의 선진들보다 하나님을 더 사랑할 것입니다. 욥기에서 하나님이 천사들과 사탄 앞에서 욥을 자랑해 놓으셨더군요. 욥보다 하나님을 더 사랑할 것입니다."

그리고 그 아픔과 고통의 밤에 난 믿음을 가져보려고 애를 썼다. 언젠가 하나님이 크게 위로해 주실 것을 기대했다.

골짜기가 깊으면 뫼가 높고, 엄동설한 지나면 양춘이 오고, 밤이 깊으면 새벽이 가깝고, 내리막이 길면 오르막도 길 것이라고 생각했다. 하지만 그렇게 되지 않을지라도 나는 하나님을 사랑할 것이다. 혹시 하나님이 나를 버린다 할지라도 나는 하나님을 더욱 사랑할 것이다. 그러므로 내 아픔과 고통은 오히려 내가 하나님을 사랑하는 시간이 되었고, 내 믿음을 키우는 시간이 되었던 것이다. 이 글을 쓰고 있는 지금 나는 이미 간이식을 마치고 건강을 회복한 상태다. 지나온 그 얼마 전의 일이 지금은 꿈만 같이 다가온다.

"내가 정말 그렇게 많이 아팠나?"

요즘은 그 목말랐던 시절이 잘 떠오르지 않는다. 이제는 수박도, 아이스크림도 별로 먹고 싶지 않다. 이제 콜라도 별로 마시고 싶지

목사가 쓰러지고

않다. 아내와 마트에 갔다가 우연히 그 술이 진열된 코너를 지나가다 내가 흘끔 보자 눈치 빠른 아내가 한마디 한다.

"여보! 생각나? 당신 가끔 저 앞에 서 있었잖아!"

"그래, 생각나! 그땐 정말 목이 얼마나 말랐던지 말이다." 그리고 하나님께 죄송하지 술은 보지도 말라고 하셨는데…

"포도주는 붉고 잔에서 번쩍이며 순하게 내려가나니 너는 그것을 보지도 말지어다"(잠 23:31)

언젠가 그 아픔들은 잊어버릴지라도 그 아픔 가운데 계셨던 하나님을 더욱 사랑하리라.

그 사랑은 결코 잊지 않을 것이다. 오히려 내 하나님 되신 우리 예수님을 더욱 깊이 사랑할 것이다.

난 친구가 없어 외롭단다

"저물매 배는 바다 가운데 있고 예수는 홀로 뭍에 계시다가" (막 6:47)

간이식 후 살이 너무 빠져버렸다. 다리에 근육이 풀려버려 일어나서 바로 옆에 있는 화장실에도 갈 수가 없었다. 부축 받아 겨우 들어가 일을 보고나서 뒤처리를 하려고 살짝 일어나려면 구부린 다리가 아파서 일어날 수 없었다. 그렇게 꼼짝도 못하는 환자를 병원에서는 입원한 지 보름 만에 퇴원시켰다. 퇴원해서는 집에서 꼼짝없이 누워만 있었다.

　교회의 모든 예배는 큰아들 승식이가 맡아 인도하고 있었다. 내게 간을 준 둘째 현식이는 옆방에 누워 있었다. 그러니까 아내는 부지런히 두 환자를 번갈아 간병하고 있었다. 수술 중 목 부위 내상으

목사가 쓰러지고

로 말소리가 나오지 않았다. 아내를 부르려면 몇 번이고 불러야만 했다. 만일 목소리만 나오면 주일예배를 인도할 수 있을 텐데 목사가 드러누워 있으려니 참으로 답답했다. 그러니 할 수 있는 것이라고 성경 보고 기도하는 것뿐이었다. 그렇지만 성경은 많이 보지 못했다. 1장을 읽기도 힘들었다. 누워 있다 약을 먹으려고 일어날 때는 아내가 일으켜 세워야만 일어날 수 있었다.

갑자기 예수님이 또 말씀을 하셨다.
"난 친구가 없어 외롭단다."
"아니 그게 무슨 말입니까 예수님! 세상에는 목사도 많고, 훌륭한 장로도 권사도 많고, 신실한 새벽이슬 같은 청년들도 많은데 왜 외롭다고 하십니까?"

난 예수님이 외로우리라는 것은 상상도 할 수 없었다. 주변에 천사도 많고, 천국에 구원받은 믿음의 선진들도 많고, 이 땅에도 신실한 종들이 많은데 왜 그렇게 말씀을 하시는지 이해할 수 없었다. 그리고 새 하늘과 새 땅을 만드느라 바쁘시고, 이 땅에 구원의 역사를 일으키시느라 바쁘시고, 많은 사람들을 도우시느라 바쁘시고, 천상의 회의를 주관하시느라 바쁘실 텐데 말이다.
왜 외롭다고 하실까?

"사람들이 다 나에게 그렇게 거짓말만 한다. 기도를 드리는 중에도 거짓말을 한단다. 나는 다 알거든 그런데 나를 속이려든단다."

목사가 쓰러지고

그러고 보니 그동안 내가 한 기도들도 생각해 보면 다 허황되고, 거짓되고, 위선적이고, 잘못된 기도뿐이었음을 알게 되었다. 난 예수님께 너무너무 미안해서, 너무너무 죄송해서 눈물이 한 없이 흘러내렸다. 예레미야의 눈물처럼 한 달 동안 쉼 없이 울고 또 울었다.

우리 예수님이 그러셨다.

"난 친구가 없어 외롭단다."

아 얼마나 죄송하고 슬프고 괴롭던지… 하늘에 있는 구름만 봐도 눈물이 나왔다. 엉엉 목 놓아 울기도 했다.

"예수님! 죄송해요, 정말 죄송해요!"

내 음성은 내 마음 속에서 메아리치고 예수님은 탄식하신다.

"난 친구가 없어 외롭구나!"

여기까지 도우셨다

아빠 같은 목사님이 될 거야

"정죄의 직분도 영광이 있은즉 의의 직분은 영광이 더욱 넘치리라"(고후 3:9)

"승식아, 넌 커서 뭐가 되고 싶니?"

"응! 나 아빠 같은 목사님 될 거야!"
"그래…?"

큰아들은 다섯 살 때부터 목사가 되겠다고 했다. 고등학교에 입학하고 난 후부터 난 그런 아들이 오히려 걱정이 되었다. 목회 길이 얼마나 험하고 어려운지, 목사에게 고생되는 일이 얼마나 많은지 아무것도 모르고 목회 길을 간다고 한 것 같아 다시 한 번 그걸 생각하게 해야겠다는 마음이 들었다.

그래서 가끔 아들에게 목회가 얼마나 힘든지, 얼마나 가난한지 가르쳐 주었다.

"아빠는 솔직히 아들이 '목사 되는 걸' 원치 않는단다. 하나님께 영광돌리는 것은 꼭 목사가 되어야만 하는 것은 아니란다. 다른 방법으로도 얼마든지 하나님을 기쁘시게 할 수 있는 거란다."

그래서 아들의 마음을 흔들어 놓기 시작했다. 그러자 고등학교 2학년 때쯤에는 서서히 꿈이 세상으로 바뀌기 시작했다.

"뭐가 되고 싶니?"

"네, 공부해 보고요!"

그렇게 되자 또 고민이 됐다. 이런 생각이 들었.

'내가 잘못했나?' '내가 완전히 사탄 같은 역할을 했나?' '하나님이 쓰시려고 한 아들을 목사 아빠가 자꾸 꼬드겨서 세상으로 가게 하는 것이 과연 옳은가?'

어느 날 대학 입학시험이 가까워지자 물어봤다.

"승식아! 넌 왜 목사가 되어야겠다는 생각을 했니?"

"내가 어려서 엄마 등에 업혀서 아빠가 목사안수 받는 것을 보았어요!"

그때 승식이는 네 살이었다.

"그래서?"

"그런데 그 후 두 번이나 똑같은 꿈을 꾸었어요! 아빠가 목사안수 받는 꿈을요."

"두 번이나?"

여기까지 도우셨다

"그래서 난 꿈에서 깨고 난 후 나도 아빠처럼 저렇게 목사안수를 받고 목사님이 되어야겠다고 생각했어요!"

"그래? 아빠가 널 자꾸만 목회 길로 못 가게 해서 미안하다. 이젠 기도해보렴…."

그래서 결국 큰아들이 서울신학대학 입학을 하게 되었던 것이다.

둘째 현식이는 절대로 신학대학을 안 보내야겠다고 생각했다. 한 명이면 족하지 두 명씩이나 신학대학을 보내야 하나 하는 생각을 했던 것이다. 그런데 둘째는 무슨 특별한 소질 있는 것도, 잘 하는 것도 별로 없어 보였다.

그래서 쟤네 엄마가 묻는다.

"현식아, 넌 뭐가 될래?"

"엄마, 뭘 걱정해! 하나님이 다 알아서 축복해주실 텐데…."

"……."

현식이가 고3이 되자 학교에서 적성검사 결과표를 가져 왔다. 컴퓨터가 기록한 그 적성검사 결과지에는 '장래 맞는 직업 – 종교인'이라고 기록돼 있었다.

"어? 컴퓨터가 너 목사 되라는데?"

"네? 전 말도 잘 못하는데요!"

"기도해 보아라! 하나님의 뜻이라면 어쩌겠니?"

어느 날 둘째가 대학 입시를 며칠 앞두고 나를 찾았다.

"아빠! 나 신학대학에 갈래."

"그래? 왜 거기 가려고 해?"

"가끔 텔레비전에서 가난한 나라 어린이들이 나오면 너무나 불쌍

여기까지 도우셨다

해요! 그래서 선교사 되려고요!"

"뭐? 선교사? 왜 갑자기 선교사?"

그러고 보니 목사인 처남이 얼마 전에 러시아 선교사로 떠났다. 현식이는 아마도 선교사인 외삼촌 영향을 받은 것 같았다.

"알았다. 신학대학에 가라! 그런데 그건 장래일이니 그냥 기도하면서 열심히 공부하고 일단은 훌륭한 목사가 될 생각만 해라."

그렇게 해서 두 아들 모두 신학생이 되었다. 두 아들이 신학대학을 가게 된 것은 내 아내의 신앙교육이 크지 않았나 생각한다. 장모님은 항상 자녀들에게 '하나님을 기쁘게 하라'는 가르침만 주셨다. 절대 욕심 부리지 말고 감사하면서 살고 하나님을 기쁘게 하라는 것이 장모님의 교육이었다. 그래서 그런지 큰처남은 장로님, 둘째처남은 러시아 선교사님, 아내의 형부는 미국에서 목사님으로 주님의 교회를 섬기고 있다. 철저한 믿음의 가정이다. 아내는 이런 가정에서 교육받고 훈련받으며 성장해서인지 자녀들의 신앙교육도 잘 시켰다고 믿는다.

가끔 교인들은 나도 목사지, 두 아들도 목사가 되겠다고 신학교 가는 것을 보고는 목사가 되는 것이 무슨 횡재하는 일인 줄로 알고 있다. 한 번은 교회 여자 청년이 어떤 전도사님과 선을 봤다는 것이다. 그래서 사모가 되고 싶다고 했다. 그래서 사모의 길이 얼마나 어려운 일인지, 목회 길이 얼마나 험하고 어려운 일인지 설명해 주었다. 그랬더니 그제야 목회 길이 어려운 길이라는 것을 알아차렸다. 그 후 포기하는 모습을 보았다. 그럼에도 내 두 자녀가 신학을 하니 얼마나 감사한가!

성지순례의 꿈

"나 여호와가 말하노라 내가 시온에 돌아왔은즉 예루살렘 가운데 거하리니 예루살렘은 진리의 성읍이라 일컫겠고 만군의 여호와의 산은 성산이라 일컫게 되리라"(슥 8:3)

"또 내가 보매 거룩한 성 새 예루살렘이 하나님께로부터 하늘에서 내려오니 그 예비한 것이 신부가 남편을 위하여 단장한 것 같더라"(계 21:2)

2012년 12월 현재 내 나이 쉰여섯 아직까지 성지순례 한 번 가보지 못 했다. 어느 날 아내와 단둘이서 둔치를 걸고 있었다. 아내가 갑자기 불쑥 말했다.
 "목사님! 이번 가을에는 꼭 성지순례 다녀오세요!"
 "뭐? 어떻게…?"

여기까지 도우셨다

"사실은 당신 몰래 지난 10년 동안 적금을 하나 부었어요."

"뭐라고… 얼만데?"

"500만 원이야! 당신이 알면 또 다른 데 없어져 버릴까 봐 이제야 말해서 미안해요!"

"야! 드디어 내가 성지 순례를 갈 수 있다니 여보 고마워! 그런데 나 혼자 갈순 없잖아. 당신도 함께 가야지!"

"아니야, 나는 안 가도 돼. 당신은 꼭 갔다 와!"

"여보! 고마워! 그런데 지금 교회가 성전 터를 구입해야 하는데 그것을 헌금해 버리자!"

"……."

"성지순례 안 가도 하늘나라 가면 거기가 이 세상 성지보다 더 좋아 그러니 안 가도 돼!"

"그래도 목사가 성지순례는 꼭 다녀와야 한대요."

"나도 알아. 그런데 교회가 어렵잖아. 그리고 언젠가는 다녀올 수 있을 거야."

목사가 교회 성전 터를 사겠다는 결단에 그것을 헌금해 버렸고, 아직까지 성지순례를 가지 못했다. 아내는 내가 간이식을 하고 병원에 누워 있던 어느 날 나를 보고 눈물을 글썽였다.

"여보! 그때 다녀왔어야 했는데."

"응~ 그러니까! 그런데 지금은 돈이 있어도 건강이 안 좋아 가라고 해도 못가! 그때 눈 딱 감고 갔다 올 걸 그랬나?"

"당신이 그때 못간 것이 항상 마음에 섭섭해요!"

"괜찮아… 이제 하나님이 건강을 주실거야! 그리고 앞으로 당신과 내가 행복하게 성지순례 다녀오도록 하나님이 축복하실 거야!"
아내가 아멘으로 대답한다.

사실 교회에서도 교인들이 나를 위해 성지순례 적금을 붓기도 했다. 그러나 어느 정도 모아지면 교회 일이 생긴다. 그때마다 그걸 내가 교회재정에 포함해버리고 만다. 난 공부도 더 많이 하고 싶었다. 그렇게 하고 싶어도 아직까지 못 했다. 어느덧 나이도 많이 먹어버렸고 아들들이 대학을 다니기에 이제는 어렵다. 앞으로 더 공부할 기회가 없을 것 같아 아쉽긴 하지만 후회는 없다.
기도하면서 마음으로 다짐했다.

"지금 신학을 공부하고 있는 우리 아들들에게는 일찍 성지순례를 갈 기회도 주고 공부도 더 많이 시켜서 내가 못한 것들을 할 수 있도록, 꼭 그렇게 되도록 아버지로서 모든 노력을 아끼지 않을 것이다."

여기까지 도우셨다

얘들아! 다들 어디 있니?

"우리의 소망이나 기쁨이나 자랑의 면류관이 무엇이냐 그의 강림하실 때 우리 주 예수 앞에 너희가 아니냐 너희는 우리의 영광이요 기쁨이니라" (살전 2:19-20)

강진교회에서 학생들을 지도하고 있을 때였다. 아침부터 교회에서 기도하고 있었다. 그런데 정오쯤 되어 갑자기 동주에게 가서 상담을 해야겠다는 생각이 났다. 지금 동주는 학력고사 성적이 생각보다 적게 나와 진로문제로 고민하고 있겠구나 하는 생각도 났기 때문이다.

동주 아버지는 강진교회 장로님이셨고 어머니는 권사님이셨다. 동주가 장남이라 목사를 만들고 싶어 하지 않으셨다. 부모님이 아들 동주는 신학대학에 절대 보내지 않겠다고 한다는 얘기가 교회 안에서 나돌았다. 하지만 동주가 어렸을 때 그의 아버지가 많이 아파 쓰러져 사경을 헤맬 때 동주가 교회까지 손들고 울면서 뛰어가 '하나님! 제가 목사 될 테니 우리 아빠 살려주세요!' 하고 서원했다는 말을 익히 들은 적이 있었다.

동주 어머니는 원래 하나님을 모르는 사람이었는데 어느 날 암에 걸려 서울대병원까지 갔으나 암이 너무 많이 진행돼 수술도 못 하고 집에 왔다고 했다. 그러던 중 전도를 받아 교회에 나오게 됐으며 하나님의 은혜로 깨끗이 나았다는 것이다. 그 후 동주 어머니는 교단 전도상을 몇 년째 받았다. 전도를 얼마나 열심히 하시는지 한 주에 몇 사람씩 새 교인을 인도했다. 동주 어머니는 새벽에 기도하면 하나님이 전도할 대상을 가르쳐 주신다는 것이다. 그래서 정말 성령이 말씀하신 대로 가면 꼭 전도해 왔다. 그래서 별명이 '족집게 집사'라고 붙여졌다.

그렇게 예수님밖에 모르는 장로 권사님도 아들 고생하는 것은 싫었던 것이다. 그렇지만 나는 기도하다 일어나 동주 집으로 갔다. 동주 부모님이 아시면 야단맞을 일이었다.

"동주야! 집에 있니?"
그 큰 집에 혼자 방안에 우두커니 앉아 있다가 나를 맞이했다. 상당히 실망하고 고민한 얼굴이었다. 얼굴이 어둡고 초췌하게 보였다.
"동주야! 내가 오늘 너에게 온 것은 꼭 너에게 할 말이 있어 왔단다."
"……."
"오늘 기도를 하는데 성령이 너에게 가 상담하라고 해서 왔단다."

"……."

"네가 신학교를 가야 한다고 말씀하시네. 그러면 하나님이 네 인생을 크게 복주시겠다고 하시는구나."

그리고 간절히 기도해 주고 나왔다.

내가 권유한 대로 동주는 서울신학대학에 입학했으며 나중에는 보스턴대학교에 유학도 하여 훌륭한 학자가 되어 돌아왔다. 세월이 한참 흘러 내가 정읍에서 목회하고 있는데 반가운 전화가 왔다.

"목사님! 저 동주예요. 저 국내에 들어왔습니다."

그리고 얼마 후 또 전화가 왔다.

"목사님! 저 호서대학교에서 교수로 일하고 있습니다."

그래서 그의 아내와 두 딸을 데리고 나를 찾아왔다.

반가운 동주 학생이 드디어 교수가 돼서 온 것이다. 세월 탓이기도 하고 외국에서 많이 공부하기도 한 탓인지 제자가 희끗희끗한 머리로 나타나자 무척 반갑기도 했고 마음이 짠하기도 했다.

오후 예배를 동주 목사께 부탁했는데 그때 그 얘기를 했다.

"그때 우리 선생님이셨던 윤 목사님이 찾아오셔서 신학교 가라고 하셨고 저는 순종하고 갔습니다."

동주에게 연락오기 전에는 형주에게 전화가 왔다.

"목사님! 저 형주예요. 저 기억하시겠어요?"

"형주? 알다마다. 나와 함께 재석이, 광삼이 그리고 형주가 추운 방에서 죽다 살았지! 그리고 그날 성령 받았잖아."

그리고 얼마 지나 정읍에 왔다고 찾아왔다.

"목사님! 한 30년 되었지요? 저 전북대학교에 강의하러 왔다가 목사님 뵙고 싶어서 찾아왔습니다."

"그래 정말 반갑다, 형주야! 요즘 뭐하고 지내?"

"저 지금 기업컨설팅 회사를 운영하고 있습니다."

"형주야! 목사님은 형주가 많이 보고 싶었단다."

"목사님, 저 지금 가슴이 막 떨립니다. 목사님을 만났다는 기쁨에…."

그 다음에는 그의 아내와 같이 왔다. 아내는 강남에서 치과병원을 운영하고 있단다.

"사실 저, 그때… 학생 때 목사님 안 만났으면 자살했을 겁니다. 동주 친구 전도 받고 교회를 가게 됐지요. 그래서 목사님 만났고 목사님을 통해 예수님을 만났습니다."

"그랬었지 하나님께 감사한단다."

"아~! 그리고 그때 목사님이 이 말씀을 주셨지요. "여호와께서 아브람에게 이르시되 너는 너의 본토 친척 아비 집을 떠나 내가 네게 지시할 땅으로 가라."(창 12:1) 저는 그 말씀이 지금까지 저에겐 등불이 되었습니다. 제 인생의 등불이 되었답니다."

형주는 내가 간이식을 해야 한다는 소식을 듣고 도움이 되려고 많이 노력했다.

그리고 또 얼마 전에는 병천, 방연, 수채, 두성, 병식 목사님과 그 사모님들이 찾아 왔다. 내가 가르쳤던 학생들이 목사가 되어 그 사모들과 정읍까지 찾아 온 것이다. 그때는 그들이 중학생, 고등학생이었는데 이제는 나이들이 48, 49살이나 됐다.

여기까지 도우셨다

얼마나 훌륭한 목사님들로 성장해 있는지 감사할 따름이다.

지난주에는 신안군 추포교회에서 열심히 목회하는 제자 나충식 목사님 교회에 우리 교인들을 데리고 가서 여름수련회를 했다. 그 목사님은 강진교회에서 중학교 1학년 때부터 가르쳤던 제자이고, 사모님은 정읍 은광교회에서 고등학교 때 가르쳤던 제자였다. 중매도 내가 했다. 나 목사가 설교 시간에 간증을 했다.

"윤 목사님이 학생 때 나를 불러 '목사가 돼라' 하시면서 '너 목사 안 되면, 잘 하면 택시기사 할거다. 그러니 목사 돼라'고 하셨어요."

"그런데 어머니가 백년사 절에 갔는데 그 절 스님이 자세히 보더니 '댁의 아들 목사나 해야겠소! 그렇지 않으면 빌어먹겠네!' 했답니다. 그래서 우리 어머니는 독자 아들이 신학교 가는 것을 반대하지 못 했어요."

또 여름휴가 때는 여수에 가서 제자 황보희식 목사님을 만나 이야기를 나누고 같이 식사도 했다.

오랫동안 나와 함께하며 가르쳤던 제자들이 참 많다. 그들은 지금 어디에 있는지 궁금하다. 아마 지금쯤 나를 잊어버렸을지도 모르지. 어린이들, 학생들, 청년들을 전도해서 죽도록 가르쳤던 35년 전, 그때가 바로 엊그제 같다.

"얘들아! 다 어디 있니? 예수님 지금도 잘 믿고 있니?"

못 다한 목회이야기

"예수의 행하신 일이 이 외에도 많으니 만일 낱낱이 기록된다면 이 세상이라도 이 기록된 책을 두기에 부족할줄 아노라"(요 21:25)

지방이라 학생들이 졸업하면 타지로 떠난다. 그들은 대부분 정읍 인근 시골에서 고등학교 입학하며 정읍으로 나왔다가 졸업을 하면 더 큰 도시 전주나 서울 등으로 떠나게 된다. 그래서 아무리 학생들이 많이 와서 부흥해도 겨울방학만 시작되면 다 떠나고 교회가 썰렁해진다.

언제부터인가 전주에서 대학을 다녀도 예배는 정읍에서 드리자는 운동이 일어났다. 그리고 될 수 있으면 가까운 데 취직하려고 노력했다. 청년회가 부흥되기 시작하면서 50명 정도가 모이게 됐다. 그

여기까지 도우셨다

때쯤에 청빙 이야기가 오갔다. 그즈음에 꿈을 하나 꿨다. 내가 어느 교회에 부임했다. 그리고 주일날 예배 인도를 했다. 그리로 행진이 청년이 찾아왔다.

"목사님! 목사님이 떠나시자 청년들이 다 뿔뿔이 흩어져버렸어요."

"그래? 그럼 안 되는데…."

그래서 당회를 소집하고 직원회를 소집해 사정을 이야기하고 양해를 얻어 사임했다. 부랴부랴 은광교회로 돌아왔는데 교회 청년들이 몇 명 안 남았다. 일일이 찾아가 달래도 보고 설득도 해봤지만 도무지 마음을 열지 않았다. 아! 얼마나 안타깝던지.

깨어보니 꿈이었다.

'아~! 다행이다. 젊은 교인들에게 실망을 주지 말아야지.'

마음을 추스르고 다잡았다.

당시 교회는 청년들이 오로지 나와 함께 이 교회를 세워보자는 마음으로 의기투합했다.

'직장도 정읍에서….'

'학교도 가까운 데서….'

'결혼도 우리끼리….'

어떤 여자 청년은 참 괜찮은 청년과 선을 봤다며 그 남자를 데리고 왔다.

"목사님! 목사님이 보시기에 어때요?"

"꼭 산적 같다!"

"예? 왜요?"

"널 훔쳐가려고 하잖아!"
"알았습니다."
그리고 잠시 후 그 남자가 나를 찾아왔다.
"목사님! 저 여자 좀 잘 달래주세요. 결혼이 성사되도록 도와주세요!"
"내가 왜…?"
"목사님이 말씀하시면 될 것 같아서요!"
"내가 왜…?"
"……."
어느 날 그림에 정말 소질이 있는 청년이 나를 찾아왔다.
"목사님! 제가 그림을 배우기 위해 서울로 가야 합니다. 어머니가 서울에 유명한 선생님을 만나 부탁을 해놨답니다."
"……."
"그런데 목사님! 한 번 가면 다시 오기 힘들겠다는 생각이 들어요! 선배들도 꼭 다시 온다고 약속하고 갔지만 한 번 가면 다시 안 오던데요!"
실제로 청년들이 남겠다고 다짐하고 또 다짐해도 결국 끝까지 남아 교회를 지키는 청년들은 겨우 열에 한 명 정도이다.
"목사님! 그래서 저도 안 가렵니다."
얼마 후 나이 드신 남자 집사님이 그 어머니를 만났다. 그리고 좀 화난 모습으로 나를 찾아와서 다짜고짜 따지고 들었다.
"목사님! 아니 그림에 소질 있는 학생이 서울로 가서 미술 공부를 해야 하는데 교회 때문에 안 간다는데 말이 됩니까? 이 갑갑한 일이 어디 있습니까?"

여기까지 도우셨다

"네! 사실 저도 여기 있어야 할 이유가 없지요! 그리고 우리 교회 집사님들 90%가 정읍에 있어야 할 이유가 없습니다."
"왜요?"
"교회 하나 세워보겠다고 오래전에 학생들과 내가 약속을 하고 지금까지 10여년이 넘도록 희생하고 있는 것입니다."
"만일 우리 교회 교인들이 '오로지 자기 성공을 위해 가자!' 하면 어느 젊은 사람들이 이 촌구석 정읍에 있겠습니까?"
"……."

몇 년 전에는 한 자매가 찾아왔다.
"목사님! 결혼 문제로 고민을 했어요!"
"무슨 고민…?"
"믿는 사람과 결혼하면 그 남자 교회로 나가기가 쉽겠어요?" 그래서요 저는 지금은 예수님 안 믿고 있지만 반드시 믿을 사람과 결혼하렵니다."
그리고 얼마 있다가 어떤 핸섬한 청년 한 명을 데리고 왔다.
역시나 믿지 않는 청년이었다.
그 청년과 새 교인 면담을 하면서 이렇게 말했다.
"결혼하기 위해 교회 나오면 안 됩니다."
그 청년이 교회를 안 나오기에 그 자매에게 물어보았다.
"어떻게 됐냐?"
"교회 다니는 것 이해해 줄 테니 자기가 교회 안 다녀도 간섭하지 않기로 하자고 해서 그냥 헤어졌어요!"
"알았다. 그러다 어느 세월에 시집갈래?"

그 청년 지금 결혼해서 아들을 낳아 돌을 맞았다.

요즈음 들어오신 분들은 그런 교회 내막을 모르기에 고개를 갸웃둥 한다.

"어허 이 교회는 참 희한해요! 젊은 사람이 많아!"

내가 봐도 우리교회는 이단 삼단쯤 되는 것 같다.

보통 교회에서는 이해하기 쉽지 않을 것이다. 하지만 안타까운 것은 결국 결혼 취직 등으로 많은 청년들이 교회를 떠날 수밖에 없는 여건이라는 것이다.

그래서 지금까지 남은 사람은 극히 소수일 수밖에 없다.

그래도 지금까지 함께해 온 신실한 제자교회 젊은 집사님들이 있기에 지금의 교회가 유지되는 것이다. 그분들은 결혼도 교회를 안 떠날 수 있도록, 직장도 가까운 곳으로 다닐 수 있도록 최선을 다한 하나님의 사람들이다. 마치 목사가 되기 위해 많은 희생을 치러야 하는 것처럼, 선교사가 되기 위해 많은 것을 포기해야 하는 것처럼, 그들도 그렇게 나와 희생을 함께했던 잊을 수 없는 신실한 하나님의 사람들이다. 나는 믿는다. 이들이 진실로 예수님의 참 제자들이라고 말이다.

지금 제자교회는 그 학생들이 자라 집사님들이 되었기에 교인 분포가 대부분 30대 후반과 40대 초반으로 구성돼 있다. 이분들을 보면 미안한 생각이 든다. 그냥 내가 떠날 걸 그랬나! 그럼 다들 자기들 살길 찾아 더 좋은 길로 갔을 수도 있었는데 말이다.

지나온 길을 돌이켜보면 참 고마운 분들이 많았다.

여기까지 도우셨다

- 교회가 어려움에 처할 때마다 가장 곁에서 큰 힘이 되었던 김명숙 권사님과 유행진 집사.
- 처음부터 지금까지 늘 같이 했던 임광직 안수집사와 김순덕 권사.
- 언제나 변함없이 묵묵히 나를 믿어주고 같이하면서 학창시절부터 함께 해 오다 이번에 안수집사님이 되신 김세중 집사, 김신석 집사, 김중곤 집사.
- 오랫동안 교회 재정을 보면서 없는 살림에 최대한 나를 돕고 있는 분으로 안수집사가 되신 박래석 집사, 박주일 집사.
- 이번에 권사님으로 임명된 김자순 권사, 임영애 권사.
- 또 학생 때부터 청년시절 그리고 지금 집사님이 되기까지 함께 해 온 송금숙 집사, 이효진 집사, 김윤수 집사, 신연희 집사, 박은아 집사.
- 학생 때부터 함께해 온 우리 젊은 피 안영철, 이재학, 이남철, 조민정, 이인성 집사. 안정희집사.
- 또한 20년 가까이 한번도 빠짐없이 주보를 만들어 오신 전희자 집사.
- 이 책에 그림을 그려 넣으신 만화가 서범창 집사.
- 신실한 박윤희 집사, 유유미 집사, 박숙영 집사, 김태영 집사, 곽선미 자매.
- 우리 교회 보배, 젊은 청년 김보미, 임일진, 오선호, 김행남, 오혜미, 박진아, 송남주 외 등등.

일일이 열거할 수가 없어서 죄송하다. 하나님은 모두 이들의 헌신을 기억하시고 복 주시리라 믿는다.

나는 지금 건강을 회복하고 목회를 하고 있다. 지난주에는 주일예배시간에 말씀을 전하면서 이런 생각이 들었다. 지금쯤 난 저 북

망산(北邙山)에 묻혀 있어야 하는데 이렇게 건강한 모습으로 강단에 서서 하나님의 말씀을 전하고 있다고 생각하니 얼마나 감사한지… 그 감격에 기쁨이 충만하였다.

내 자신에게 다짐하는 것은 목회에 절대 욕심내지 말고 이렇게 예배시간에 말씀을 전하는 것으로 만족하고 감사하자는 것이다.

하늘에 천사들도 흠모할만한 아름다운 직분을 주셨는데 거기서 무얼 더 바라리요!

"돌에 써서 새긴 죽게 하는 의문의 직분도 영광이 있어 이스라엘 자손들이 모세의 얼굴의 없어질 영광을 인하여 그 얼굴을 주목하지 못하였거든 하물며 영의 직분이 더욱 영광이 있지 아니하겠느냐 정죄의 직분도 영광이 있은즉 의의 직분은 영광이 더욱 넘치리라 영광되었던 것이 더 큰 영광을 인하여 이에 영광될 것이 없으나 없어질 것도 영광으로 말미암았은즉 길이 있을 것은 더욱 영광 가운데 있느니라." (고후 3:7-11)

여기까지 도우셨다

에필로그
하나님은 살아계신다

서울대병원에서 간이식을 받고 난 후 병원에 누워있으면서 하나님 앞에 기도를 드렸다.

"하나님 어떻게 해야 우리 교회가 부흥하겠습니까?"
"길에서 날마다 전도하라고 하면 할 것입니다."
"내 몸을 불사르게 내어 주라면 내놓겠습니다."
"우리 교회 부흥을 위해 번제로 내 몸을 드리라고 한다면 그렇게 하겠습니다."

일주일 동안 그렇게 쉬지 않고 기도를 드렸다.
하나님의 음성이 들려왔다.

'……………………………………,'
"하나님! 제가 그동안 그렇게 하지 않았습니까?"
"그래 하기는 했지 그런데 네 방법이 틀렸다."
"그럼, 어떻게 해야 하는데요?"
"_____게 하면 _____게 부흥할 것이다. 그렇게 하도록 해라!"

"그리고 네가 너무 서둘렀다. 절대 교회부흥은 서둘러서는 안 된다."
"천천히 가거라 교회부흥에 욕심을 내지 말고 천천히 알았지?"

지금은 밝히기가 곤란하다.
하나님의 말씀대로 교회가 부흥하고 난 후에 고백할 것이다.
그때는 다시 책을 쓸 것이다. 그 책에서 독자 여러분들은 '살아계신 하나님'을 만날 수 있을 것이다.

약속한다. 기대해도 좋다.